Pierre Kropotkine

Paroles
d'un révolté

essai

ISBN : 978-1522730781

10 9 8 7 6 5 4 3 2 1

Pierre Kropotkine

Paroles d'un révolté

essai

Table de Matières

PRÉFACE — 6

LA SITUATION — 8

LA DÉCOMPOSITION DES ÉTATS — 13

LA NÉCESSITÉ DE LA RÉVOLUTION — 18

LA PROCHAINE RÉVOLUTION — 23

LES DROITS POLITIQUES — 28

AUX JEUNES GENS — 33

LA GUERRE — 55

LES MINORITÉS RÉVOLUTIONNAIRES — 61

L'ORDRE — 67

LA COMMUNE — 71

LA COMMUNE DE PARIS — 81

LA QUESTION AGRAIRE — 96

LE GOUVERNEMENT REPRÉSENTATIF — 112

LA LOI ET L'AUTORITÉ — 142

LE GOUVERNEMENT RÉVOLUTIONNAIRE — 164

TOUS SOCIALISTES ! — 177

L'ESPRIT DE RÉVOLTE — 181

THÉORIE ET PRATIQUE — 202

L'EXPROPRIATION — 207

PRÉFACE

Depuis deux ans et demi, Pierre Kropotkine est en prison, retranché de la société de ses semblables. Sa peine est dure, mais le silence qu'on lui impose sur les sujets qui lui tiennent le plus à cœur est bien autrement pénible : sa captivité serait moins lourde s'il n'était bâillonné. Des mois, des années se passeront peut-être avant que l'usage de la parole lui ait été rendu et qu'il puisse reprendre avec ses compagnons les conversations interrompues.

Le temps de recueillement forcé que doit subir notre ami ne sera certainement point perdu, mais il nous paraît bien long ! La vie s'enfuit rapidement, et nous voyons avec tristesse s'écouler les semaines et les mois pendant lesquels cette voix honnête et fière entre toutes ne sera point entendue. En échange, que de banalités nous seront ressassées, que de paroles mensongères viendront nous blesser, que de demi-vérités intéressées bourdonneront à nos oreilles ! Il nous tarde d'entendre un de ces langages sincères et sans réticence qui proclament hardiment le droit.

Mais si le prisonnier de Clairvaux n'a plus la liberté de s'entretenir du fond de sa cellule avec ses compagnons, du moins ceux-ci peuvent-ils se souvenir de leur ami, et recueillir les paroles qu'il prononça jadis. C'est là un devoir qu'il m'est possible de remplir et je m'y consacre avec bonheur. Les articles que Kropotkine écrivit, de 1870 à 1882, dans le journal « anarchiste » *le Révolté*, m'ont paru de nature à être publiés en volume, d'autant mieux qu'ils ne se sont pas succédés au hasard des événements, mais qu'ils se suivent dans un ordre logique. La véhémence de la pensée leur a donné l'unité nécessaire. Fidèle à la méthode scientifique, l'auteur expose d'abord la situation générale de la société, avec ses hontes, ses vices, ses éléments de discorde et de guerre ; il étudie les phénomènes de décrépitude que présentent les États et nous montre les lézardes qui s'ouvrent, les ruines qui s'accumulent. Puis il développe les faits d'expérience que l'histoire contemporaine nous offre dans le sens de l'évolution anarchique, il en indique la signification précise et en tire l'enseignement qu'ils comportent. Enfin, dans le chapitre l'*Expropriation*, il résume ses idées, telles qu'elles ressortent de l'observation et de l'expérience, et fait appel aux hommes de bonne volonté qui ne se contentent pas de savoir, mais qui veulent agir.

Pierre Kropotkine

Je n'ai pas à faire ici l'éloge de l'auteur. Il est mon ami, et si je disais le bien que je pense de lui on pourrait me soupçonner d'aveuglement ou m'accuser de partialité. Qu'il me suffise de m'en rapporter à l'opinion de ses juges, de ses geôliers même. Parmi ceux qui de près ou de loin ont observé sa vie, il n'est personne qui ne le respecte, qui ne témoigne de sa haute intelligence et de son cœur, débordant de bonté, personne qui ne le reconnaisse comme véritablement noble et pur. Et d'ailleurs, n'est-ce pas à ses qualités mêmes qu'il a dû de connaître l'exil et la captivité ? Son crime est d'aimer les pauvres et les faibles ; son forfait est d'avoir plaidé leur cause. L'opinion publique est unanime à respecter cet homme, et cependant elle ne s'étonne point de voir les portes de la prison se fermer obstinément sur lui, tant il semble naturel que la supériorité se paie et que le dévouement soit accompagné de souffrances. Il est impossible de voir Kropotkine dans le préau de la maison centrale et d'échanger un salut avec lui sans se demander : « Et moi, pourquoi donc suis-je libre ? Serait-ce peut-être parce que je ne le vaux pas ? »

Toutefois les lecteurs de ce livre ont moins à s'occuper de la personne de l'auteur que de la valeur des idées qu'il expose. Ces idées, je les soumets avec confiance aux hommes droits qui ne formulent pas leur jugement sur un ouvrage avant de l'avoir ouvert, sur une opinion avant de l'avoir entendue. Faites table rase de vos préjugés, apprenez à vous dégager temporairement de vos intérêts, et lisez ces pages en cherchant simplement la vérité sans vous préoccuper actuellement de l'application. L'auteur ne vous demande qu'une chose, de partager pour un moment son idéal, le bonheur de tous, non celui de quelques privilégiés. Si ce désir, si fugitif qu'il soit, est vraiment sincère, et non pas un pur caprice de votre fantaisie, une image qui passe devant vos yeux, il est probable que vous serez bientôt d'accord avec l'écrivain. Si vous partagez ses vœux, vous comprendrez ses paroles. Mais vous savez d'avance que ces idées ne vous mèneront point aux honneurs ; elles ne seront jamais récompensées par une place à gros appointements ; peut-être vous attireront-elles plutôt la méfiance de vos anciens amis, ou quelque coup brutal venu d'en haut. Si vous cherchez la justice, attendez-vous à subir l'iniquité.

Au moment où se publie cet ouvrage, la France est en pleine crise électorale. Je n'ai point la naïveté de recommander la lecture de ce livre aux candidats, — ils ont d'autres « devoirs » à remplir, mais je convie les électeurs à prendre en main les *Paroles d'un Révolté*, et je leur signale tout spécialement le chapitre intitulé *le Gouvernement Représentatif.* Ils y verront comment sera justifiée leur confiance dans ces hommes qui surgissent de toutes parts pour briguer l'honneur de représenter leurs concitoyens au Parlement. Maintenant tout est pour le mieux. Les candidats sont omniscients et infaillibles ; mais que seront les mandataires ? Quand ils auront enfin leur part de royauté, ne seront-ils pas fatalement saisis par le vertige du pouvoir, et, comme des rois, dispensés de toute sagesse et de toute vertu ? Fussent-ils décidés à tenir ces promesses qu'ils ont tant prodiguées, comment maintiendraient-ils leur dignité au milieu de la tourbe des quémandeurs et des conseillers ? En supposant qu'ils soient entrés vertueux à la Chambre, comment pourraient-ils en sortir autrement que viciés ! Sous l'influence de ce milieu d'intrigues, on les voit tourner de gauche à droite, comme s'ils étaient entraînés par un mécanisme fatal : bonshommes d'horloge qui paraissent d'un air superbe et frappent avec bruit sur le cadran, puis bientôt après tournent le dos pour s'engouffrer piteusement dans la paroi.

Ce n'est point dans le choix de nouveaux maîtres qu'est le salut. Faut-il donc que nous, anarchistes, les ennemis du christianisme, nous rappelions à toute une société qui se prétend chrétienne ces mots d'un homme dont elle a fait un Dieu : « Ne dites à personne : Maître, Maître ! » Que chacun reste le maître de soi-même ; Ne vous tournez point vers les chaires officielles, ni vers cette bruyante tribune, dans la vaine attente d'une parole de liberté. Écoutez plutôt les voix qui sortent d'en bas, dussent-elles passer à travers les grilles d'un cachot.

Élisée Reclus.

Clarens (Suisse), 1er octobre 1885.

LA SITUATION

Décidément, nous marchons à grands pas vers la révolution, vers une commotion qui, éclatant dans un pays, va se propager, comme en 1848, dans tous les pays voisins, et secouant la société actuelle jusque dans ses entrailles, viendra renouveler les sources de la vie.

Pour confirmer notre idée, nous n'avons même pas besoin d'invoquer les témoignages d'un célèbre historien allemand,[1] ou d'un philosophe italien très connu,[2] qui, tous deux, après avoir approfondi l'histoire moderne, concluaient à la fatalité d'une grande révolution vers la fin de ce siècle. Nous n'avons qu'à observer le tableau qui s'est déroulé sous nos yeux pendant les vingt dernières années ; nous n'avons qu'à envisager ce qui se passe autour de nous.

Nous constaterons alors que deux faits prédominants se dégagent du fonds grisâtre de la toile : le réveil des peuples, à côté de la faillite morale, intellectuelle et économique des classes régnantes ; et les efforts impuissants, agonisants des classes aisées, pour empêcher ce réveil.

Oui, le réveil des peuples.

Dans l'usine suffocante, comme dans la sombre gargote, sous le toit du grenier, comme dans la galerie ruisselante de la mine, s'élabore aujourd'hui tout un monde nouveau. Dans ces sombres masses, que la bourgeoisie méprise autant qu'elle les craint, mais du sein desquelles est toujours parti le souffle qui inspirait les grands réformateurs, — les problèmes les plus ardus de l'économie sociale et de l'organisation politique viennent se poser l'un après l'autre, se discutent et reçoivent leurs solutions nouvelles, dictées par le sentiment de justice. On tranche dans le vif des plaies de la société actuelle. De nouvelles aspirations se produisent, de nouvelles conceptions s'ébauchent.

Les opinions s'entre-croisent, varient à l'infini : mais deux idées premières résonnent déjà de plus en plus distinctement dans ce bourdonnement des voix : l'abolition de la propriété individuelle, le communisme d'une part ; d'autre part, l'abolition de l'État, la Commune libre, l'union internationale des peuplestravailleurs. Deux voies convergeant vers un même but : l'*Égalité*. Non pas cette hypocrite formule d'égalité, inscrite par la bourgeoisie sur ses drapeaux et dans ses codes pour mieux asservir le producteur ;

1 Gervinus, *Introduction à l'Histoire du dix-neuvième siècle.*
2 Ferrari, *La Raison d'État.*

mais l'Égalité réelle : la terre, le capital, le travail pour tous.

Les classes régnantes ont beau étouffer ces aspirations. Elles ont beau emprisonner les hommes, supprimer les écrits. L'idée nouvelle pénètre dans les esprits, elle s'empare des cœurs comme jadis le rêve de la terre riche et libre en Orient s'emparait des cœurs des serfs, lorsqu'ils accouraient dans les rangs des croisés. L'idée peut sommeiller un moment ; si on l'empêche de se produire à la surface, elle peut miner le sol ; mais ce sera pour reparaître bientôt, plus vigoureuse que jamais. Voyez seulement le réveil du socialisme en France, ce second réveil dans le court espace de quinze ans. La vague, tombée un moment, se relève plus haute. Et dès qu'une première tentative de mettre l'idée nouvelle on pratique aura été faite, l'idée surgira aux yeux de tous dans sa simplicité, avec tous ses attraits. Une seule tentative réussie — et la conscience de leur force donnera aux peuples un élan héroïque.

Ce moment ne peut être éloigné. Tout le rapproche : la misère même, qui force le malheureux à réfléchir, et jusqu'au chômage forcé, qui arrache l'homme pensant à l'enceinte étroite de l'atelier, pour le lancer dans la rue, où il apprend à connaître à la fois les vices et l'impuissance des classes régnantes.

Et, pendant ce temps-là, que font-elles, ces classes régnantes ?

Tandis que les sciences naturelles prennent un essor qui nous rappelle le siècle passé aux approches de la grande révolution ; tandis que de hardis inventeurs viennent entr'ouvrir chaque jour de nouveaux horizons à la lutte de l'homme contre les forces hostiles de la nature, — la science sociale bourgeoise reste muette : elle remâche ses vieilles théories.

Progressent-elles peut-être, ces classes régnantes, dans la vie pratique ? — Loin de là. Elles s'acharnent obstinément à secouer les lambeaux de leurs drapeaux, à défendre l'individualisme égoïste, la concurrence d'homme à homme et de nation à nation, l'omnipotence de l'État centralisateur.

Elles passent du protectionnisme au libre échange, et du libre échange au protectionnisme, de la réaction au libéralisme et du libéralisme à la réaction ; de l'athéisme à la momerie et de la momerie à l'athéisme. Toujours peureuses, toujours le regard

Pierre Kropotkine

tourné vers le passé, toujours de plus en plus incapables de réaliser quoi que ce soit de durable.

Tout ce qu'elles ont fait a été un démenti formel à ce qu'elles avaient promis.

Elles nous avaient promis, ces classes régnantes, — de nous garantir la liberté du travail, — et elles nous ont faits esclaves de l'usine, du patron, du contre-maître. Elles se sont chargées d'organiser l'industrie, de nous garantir le bien-être, — et elles nous ont donné les crises interminables et la misère ; promis l'instruction, — et nous ont réduits à l'impossibilité de nous instruire ; promis la liberté politique, — et nous ont traînés de réaction en réaction ; promis la paix, — et amené la guerre, des guerres sans fin.

Elles ont manqué à toutes leurs promesses.

Mais le peuple est las ; il se demande où il en est, après s'être laissé si longtemps berner et gouverner par la bourgeoisie.

La réponse est dans la situation économique actuelle de l'Europe.

La crise, autrefois calamité passagère, est devenue chronique. La crise du coton, la crise en métallurgie, la crise horlogère, toutes les crises se déchaînent aujourd'hui à la fois, s'installent en permanence.

On évalue à plusieurs millions le nombre d'ouvriers sans travail, à l'heure qu'il est, en Europe ; à des dizaines de mille le nombre de ceux qui rôdent de ville en ville en mendiant, ou s'ameutent pour demander, avec menaces, *du travail ou du pain !* Comme les paysans de 1787 rôdaient sur les routes par milliers, sans trouver sur le riche sol de la France accaparé par les aristocrates un lopin de terre pour le cultiver et une pioche pour le remuer, — de même aujourd'hui, l'ouvrier reste les bras vides, sans trouver la matière première et l'instrument, nécessaires pour produire, mais accaparés par une poignée de fainéants.

De grandes industries tuées roide, de grandes villes, comme Sheffield, rendues désertes. Misère en Angleterre, surtout en Angleterre, car c'est là que les « économistes » ont le mieux appliqué leurs principes ; misère en Alsace ; la faim en Espagne, en Italie. Chômage partout ; et avec le chômage, la gêne ou plutôt la misère : les enfants livides, la femme vieillie de cinq ans au bout d'un hiver ; les maladies fauchant à grands coups dans les rangs ouvriers, — voilà où nous en sommes avec leur régime.

Et ils viennent nous parler de surproduction ! Surproduction ? Quand le mineur qui entasse des montagnes de houille n'a pas de quoi se payer un feu au plus rude de l'hiver ? Quand le tisserand qui tisse des kilomètres d'étoffe, doit refuser une chemise à ses enfants déguenillés ? Quand le maçon qui bâtit les palais, loge dans un taudis, et l'ouvrière, qui fait des chefs-d'œuvre de poupées habillées, n'a qu'un châle troué pour la garantir contre toutes les intempéries ?

Est-ce là ce qu'ils appellent l'organisation de l'industrie ? On dirait plutôt l'alliance secrète des capitaux pour dompter l'ouvrier par la faim.

Le capital, ce produit du travail de l'espèce humaine, accumulé entre les mains de quelques-uns, il fuit, — nous dit-on, — l'agriculture et l'industrie, faute de sécurité.

Mais où donc va-t-il se nicher, lorsqu'il sort des coffres-forts ?

Parbleu ! il a des placements plus avantageux ! Il ira meubler les harems du Sultan ; il ira alimenter les guerres, soutenir le Russe contre le Turc, et, en même temps, le Turc contre le Russe.

Ou bien encore, il ira un jour fonder une société d'actionnaires, non pas pour produire quoi que ce soit, mais simplement pour amener dans deux ans une faillite scandaleuse, dès que les gros bonnets fondateurs se seront retirés en emportant les millions qui représentent « le bénéfice de l'idée. »

Ou bien, ce capital ira construire des chemins de fer inutiles, au Gothard, au Japon, au Sahara s'il le faut, — pourvu que les Rothschild fondateurs, l'ingénieur en chef et l'entrepreneur y gagnent chacun quelques millions.

Mais surtout, le capital se lancera dans l'agiotage : le jeu en grand à la Bourse. Le capitaliste spéculera sur la hausse factice des prix du blé ou du coton ; il spéculera sur la politique, sur la hausse qui se produira à la suite de tel bruit de réforme ou de telle note diplomatique ; et très souvent ce seront — cela se voit tous les jours — les agents même du gouvernement qui tremperont dans ces spéculations.

L'agiotage tuant l'industrie, c'est cela qu'ils appellent la gérance intelligente des affaires ! C'est pour cela que nous devons — disent-ils — les entretenir !

Bref, le chaos économique est à son comble.

Cependant, ce chaos ne peut plus durer longtemps. Le peuple est las de subir ces crises, provoquées par la rapacité des classes régnantes : il veut vivre en travaillant, et non pas subir des années de misère, assaisonnées de charité humiliante, pour deux, trois ans de travail exténuant, plus ou moins assuré quelquefois, mais toujours très mal rétribué.

Le travailleur s'aperçoit de l'incapacité des classes gouvernantes : incapacité de comprendre ses aspirations nouvelles ; incapacité de gérer l'industrie ; incapacité d'organiser la production et l'échange.

Le peuple prononcera bientôt la déchéance de la bourgeoisie. Il prendra ses affaires en ses propres mains, dès que le moment propice se présentera.

Ce moment ne peut pas tarder, à cause même des maux qui rongent l'industrie, et son arrivée sera accélérée par la décomposition des États, décomposition galopante qui s'opère de nos jours.

LA DÉCOMPOSITION DES ÉTATS

Si la situation économique de l'Europe se résume par ces mots : chaos industriel et commercial et faillite de la production capitaliste, — la situation politique se caractérise par ceux-ci : décomposition galopante et faillite prochaine des États.

Parcourez-les tous, depuis l'autocratie gendarmeresque de la Russie jusqu'à l'oligarchie bourgeoise de la Suisse, vous n'en trouverez pas un seul (à l'exclusion, *peut-être*, de la Suède et de la Norvège) qui ne marche pas à course accélérée vers la décomposition, et par suite, vers la révolution.[1]

Vieillards impuissants, la peau ridée et les pieds chancelants,

1 On sait que depuis, la Suède et la Norvège ont cessé de faire exception.

rongés de maladies constitutionnelles, incapables de s'assimiler les flots d'idées nouvelles, ils gaspillent le peu de forces qui leur restent, ils vivent aux dépens de leurs années déjà comptées, et ils accélèrent encore leur chute en s'entre-déchirant comme de vieilles grogneuses.

Une maladie incurable les ronge tous : c'est la maladie de la vieillesse, du déclin. L'État, cette organisation dans laquelle on laisse entre les mains de quelques-uns la gestion en bloc de *toutes* les affaires de *tous*, cette forme de l'organisation humaine a fait son temps. L'humanité élabore déjà de nouveaux modes de groupement.

Après avoir atteint leur point culminant au dix-huitième siècle, les vieux États de l'Europe sont entrés aujourd'hui dans leur phase descendante ; ils tombent en décrépitude. Les peuples, — surtout ceux de race latine, — aspirent déjà à la démolition de ce pouvoir qui ne fait qu'empêcher leur libre développement. Ils veulent l'autonomie des provinces, des communes, des groupements ouvriers liés entre eux, non plus par un pouvoir qui s'impose, mais par les liens des engagements mutuels, librement consentis.

C'est la phase historique dans laquelle nous entrons ; rien ne saurait en empêcher la réalisation.

Si les classes dirigeantes pouvaient avoir le sentiment de la position, certes, elles s'empresseraient de marcher au-devant de ces aspirations. Mais, vieillies dans les traditions, sans autre culte que celui de la grosse bourse, elles s'opposent de toutes leurs forces à ce nouveau courant d'idées. Et, fatalement, elles nous mènent vers une commotion violente. Les aspirations de l'humanité se feront jour, — mais au grondement du canon, à la crépitation de la mitrailleuse, à la lueur des incendies.

Lorsque, après la chute des institutions du moyen âge, les États naissants faisaient leur apparition en Europe et s'affermissaient, s'agrandissaient par la conquête, par la ruse, par l'assassinat, — ils ne s'ingéraient encore que dans un petit cercle des affaires humaines.

Aujourd'hui, l'État est parvenu à s'immiscer dans toutes les manifestations de notre vie. Du berceau à la tombe, il nous étrangle dans ses bras. Tantôt comme État central, tantôt comme État-province ou canton, tantôt comme État-commune, il nous poursuit à chaque pas, il apparaît à chaque coin de rue, il nous impose, nous tient, nous harcèle.

Il légifère sur toutes nos actions. Il accumule des montagnes de lois et d'ordonnances dans lesquelles l'avocat le plus malin ne sait plus se retrouver. Il crée chaque jour de nouveaux rouages qu'il adapte gauchement à la vieille patraque rhabillée, et il en arrive à créer une machine si compliquée, si bâtarde, si obstructive, qu'elle révolte ceux-là même qui se chargent de la faire marcher.

Il crée une armée d'employés, d'araignées aux doigts crochus, qui ne connaissent l'univers qu'à travers les sales vitres de leurs bureaux, ou par leurs paperasses au grimoire absurde ; — une bande noire qui n'a qu'une religion, — celle de l'écu, qu'un souci, celui de se raccrocher à un parti quelconque, noir, violet ou blanc, afin qu'il garantisse un maximum d'appointements pour un minimum de travail.

Les résultats, — nous ne les connaissons que trop. Y a-t-il une seule branche de l'activité de l'État qui ne révolte ceux qui, malheureusement, ont à faire avec elle ? Une seule branche, dans laquelle l'État, après des siècles d'existence et de replâtrages, n'ait pas fait preuve de complète incapacité ?

Les sommes immenses et toujours croissantes que les États prélèvent sur les peuples ne leur suffisent jamais. L'État existe toujours aux dépens des générations futures ; il s'endette et partout il marche vers la ruine.

Les dettes publiques des États de l'Europe ont déjà atteint le chiffre immense, incroyable, de plus de *cent milliards, cent mille millions de francs !* Si *toutes* les recettes des États étaient employées, jusqu'au dernier sou, pour couvrir ces dettes, elles ne suffiraient pas à les couvrir d'ici à quinze ans. Mais, loin de diminuer, ces dettes augmentent tous les jours. C'est dans la force des choses que les besoins des États dépassent toujours leurs moyens. L'État, forcément, cherche à étendre ses attributions ; chaque parti au pouvoir est obligé de créer de nouveaux emplois pour ses clients :

c'est fatal.

Donc, les déficits et les dettes publiques vont et iront encore en croissant, même en temps de paix. Mais qu'il arrive une guerre quelconque, et immédiatement les dettes des États augmentent dans une proportion immense. C'est à n'en pas finir ; impossible de sortir de ce dédale.

Les États marchent à toute vapeur vers la ruine, la banqueroute ; et le jour n'est pas loin où les peuples, las de payer annuellement quatre milliards d'intérêts aux banquiers, prononceront la faillite des États et enverront ces banquiers bêcher la terre s'ils ont faim.

Qui dit « État » nécessairement dit « guerre ». L'État cherche et doit chercher à être fort, plus fort que ses voisins ; sinon, il sera un jouet dans leurs mains. Il cherche forcément à affaiblir, à appauvrir d'autres États pour leur imposer sa loi, sa politique, ses traités de commerce, pour s'enrichir à leurs dépens. La lutte pour la prépondérance, qui est la base de l'organisation économique bourgeoise, est aussi la base de l'organisation politique. C'est pourquoi la guerre est devenue aujourd'hui la condition normale de l'Europe. Guerres prusso-danoise, prusso-autrichienne, franco-prussienne, guerre d'Orient, guerre en Afghanistan se succèdent sans interruption. De nouvelles guerres se préparent ; la Russie, l'Angleterre, la Prusse, le Danemark, sont prêts à déchaîner leurs armées et, sous peu, elles vont en venir aux mains. On a déjà des causes de guerre pour trente ans.

Or, la guerre, — c'est le chômage, la crise, les impôts croissant, les dettes accumulées. Plus que ça. Chaque guerre est un échec moral pour les États. Après chaque guerre, les peuples s'aperçoivent que l'État fait preuve d'incapacité, même dans son attribution principale ; à peine sait-il organiser la défense du territoire ; même victorieux, il subit un échec. Voyez seulement la fermentation des idées qui est née de la guerre de 1871, aussi bien en Allemagne qu'en France ; voyez le mécontentement soulevé en Russie par la guerre d'Orient.

Les guerres et les armements tuent les États ; ils accélèrent leur faillite morale et économique. Encore une ou deux grandes guerres, ils donneront le coup de grâce à ces machines détraquées.

Pierre Kropotkine

À côté de la guerre extérieure, — la guerre intérieure.

Accepté par les peuples à la condition d'être le défenseur de tous et surtout des faibles contre les forts, l'État aujourd'hui est devenu la forteresse des riches contre les exploités, du propriétaire contre le prolétaire.

À quoi sert-elle, cette immense machine que nous nommons État ? — Est-ce à empêcher l'exploitation de l'ouvrier par le capitaliste, du paysan par le rentier ? Est-ce à nous assurer le travail ? à nous défendre de l'usurier ? à nous fournir la nourriture lorsque la femme n'a que de l'eau pour apaiser l'enfant qui pleure à son sein tari ?

Non, mille fois non ! L'État, — c'est la protection de l'exploitation, de la spéculation, de la propriété privée, — produit de la spoliation. Le prolétaire, qui n'a que ses bras pour fortune, n'a rien à attendre de l'État ; il n'y trouvera qu'une organisation faite pour empêcher à tout prix son émancipation.

Tout pour le propriétaire fainéant, tout contre le prolétaire travailleur : l'instruction bourgeoise qui dès le bas âge corrompt l'enfant, en lui inculquant les préjugés anti-égalitaires ; l'Église qui trouble le cerveau de la femme ; la loi qui empêche l'échange des idées de solidarité et d'égalité ; l'argent, au besoin, pour corrompre celui qui se fait un apôtre de la solidarité des travailleurs ; la prison et la mitraille à discrétion pour fermer la bouche à ceux qui ne se laissent pas corrompre. Voilà l'État.

Cela durera-t-il ? Cela peut-il durer ? Évidemment non. Une classe entière de l'humanité, celle qui produit tout, ne peut pas toujours soutenir une organisation établie spécialement contre elle. Partout, — sous la brutalité russe comme sous l'hypocrisie gambettiste, — le peuple mécontent se révolte. L'histoire de nos jours, c'est l'histoire de la lutte des gouvernants privilégiés contre les aspirations égalitaires des peuples. Cette lutte fait la principale préoccupation des gouvernants ; elle dicte leurs actes. Ce ne sont pas des principes, des considérations de bien public qui déterminent aujourd'hui l'apparition de telle loi ou de tel acte gouvernemental ; ce ne sont que des considérations de la lutte contre le peuple, pour la conservation du privilège.

Seule, cette lutte suffirait pour ébranler la plus forte organisation politique. Mais, lorsqu'elle s'opère dans des États qui marchent déjà, par suite de la fatalité historique, vers le déclin ; lorsque ces États roulent à toute vapeur vers la ruine et se déchirent, par-dessus le marché, les uns les autres ; lorsque, enfin, l'État tout-puissant se rend odieux à ceux même qu'il protège, — lorsque tant de causes concourent vers un but unique, alors l'issue de la lutte ne peut être mise en doute. Le peuple, qui est la force, aura raison de ses oppresseurs ; la chute des États ne devient plus qu'une question de peu de temps, et le philosophe le plus tranquille entrevoit les lueurs d'une grande révolution qui s'annonce.

LA NÉCESSITÉ DE LA RÉVOLUTION

Il y a des époques dans la vie de l'humanité, où la nécessité d'une secousse formidable, d'un cataclysme, qui vienne remuer la société jusque dans ses entrailles, s'impose sous tous les rapports à la fois. À ces époques, tout homme de cœur commence à se dire que les choses ne peuvent plus marcher ainsi ; qu'il faut de grands événements qui viennent rompre brusquement le fil de l'histoire, jeter l'humanité hors de l'ornière où elle s'est embourbée et la lancer dans les voies nouvelles, vers l'inconnu, à la recherche de l'idéal. On sent la nécessité d'une révolution, immense, implacable, qui vienne, non seulement bouleverser le régime économique basé sur la froide exploitation, la spéculation et la fraude, non seulement renverser l'échelle politique basée sur la domination de quelques-uns par la ruse, l'intrigue et le mensonge, mais aussi remuer la société dans sa vie intellectuelle et morale, secouer la torpeur, refaire les mœurs, apporter au milieu des passions viles et mesquines du moment le souffle vivifiant des passions nobles, des grands élans, des généreux dévouements.

À ces époques, où la médiocrité orgueilleuse étouffe toute intelligence qui ne se prosterne pas devant les pontifes, où la moralité mesquine du juste-milieu fait la loi, et la bassesse règne victorieuse, — à ces époques la révolution devient un besoin ; les hommes honnêtes de toutes les classes de la société appellent la

Pierre Kropotkine

tempête, pour qu'elle vienne brûler de son souffle enflammé la peste qui nous envahit, emporter la moisissure qui nous ronge, enlever dans sa marche furieuse tous ces décombres du passé qui nous surplombent, nous étouffent, nous privent d'air et de lumière, pour qu'elle donne enfin au monde entier un nouveau souffle de vie, de jeunesse, d'honnêteté.

Ce n'est plus seulement la question du pain qui se pose à ces époques ; c'est une question de progrès contre l'immobilité, de développement humain contre l'abrutissement, de vie contre la stagnation fétide du marais.

L'histoire nous a conservé le souvenir d'une pareille époque, celle de la décadence de l'empire romain ; l'humanité en traverse aujourd'hui une seconde.

Comme les Romains de la décadence, nous nous trouvons en face d'une transformation profonde qui s'opère dans les esprits et ne demande plus que des circonstances favorables pour se traduire dans les faits. Si la révolution s'impose dans le domaine économique, si elle devient une impérieuse nécessité dans le domaine politique, elle s'impose bien plus encore dans le domaine moral.

Sans liens moraux, sans certaines obligations, que chaque membre de la société se crée vis-à-vis des autres et qui bientôt passent chez lui à l'état d'habitudes il n'est point de société possible. Aussi retrouvons-nous ces liens moraux, ces habitudes sociables, dans tous les groupes humains ; nous les voyons très développés et rigoureusement mis en pratique chez les peuplades primitives, débris vivants de ce que l'humanité entière fut à ses débuts.

Mais l'inégalité des fortunes et des conditions, l'exploitation de l'homme par l'homme, la domination des masses par quelques-uns, sont venues miner et détruire dans le cours des âges ces produits précieux de la vie primitive des sociétés. La grande industrie basée sur l'exploitation, le commerce basé sur la fraude, la domination de ceux qui s'intitulent « Gouvernement », ne peuvent plus coexister avec ces principes de morale, basés sur la solidarité de tous, que nous rencontrons encore chez les tribus refoulées sur les confins du monde policé. Quelle solidarité peut-il exister en effet entre le capitaliste et le travailleur qu'il exploite ? entre le chef d'armée et le

LA NÉCESSITÉ DE LA RÉVOLUTION

soldat ? le gouvernant et le gouverné ?

Aussi voyons-nous qu'à la morale primitive, basée sur ce sentiment *d'identification de l'individu avec tous ses semblables*, vient se substituer la morale hypocrite des religions ; celles-ci cherchent, par des sophismes, à légitimer l'exploitation et la domination, et elles se bornent seulement à blâmer les manifestations les plus brutales de l'une et de l'autre. Elles relèvent l'individu de ses obligations morales envers ses semblables et ne lui en imposent qu'envers un Être suprême, — une abstraction invisible, dont on peut conjurer le courroux et acheter la bienveillance, pourvu qu'on paie bien ses soi-disant serviteurs.

Mais les relations de plus en plus fréquentes qui s'établissent aujourd'hui entre les individus, les groupes, les nations, les continents, viennent imposer à l'humanité de nouvelles obligations morales. Et à mesure que les croyances religieuses s'en vont, l'homme s'aperçoit que, pour être heureux, il doit s'imposer des devoirs, non plus envers un être inconnu, mais envers tous ceux avec lesquels il entrera en relations. L'homme comprend de plus en plus que le bonheur de l'individu isolé n'est plus possible ; qu'il ne peut être cherché que dans le bonheur de tous, — le bonheur de la race humaine. Aux principes négatifs de la morale religieuse : « Ne vole pas, ne tue pas, etc. » viennent se substituer les principes positifs, infiniment plus larges et grandissant chaque jour de la morale humaine. Aux défenses d'un Dieu, que l'on pouvait toujours violer quitte à l'apaiser plus tard par des offrandes, vient se substituer ce sentiment de solidarité avec chacun et avec tous qui dit à l'homme : « Si tu veux être heureux, fais à chacun et à tous ce que tu voudrais que l'on te fît à toi-même. » Et cette simple affirmation, induction scientifique, qui n'a plus rien à voir avec les prescriptions religieuses, ouvre d'un seul coup, tout un horizon immense de perfectibilité, d'amélioration de la race humaine.

La nécessité de refaire nos relations sur ce principe — si sublime et si simple, — se fait sentir chaque jour de plus en plus. Mais rien ne peut se faire, rien ne se fera dans cette voie, tant que l'exploitation et la domination, l'hypocrisie et le sophisme, resteront les bases de notre organisation sociale.

Pierre Kropotkine

Mille exemples pourraient être cités à l'appui. Mais nous nous bornerons ici à un seul, — le plus terrible, — celui de nos enfants. Qu'en faisons-nous dans la société actuelle ?

Le respect de l'enfance est une des meilleures qualités qui se soient développées, dans l'humanité, à mesure qu'elle accomplissait sa marche pénible, de l'état sauvage à son état actuel. Que de fois n'a-t-on pas vu, en effet, l'homme le plus dépravé désarmé par le sourire d'un enfant ? — Eh bien, ce respect s'en va aujourd'hui et l'enfant devient chez nous une chair à machine, si ce n'est un jouet pour satisfaire les passions bestiales.

Nous avons vu récemment comment la bourgeoisie massacrait nos enfants en les faisant travailler de longues journées dans les usines.¹ Là, on les tue au physique. Mais, c'est peu. Pourrie jusqu'à la moelle la société tue encore nos enfants au moral.

En réduisant l'enseignement à un apprentissage routinier qui ne donne aucune application aux jeunes et nobles passions et au besoin d'idéal qui se révèlent à un certain âge chez la plupart de nos enfants, elle fait que toute nature tant soit peu indépendante, poétique ou flore, prend l'école en haine, se renferme en elle-même ou va trouver ailleurs une issue à ses passions. Les uns vont chercher dans le roman la poésie qui leur a manqué dans la vie ; ils se bourrent de cette littérature immonde, fabriquée, par et pour la bourgeoisie, à deux ou quatre sous la ligne, — et ils finissent, comme le jeune Lemaître, par ouvrir un jour le ventre et couper

---

1 Ces lignes furent écrites à propos, du rapport de madame Emma Brown sur le travail des enfants dans les manufactures du Massachusetts, publié par l'*Atlantic Monthly*. — Madame Brown, après avoir visité la plupart des manufactures de l'État, en compagnie d'un économiste de renom, constata que *nulle part* la loi sur le travail des enfants n'était respectée. Dans *chaque* fabrique, elle trouvait ces chiourmes d'enfants, et l'aspect de ces pauvres créatures lui démontrait qu'elles portaient déjà dans leurs frêles corps les germes de maladies chroniques : anémie, difformités physiques, phtisie, etc. *Quarante-quatre pour cent*, — près de la moitié de tous les ouvriers travaillant dans les manufactures de Massachusetts, — sont *des enfants au-dessous de quinze ans*. Et pourquoi cette préférence des fabricants pour les enfants ? — Parce qu'ils ne sont payés que *le quart* (24 0/0) de ce que l'on paie à un ouvrier majeur.

On sait que, malgré les lois soi-disant protectrices de l'enfance, les manufactures et jusqu'aux mines houillères de l'Europe fourmillent d'enfants, qui font même fréquemment leurs douze heures de travail.

LA NÉCESSITÉ DE LA RÉVOLUTION

la gorge à un autre enfant, « afin de devenir assassins célèbres ». Les autres s'adonnent à des vices exécrables, et seuls, les enfants du juste-milieu, ceux qui n'ont ni passions, ni élans, ni sentiments d'indépendance, arrivent sans accidents « jusqu'au bout ». Ceux-là fourniront à la société son contingent de bons bourgeois à moralité mesquine, qui ne volent pas, il est vrai, les mouchoirs aux passants, mais qui volent « honnêtement » leurs clients ; qui n'ont pas de passions, mais qui font en cachette leur visite à l'entremetteuse pour « se débarrasser de la graisse si monotone du pot-au-feu », qui croupiront dans leur marais, et qui crieront haro ! sur quiconque osera toucher à leur moisissure.

Voilà pour le garçon ! Quant à la fille, la bourgeoisie la corrompt dès le bas âge. Lectures absurdes, poupées habillées comme des camélias, costumes et exemples édifiants de la mère, propos de boudoir, — rien ne manquera pour faire de l'enfant une femme qui se vendra au plus donnant. Et cet enfant sème déjà la gangrène autour d'elle : les enfants ouvriers ne regardent-ils pas avec envie cette fille bien parée, aux allures élégantes, courtisane à douze ans ? Mais, si la mère est « vertueuse », — à la manière dont les bonnes bourgeoises le sont, — ce sera encore pis ! Si l'enfant est intelligente et passionnée, elle appréciera bientôt à sa juste valeur cette morale à double face, qui consiste à dire : « Aime ton prochain, mais pille-le quand tu peux ! Sois vertueuse, mais jusqu'à un certain point, etc. », — et étouffant dans cette atmosphère de moralité à la Tartufe, ne trouvant dans la vie rien de beau, de sublime, d'entraînant, qui respire la vraie passion, elle se jettera tête baissée dans les bras du premier venu, — pourvu qu'il satisfasse ses appétits de luxe.

Examinez ces faits, méditez-en les causes et dites si nous n'avons pas raison d'affirmer qu'il faut une révolution terrible pour enlever enfin la souillure de nos sociétés, jusque dans leurs racines, car, tant que les causes de la gangrène resteront, rien ne sera guéri.

Tant que nous aurons une caste d'oisifs, entretenue par notre travail, sous prétexte qu'ils sont nécessaires pour nous diriger, — ces oisifs seront toujours un foyer pestilentiel pour la moralité publique. L'homme oisif et abruti, qui toute sa vie est en quête de nouveaux plaisirs, celui chez lequel tout sentiment de solidarité

Pierre Kropotkine

avec les autres hommes est tue par les principes mêmes de son existence, et chez lequel les sentiments du plus vil égoïsme sont nourris par la pratique même de sa vie, — cet homme-là penchera toujours vers la sensualité la plus grossière : il avilira tout ce qui l'entoure. Avec son sac d'écus et ses instincts de brute, il prostituera femme et enfant ; il prostituera l'art, le théâtre, la presse, — il l'a déjà fait à présent, — il vendra son pays, il en vendra les défenseurs et, trop lâche pour massacrer lui-même, il fera massacrer l'élite de sa patrie, le jour où il aura peur de perdre son sac d'écus, l'unique source de ses jouissances.

Cela est inévitable et les écrits des moralistes n'y changeront rien. La peste est dans nos foyers, il faut en détruire la cause, et dussions-nous procéder par le feu et le fer, nous n'avons pas à hésiter. Il y va du salut de l'humanité.

LA PROCHAINE RÉVOLUTION

Dans les chapitres précédents nous arrivions à la conclusion que l'Europe descend sur un plan incliné vers une commotion révolutionnaire.

En étudiant le mode de la production et de l'échange, tels qu'ils se sont organisés entre les mains de la bourgeoisie, nous trouvons un état de choses attaqué par une gangrène irrémédiable ; nous voyons l'absence de toute base scientifique et humanitaire, la dissipation folle du capital social, la soif du gain poussée jusqu'au mépris absolu de toutes les lois de la sociabilité, la guerre industrielle en permanence, le chaos ; et nous avons salué l'approche du jour où ce cri : *la déchéance de la bourgeoisie !* s'échappera de toutes les lèvres avec cette unanimité qui jadis caractérisait la proclamation de la déchéance des dynasties.

En étudiant le développement des États, leur rôle historique et la décomposition qui les ronge aujourd'hui, nous voyons que ce mode de groupement a accompli dans l'histoire tout ce dont il fut capable et s'effondre aujourd'hui sous le poids de ses propres attributions, pour céder la place à de nouvelles organisations basées sur de nouveaux principes, plus en rapport avec les tendances modernes de l'humanité.

D'autre part, ceux qui observent avec attention le mouvement des idées dans le sein de la société actuelle savent bien avec quelle ardeur la pensée humaine travaille aujourd'hui à la revision complète des appréciations qui nous furent léguées par les siècles passés et à l'élaboration de nouveaux systèmes philosophiques et scientifiques destinés à devenir la base des sociétés à venir. Ce n'est plus seulement le sombre réformateur qui, exténué par un travail au-dessus de ses forces et par une misère au-dessus de sa patience, critique les institutions honteuses dont il subit le poids et qui rêve un avenir meilleur. C'est aussi le savant qui, quoique élevé dans les anciens préjugés, apprend cependant peu à peu à les secouer et, prêtant l'oreille aux courants d'idées dont les esprits populaires se pénètrent, s'en fait un jour le porte-voix, l'énonciateur. « La hache de la critique sape à grands coups tout l'héritage qu'on nous avait transmis à titre de vérités ; philosophie, sciences naturelles, morale, histoire, art, rien n'est épargné dans ce travail de démolition ! » — s'écrient les conservateurs. Rien, jusqu'aux bases mêmes de vos institutions sociales, — la propriété et le pouvoir — attaqués aussi bien par le nègre de l'usine que par le travailleur de la pensée, par l'intéressé au changement que par celui qui reculerait avec effroi le jour où il verrait ses idées revêtir un corps, secouer la poussière des bibliothèques et s'incarner dans le tumulte de la réalisation pratique.

Décadence et décomposition des formes existantes et mécontentement général ; élaboration ardue des formes nouvelles et désir impatient d'un changement ; élan juvénile de la critique dans le domaine des sciences, de la philosophie, de l'éthique, et fermentation générale de l'opinion publique ; d'autre part, indifférence paresseuse ou résistance criminelle de ceux qui détiennent le pouvoir et qui ont encore la force et, par soubresauts, le courage de s'opposer au développement des idées nouvelles.

Tel fut toujours l'état des sociétés à la veille des grandes révolutions ; tel il est encore aujourd'hui. Ce n'est pas l'imagination surexcitée d'un groupe de turbulents qui vient l'affirmer ; c'est l'observation calme et scientifique qui le dévoile ; si bien que ceux même qui, pour excuser leur coupable indifférence, se plaisent à dire : « Tranquillisons-nous, il n'y a pas encore péril en la demeure, »

Pierre Kropotkine

ceux-là même laissent échapper l'aveu que la situation s'envenime et qu'ils ne savent pas trop où nous allons. Seulement, après s'être soulagés par cet aveu, ils se détournent et de nouveau se mettent à ruminer sans pensée.

« Mais on l'a si souvent annoncée, cette révolution ! » — soupire à côté de nous le pessimiste ; « moi-même j'y ai cru un moment, et pourtant elle n'arrive pas ! » — Elle n'en sera que plus mûre. « À deux reprises, la Révolution fut sur le point d'éclater, en 1754 et en 1771, » nous dit un historien en parlant du dix-huitième siècle (j'allais presque écrire : en 1848 et en 1871).[1] Eh bien, pour ne pas avoir éclaté alors, elle n'en devint que plus puissante et plus féconde à la fin du siècle.

Mais laissons dormir les indifférents et bougonner les pessimistes : nous avons autre chose à faire. Demandons-nous quel sera le caractère de cette révolution que tant d'hommes pressentent et préparent, et quelle doit être notre attitude en présence de cette éventualité.

Nous ne ferons pas de prophéties historiques : ni l'état embryonnaire de la sociologie, ni l'état actuel de l'histoire qui, selon l'expression d'Augustin Thierry, « ne fait qu'étouffer la vérité sous des formules de convention, » — ne nous y autorisent. Bornons-nous donc à poser quelques questions bien simples.

Pouvons-nous admettre, ne fût-ce que pour un moment, que cet immense travail intellectuel de revision et de réformation qui s'opère dans toutes les classes de la société, puisse s'apaiser par un simple changement de gouvernement ? Que le mécontentement économique, grossissant et se répandant de jour en jour, ne cherche pas à se manifester dans la vie publique, dès que les circonstances favorables, — la désorganisation des pouvoirs, — se présenteront à la suite d'événements quelconques ?

Poser ces questions, c'est les résoudre. — Évidemment non.

Pouvons-nous croire que les paysans irlandais et anglais, s'ils entrevoient la possibilité de s'emparer du sol qu'ils convoitent depuis tant de siècles et de chasser les seigneurs qu'ils détestent si cordialement, ne profiteront pas de la première conflagration pour

---

1 Félix Rocquain, *L'Esprit révolutionnaire avant la Révolution.*

chercher à réaliser leurs vœux ?

Pouvons-nous croire que la France, lors d'un nouveau 1848 européen, se bornera à renvoyer le Gambetta du jour pour le remplacer par M. Clemenceau, et ne cherchera pas à voir ce que *la Commune* peut faire pour améliorer le sort des travailleurs ? Que le paysan français, voyant le pouvoir central désorganisé, ne cherchera pas à s'emparer des prés veloutés, de ses voisines les saintes sœurs, ainsi que des champs féconds des gros bourgeois qui, étant venus les uns et les autres s'établir à ses côtés, n'ont cessé d'arrondir leurs propriétés ? Qu'il ne se rangera pas du côté de ceux qui lui offriront leur appui pour réaliser son rêve de travail assuré et bien récompensé ?

Et croit-on que le paysan italien, espagnol, slave, n'en fera pas autant ?

Pense-t-on que les mineurs, las de leur misère, de leurs souffrances et des massacres à coups de grisou, — qu'ils supportent encore, sous les yeux de la troupe, mais en murmurant, — ne chercheront pas à éliminer les propriétaires des mines, si un jour ils s'aperçoivent que la troupe désorganisée met de la mauvaise volonté à obéir à ses chefs ?

Et le petit artisan, blotti dans les ténèbres de sa cave humide, les doigts gelés et l'estomac creux, se débattant du matin au soir pour trouver de quoi payer le boulanger et nourrir ces cinq petites bouches, d'autant plus aimées qu'elles deviennent plus livides à force de privations ? Et, cet homme, qui a couché sous la première arcade venue, parce qu'il n'a pu se payer le luxe de coucher pour un sou dans le dortoir commun, — croyez-vous qu'ils n'aimeraient pas voir un peu si dans ces palais somptueux il ne se trouve pas un coin sec et chaud pour y loger les familles, plus honnêtes, à coup sûr, que celle du gros bourgeois ? Qu'ils n'aimeraient pas voir dans les magasins de la *commune* assez de pain pour tous ceux qui n'ont pas appris à être des fainéants ; assez de vêtements qui habillent les maigres épaules des enfants du travailleur aussi bien que les chairs molles des enfants du gros bourgeois ? Croyez-vous que ceux qui portent les haillons ne savent pas qu'il se trouverait dans les magasins d'une grande ville largement de quoi suppléer

Pierre Kropotkine

aux premières nécessités de tous les habitants, et que si tous les travailleurs s'appliquaient à la production d'objets utiles, au lieu de s'étioler à la confection d'objets de luxe, ils en produiraient assez pour *toute la commune* et pour tant d'autres communes voisines ?

Enfin, peut-on admettre que, ces choses se disant et se répétant partout et surgissant d'elles-mêmes sur toutes les lèvres dans les moments de crise (souvenons-nous du siège de Paris !) le peuple ne cherche pas à les mettre en pratique le jour où il s'en sentira la force ?

Le bon sens de l'humanité a déjà répondu à ces questions, et voilà sa réponse :

La prochaine révolution aura un caractère de généralité qui la distinguera des précédentes. Ce ne sera plus *un* pays qui se lancera dans la tourmente, ce seront *les* pays de l'Europe. Si, autrefois, une révolution localisée était possible, aujourd'hui, avec les liens de solidarité qui se sont établis en Europe, étant donné l'équilibre instable de tous les États, une révolution locale est devenue une impossibilité, si elle dure un certain temps. Comme en 1848, une secousse se produisant en un pays gagnera nécessairement les autres, et le feu révolutionnaire embrasera l'Europe entière.

Mais si en 1848, les villes insurgées purent encore mettre leur confiance dans des changements de gouvernement ou dans des réformes constitutionnelles, ce n'est plus le cas aujourd'hui. L'ouvrier parisien n'attendra pas d'un gouvernement, — fût-il même celui de la Commune libre, — l'accomplissement de ses vœux : il se mettra à l'œuvre lui-même, en se disant : « Ce sera autant de fait ! »

Le peuple russe n'attendra pas qu'une Constituante vienne le doter de la possession du sol qu'il cultive : pour peu qu'il *espère* réussir, il cherchera lui-même à s'en emparer ; il le cherche déjà : témoin, les émeutes continuelles. De même en Italie, en Espagne ; et si l'ouvrier allemand se laisse berner un certain temps par ceux qui aimeraient que tout se fasse par télégrammes de Berlin, l'exemple de ses voisins et l'incapacité de ses meneurs ne tarderont pas à lui enseigner la vraie voie révolutionnaire. Le caractère distinctif de la révolution prochaine sera donc celui-ci : « des tentatives générales de révolution économique, faites par les peuples, sans attendre que cette révolution tombe d'en haut comme la manne du ciel. »

Mais… nous voyons déjà le pessimiste, un sourire malin sur les lèvres, venir nous poser « quelques objections, quelques objections seulement. » Eh bien, nous l'entendrons et nous lui répondrons.

LES DROITS POLITIQUES

La presse bourgeoise nous chante chaque jour, sur tous les tons, la valeur et la portée des libertés politiques, des « droits politiques du citoyen » : suffrage universel, liberté des élections, liberté de la presse, de réunion, etc., etc.

— « Puisque vous avez ces libertés, à quoi bon, nous dit-elle, vous insurger ? Les libertés que vous possédez ne vous assurent-elles pas la possibilité de toutes les réformes nécessaires, sans que vous ayiez besoin de recourir au fusil ? » Analysons donc ce que valent ces fameuses « libertés politiques » à *notre* point de vue, au point de vue de la classe qui ne possède rien, qui ne gouverne personne, qui a très peu de droits et beaucoup de devoirs.

Nous ne dirons pas, comme on l'a dit quelquefois, que les droits politiques n'ont pour nous *aucune* valeur. Nous savons fort bien que depuis les temps du servage et même depuis le siècle passé, certains progrès ont été réalisés : l'homme du peuple n'est plus l'être privé de tous droits qu'il était autrefois. Le paysan français ne peut pas être fouetté dans les rues, comme il l'est encore en Russie. Dans les lieux publics, hors de son atelier, l'ouvrier, surtout dans les grandes villes, se considère l'égal de n'importe qui. Le travailleur français n'est plus enfin cet être dépourvu de tous droits humains, considéré jadis par l'aristocratie comme une bête de somme. Grâce aux révolutions, grâce au sang versé par le peuple, il a acquis certains droits personnels, dont nous ne voulons pas amoindrir la valeur.

Mais nous savons distinguer et nous disons qu'il y a droits et droits. Il y en a qui ont une valeur réelle, et il y en a qui n'en ont pas, — et ceux qui cherchent à les confondre ne font que tromper le peuple. Il y a des droits, comme, par exemple, l'égalité du manant et de l'aristo dans leurs relations privées, l'inviolabilité corporelle de l'homme, etc., qui ont été *pris* de haute lutte, et qui sont assez chers au peuple pour qu'il s'insurge si on venait à les violer. Et il y en a d'autres, comme le suffrage universel, la liberté de la presse, etc., pour lesquels le peuple est toujours resté froid, parce qu'il sent parfaitement que ces droits, qui servent si bien à défendre la bourgeoisie gouvernante contre les empiétements du pouvoir et de l'aristocratie, ne sont qu'un instrument entre les mains des classes dominantes pour maintenir *leur* pouvoir sur le peuple. Ces droits ne sont pas même des droits politiques réels, puisqu'ils ne sauvegardent rien pour la masse du peuple ; et si on les décore encore de ce nom pompeux, c'est parce que notre langage politique n'est qu'un jargon, élaboré par lesclasses gouvernantes pour leur usage et dans leur intérêt.

En effet, qu'est-ce qu'un droit politique, s'il n'est pas un instrument pour sauvegarder l'indépendance, la dignité, la liberté de ceux qui n'ont pas encore la force d'imposer aux autres le respect de ce droit ? Quelle en est l'utilité s'il n'est pas un instrument d'affranchissement pour ceux qui ont besoin d'être affranchis ? Les Gambetta, les Bismarck, les Gladstone n'ont besoin ni de la liberté de la presse, ni de la liberté de réunion, puisqu'ils écrivent ce qu'ils veulent, se réunissent avec qui bon leur semble, professent les idées qu'il leur plaît : ils sont déjà affranchis, ils sont libres. S'il faut garantir à quelqu'un la liberté de parler et d'écrire, la liberté de se grouper, c'est précisément à ceux qui ne sont pas assez puissants pour imposer leur volonté. Telle a été même l'origine de tous les droits politiques.

Mais, à ce point de vue, les droits politiques dont nous parlons sont-ils faits pour ceux qui en ont seuls besoin ?

— Certainement non. Le suffrage universel peut quelquefois protéger jusqu'à un certain point la bourgeoisie contre les empiétements du pouvoir central, sans qu'elle ait besoin de recourir constamment à la force pour se défendre. Il peut servir à rétablir l'équilibre entre deux forces qui se disputent le pouvoir, sans que les rivaux en soient réduits à se donner des coups de couteau, comme on le faisait jadis. Mais il ne peut aider en rien s'il s'agit de renverser ou même délimiter le pouvoir, d'abolir la domination.

Excellent instrument pour résoudre d'une manière pacifique les querelles entre gouvernants, — de quelle utilité peut-il être pour les gouvernés ?

L'histoire du suffrage universel n'est-elle pas là pour le dire ? — Tant que la bourgeoisie a craint que le suffrage universel ne devînt entre les mains du peuple une arme qui pût être tournée contre les privilégiés, elle l'a combattu avec acharnement. Mais le jour où il lui a été prouvé, en 1848, que le suffrage universel n'est pas à craindre, et qu'au contraire on mène très bien un peuple à la baguette avec le suffrage universel, elle l'a accepté d'emblée. Maintenant, c'est la bourgeoisie elle-même qui s'en fait le défenseur, parce qu'elle comprend que c'est une arme, excellente pour maintenir sa domination, mais absolument impuissante contre les privilèges de la bourgeoisie.

De même pour la liberté de la presse. — Quel a été l'argument le plus concluant, aux yeux de la bourgeoisie en faveur de la liberté de la presse ? — Son impuissance ! Oui, son impuissance : M. de Girardin a fait tout un livre sur ce thème : l'impuissance de la presse. « Jadis, — dit-il, — on brûlait les sorciers, parce qu'on avait la bêtise de les croire tout-puissants ; maintenant, on fait la même bêtise par rapport à la presse, parce qu'on la croit, elle aussi, toute-puissante. Mais il n'en est rien : elle est tout aussi impuissante que les sorciers du moyen âge. Donc plus de persécutions de la presse ! » Voilà le raisonnement que faisait jadis M. de Girardin. Et lorsque les bourgeois discutent maintenant entre eux sur la liberté de la presse, quels arguments avancent-ils en sa faveur ? — « Voyez, disent-ils, l'Angleterre, la Suisse, les États-Unis. La presse y est libre, et cependant l'exploitation capitaliste y est mieux établie que dans toute autre contrée, le règne du capital y est plus sûr que partout ailleurs. Laissez se produire, ajoutent-ils, les doctrines dangereuses, N'avons-nous pas tous les moyens d'étouffer la voix de leurs journaux sans avoir recours à la violence ? Et puis, si un jour, dans un moment d'effervescence, la presse révolutionnaire devenait une arme dangereuse, — eh bien ! ce jour-là on aura bien le temps de la raser d'un seul coup sous un prétexte quelconque. »

Pour la liberté de réunion, même raisonnement. — « Donnons

pleine liberté de réunion, dit la bourgeoisie : — elle ne portera pas atteinte à nos privilèges. Ce que nous devons craindre, ce sont les sociétés *secrètes*, et les réunions publiques sont le meilleur moyen de les paralyser. Mais, si, dans un moment de surexcitation, les réunions publiques devenaient dangereuses, eh bien, nous aurons toujours les moyens de les supprimer, puisque nous possédons la force gouvernementale. »

« L'inviolabilité du domicile ? — Parbleu ! inscrivez-la dans les codes, criez-la par-dessus les toits » ! disent les malins de la bourgeoisie. — « Nous ne voulons pas que des agents viennent nous surprendre dans notre petit ménage. Mais, nous instituerons un cabinet noir pour surveiller les suspects ; nous peuplerons le pays de mouchards, nous ferons la liste des hommes dangereux, et nous les surveillerons de près. Et, quand nous aurons flairé un jour que ça se gâte, alors allons-y drûment, fichons-nous de l'inviolabilité, arrêtons les gens dans leurs lits, perquisitionnons, fouillons ! Mais surtout, allons-y hardiment, et s'il y en a qui crient trop fort, coffrons-les aussi et disons aux autres : « Que voulez-vous, messieurs ! À la guerre comme à la guerre ! On nous applaudira ! »

« Le secret de la correspondance ? — Dites partout, écrivez, criez que la correspondance est inviolable. Si le chef d'un bureau de village ouvre une lettre par curiosité, destituez-le immédiatement, écrivez en grosses lettres : « Quel monstre ! quel criminel » ! Prenez garde que les petits secrets que nous nous disons les uns les autres dans nos lettres ne puissent être divulgués. Mais si nous avons vent d'un complot tramé contre nos privilèges, — alors ne nous gênons pas : ouvrons toutes les lettres, nommons mille employés pour cela, s'il le faut, et si quelqu'un s'avise de protester, répondons franchement, comme un ministre anglais l'a fait dernièrement aux applaudissements du parlement : — « Oui, messieurs, c'est le cœur serré et avec le plus profond dégoût que nous faisons ouvrir les lettres ; mais c'est exclusivement parce que la patrie (c'est-à-dire, l'aristocratie et la bourgeoisie) est en danger ! »

Voilà à quoi se réduisent ces soi-disant libertés politiques.

Liberté de la presse et de réunion, inviolabilité du domicile et de tout le reste, ne sont respectées *que si le peuple n'en fait pas usage*

LES DROITS POLITIQUES

contre les classesprivilégiées. Mais, le jour où il commence à s'en servir pour saper les privilèges, — ces soi-disant libertés sont jetées par-dessus bord.

Cela est bien naturel. L'homme n'a de droits que ceux qu'il a acquis de haute lutte. Il n'a de droits que ceux qu'il est prêt à défendre à chaque instant, les armes à la main.

Si on ne fouette pas hommes et femmes dans les rues de Paris, comme on le fait à Odessa, c'est parce que le jour où un gouvernement l'oserait, le peuple mettrait en pièces les exécuteurs. Si un aristocrate ne se fraye plus un passage dans les rues à coups de bâton distribués à droite et à gauche par ses valets, c'est parce que les valets du seigneur qui en aurait l'idée seraient assommés sur place. Si une certaine égalité existe entre l'ouvrier et le patron dans la rue et dans les établissements publics, c'est parce que l'ouvrier, grâce aux révolutions précédentes, a un sentiment de dignité personnelle qui ne lui permettra pas de supporter l'offense du patron, — et non pas parce que ses droits sont inscrits dans la loi.

Il est évident que dans la société actuelle, divisée en maîtres et serfs, la vraie liberté ne peut pas exister ; elle ne le pourra pas tant qu'il y aura exploiteurs et esclaves, gouvernants et gouvernés. Cependant il ne s'en suit pas que jusqu'au jour où la révolution anarchiste viendra balayer les distinctions sociales, nous désirions voir la presse bâillonnée, comme elle l'est en Allemagne, le droit de réunion annulé comme en Russie, et l'inviolabilité personnelle réduite à ce qu'elle est en Turquie. Tout esclaves du capital que nous sommes, nous voulons pouvoir écrire et publier ce que bon nous semble, nous voulons pouvoir nous réunir et nous organiser comme il nous plaira, — précisément pour secouer le joug du capital.

Mais il est bien temps de comprendre que ce n'est pas aux lois constitutionnelles qu'il faut demander ces droits. Ce n'est pas dans une loi, — dans un morceau de papier, qui peut être déchiré à la moindre fantaisie des gouvernants, — que nous irons chercher la sauvegarde de ces droits naturels. C'est seulement en nous constituant comme force, capable d'imposer notre volonté, que

Pierre Kropotkine

nous parviendrons à faire respecter nos droits.

Voulons-nous avoir la liberté de dire et d'écrire ce que bon nous semblera ? Voulons-nous avoir le droit de nous réunir et de nous organiser ? — Ce n'est pas à un parlement que nous devons aller en demander la permission ; ce n'est pas une loi que nous devons mendier au Sénat. Soyons une force organisée, capable de montrer les dents chaque fois que n'importe qui s'avise de restreindre notre droit de parole ou de réunion ; *soyons forts*, et nous pourrons être sûrs que personne n'osera venir nous disputer le droit de parler, d'écrire, d'imprimer, de nous réunir. Le jour où nous aurons su établir assez d'entente entre les exploités pour sortir au nombre de plusieurs milliers d'hommes dans la rue et prendre la défense de nos droits, personne n'osera nous disputer ces droits, ni bien d'autres encore que nous saurons revendiquer. Alors, mais seulement alors, nous aurons acquis ces droits, que nous pourrions vainementmendier pendant des dizaines d'années à la Chambre ; alors ces droits nous seront garantis d'une manière bien autrement sûre que si on les inscrivait de nouveau sur des chiffons de papier.

Les libertés ne se donnent pas, elles se prennent.

AUX JEUNES GENS

I

C'est aux jeunes gens que je veux parler aujourd'hui. Que les vieux — les vieux de cœur et d'esprit, bien entendu — mettent donc le volume de côté, sans se fatiguer inutilement les yeux à une lecture qui ne leur dira rien.

Je suppose que vous approchez des dix-huit ou vingt ans ; que vous finissez votre apprentissage ou vos études ; que vous allez entrer dans la vie. Vous avez, je le pense, l'esprit dégagé des superstitions qu'on a cherché à vous inculquer : vous n'avez pas peur du diable et vous n'allez pas entendre déblatérer les curés et pasteurs. Qui plus est, vous n'êtes pas un de ces gommeux, tristes produits d'une société au déclin, qui promènent sur les trottoirs leurs pantalons mexicains et leurs faces de singe et qui déjà à cet âge n'ont que des appétits de jouissance à tout prix,… je suppose, au contraire, que vous avez le cœur bien à sa place, et c'est à cause de cela que je vous parle.

Une première question, je le sais, se pose devant vous. — « Que vais-je devenir ? » vous êtes-vous demandé maintes fois. En effet, lorsqu'on est jeune, on comprend qu'après avoir étudié un métier, ou une science pendant plusieurs années — aux frais de la société, notez-le bien, — ce n'est pas pour s'en faire un instrument d'exploitation, et il faudrait être bien dépravé, bien rongé par le vice, pour ne jamais avoir rêvé d'appliquer un jour son intelligence, ses capacités, son savoir, à aider à l'affranchissement de ceux qui grouillent aujourd'hui dans la misère et dans l'ignorance.

Vous êtes de ceux qui l'avez rêvé, n'est-ce pas ? Eh bien, voyons, qu'allez-vous faire pour que votre rêve devienne une réalité ?

Je ne sais pas dans quelles conditions vous êtes né. Peut-être, favorisé par le sort, avez-vous fait des études scientifiques ; c'est médecin, avocat, homme de lettres ou de science que vous allez devenir ; un large champ d'action s'ouvre devant vous ; vous entrez dans la vie avec de vastes connaissances, des aptitudes exercées ; ou bien, vous êtes un honnête artisan, dont les connaissances scientifiques se bornent au peu que vous avez appris à l'école, mais qui avez eu l'avantage de connaître de près ce qu'est la vie de rude labeur menée par le travailleur de nos jours.

Je m'arrête à la première supposition, pour revenir ensuite à la seconde ; j'admets que vous avez reçu une éducation scientifique. Supposons que vous allez devenir… médecin.

Demain, un homme en blouse viendra vous chercher pour voir une malade. Il vous mènera dans une de ces ruelles où les voisines se touchent presque la main par-dessus la tête du passant ; vous montez dans un air corrompu, à la lumière vacillante d'un lampion, deux, trois, quatre, cinq escaliers couverts d'une crasse glissante, et dans une chambre sombre et froide vous trouvez la malade, couchée sur un grabat, recouverte de sales haillons. Des enfants pâles, livides, grelottant sous leurs guenilles, vous regardent de leurs yeux grand ouverts. Le mari a travaillé toute sa vie des douze et treize heures à n'importe quel labeur : maintenant il chôme depuis trois mois. Le chômage n'est pas rare dans son métier : il se répète périodiquement toutes les années ; mais autrefois, quand il

Pierre Kropotkine

chômait, la femme allait travailler comme journalière… laver vos chemises, peut-être, en gagnant trente sous par jour ; mais la voilà alitée depuis deux mois, et la misère se dresse hideuse devant la famille.

Que conseillerez-vous à la malade, monsieur le docteur ? vous qui avez deviné que la cause de la maladie est l'anémie générale, le manque de bonne nourriture, le manque d'air ? Un bon bifteck chaque jour, un peu de mouvement à l'air libre, une chambre sèche et bien aérée ? Quelle ironie ! Si elle le pouvait, elle l'aurait déjà fait sans attendre vos conseils !

Si vous avez le cœur bon, la parole franche, le regard honnête, la famille vous contera bien des choses. Elle vous dira que de l'autre côté de la cloison,cette femme qui tousse d'une toux à vous fendre le cœur, est la pauvre repasseuse ; qu'un escalier plus bas, tous les enfants ont la fièvre ; que la blanchisseuse du rez-de-chaussée, elle non plus, ne verra pas le printemps, et que dans la maison à côté c'est encore pis.

Que direz-vous à tous ces malades ? Bonne nourriture, changement de climat, un travail moins pénible ?…. Vous auriez voulu pouvoir le dire, mais vous n'osez pas, et vous sortez le cœur brisé, la malédiction sur les lèvres.

Le lendemain vous réfléchissez encore aux habitants du taudis, lorsque votre camarade vous raconte qu'un valet de pied est venu le chercher, en carrosse cette fois-ci. C'était pour l'habitante d'un riche hôtel, pour une dame, épuisée par des nuits sans sommeil, qui donne toute sa vie aux toilettes, aux visites, à la danse et aux querelles avec un mari butor. Votre camarade lui a conseillé une vie moins inepte, une nourriture moins échauffante, des promenades à l'air frais, le calme de l'esprit et un peu de gymnastique de chambre, pour remplacer jusqu'à un certain point le travail productif !

L'une meurt parce que, sa vie durant, elle n'a jamais assez mangé et ne s'est jamais suffisamment reposée ; l'autre languit parce que durant toute sa vie elle n'a jamais su ce qu'est le travail…

Si vous êtes une de ces natures molasses qui se font à tout, qui à la vue des faits les plus révoltants se soulagent par un léger soupir et par une chope, alors vous vous ferez à la longue à ces contrastes et, la nature de la bête aidant, vous n'aurez plus qu'une idée, celle de

AUX JEUNES GENS

vous caser dans les rangs des jouisseurs pourne jamais vous trouver parmi les misérables. Mais si vous êtes « un homme », si chaque sentiment se traduit chez vous par un acte de volonté, si la bête en vous n'a pas tué l'être intelligent, alors, vous reviendrez un jour chez vous en disant : « Non, c'est injuste, cela ne doit pas traîner ainsi. Il ne s'agit pas de guérir les maladies, il faut les prévenir. Un peu de bien-être et de développement intellectuel suffiraient pour rayer de nos listes la moitié des malades et des maladies. Au diable les drogues ! De l'air, de la nourriture, un travail moins abrutissant, c'est par là qu'il faut commencer. Sans cela, tout ce métier de médecin n'est qu'une duperie et un faux-semblant ».

Ce jour-là vous comprendrez le socialisme. Vous voudrez le connaître de près, et si l'altruisme n'est pas pour vous un mot vide de sens, si vous appliquez à l'étude de la question sociale la sévère induction du naturaliste, vous finirez par vous trouver dans nos rangs, et vous travaillerez, comme nous, à la révolutionsociale.

Mais, peut-être direz-vous : « Au diable la pratique ! Comme l'astronome, le physicien, le chimiste, consacrons-nous à la science pure. Sera-ce simplement la jouissance — certainement immense — que nous donnent l'étude des mystères de la nature et l'exercice de nos facultés intellectuelles ? Dans ce cas-là, je vous demanderai en quoi le savant qui cultive la science pour passer agréablement sa vie diffère de cet ivrogne qui, lui aussi, ne cherche dans la vie que la jouissance immédiate et qui la trouve dans le vin ? Le savant a, certes, mieux choisi la source de ses jouissances, puisque la sienne lui en procure de plus intenses et de plus durables, mais c'est tout ! L'un et l'autre, l'ivrogne et le savant, ont le même but égoïste, la jouissance personnelle.

Mais non, vous ne voudrez pas de cette vie d'égoïste. En travaillant pour la science, vous entendez travailler pour l'humanité, et c'est par cette idée que vous vous guiderez dans le choix de vos recherches…

Belle illusion ! et qui de nous ne l'a caressée un moment lorsqu'il se donnait pour la première fois à la science !

Mais alors, si réellement vous songez à l'humanité, si c'est elle que vous visez dans vos études, une formidable objection va se

Pierre Kropotkine

dresser devant vous ; car, pour peu que vous ayez l'esprit juste, vous remarquerez immédiatement que dans la société actuelle, la science n'est qu'un objet de luxe, qui sert à rendre la vie plus agréable à quelques-uns et qui reste absolument inaccessible à la presque totalité de l'humanité.

En effet, il y a plus d'un siècle que la science a établi de saines notions cosmogoniques, mais à combien s'élève le nombre de ceux qui les possèdent ou qui ont acquis un esprit de critique réellement scientifique ! À quelques milliers à peine, qui se perdent au milieu de centaines de millions partageant encore des préjugés et des superstitions dignes de barbares, exposés en conséquence à servir toujours de jouets aux imposteurs religieux.

Ou bien, jetez seulement un coup d'œil sur ce que la science a fait pour élaborer les bases rationnelles de l'hygiène physique et morale. Elle vous ditcomment nous devons vivre pour conserver la santé de notre corps, comment maintenir en bon état nos agglomérations d'hommes ; elle indique la voie du bonheur intellectuel et moral. Mais tout le travail immense accompli dans ces deux voies, ne reste-t-il pas à l'état de lettre morte dans nos livres ? Et pourquoi cela ? — Parce que la science, aujourd'hui, n'est faite que pour une poignée de privilégiés, parce que l'inégalité sociale qui divise la société en deux classes, celle des salariés et celle des détenteurs du capital, fait de tous les enseignements sur les conditions de la vie rationnelle comme une raillerie pour les neuf dixièmes de l'humanité.

Je pourrais vous citer encore bien des exemples, mais j'abrège : sortez seulement du cabinet de Faust, dont les vitraux noircis, de poussière laissent à peine pénétrer sur les livres la lumière du grand jour, regardez autour de vous, et à chaque pas vous trouverez vous-même des preuves à l'appui de cette idée.

Il ne s'agit plus en ce moment d'accumuler les vérités et les découvertes scientifiques. Il importe avant tout de répandre les vérités acquises par la science, de les faire entrer dans la vie, d'en faire un domaine commun. Il importe de faire en sorte que tous, l'humanité entière, deviennent capables de se les assimiler, de les appliquer : que la science cesse d'être un luxe, qu'elle soit la base de la vie de tous. La justice le veut ainsi.

AUX JEUNES GENS

Je dirai plus : c'est l'intérêt de la science elle-même qui l'impose. La science ne fait de progrès réels que lorsqu'une vérité nouvelle trouve déjà un milieu préparé à l'accepter. La théorie de l'origine mécanique de la chaleur, énoncée au siècle passé presque dans les mêmes termes que l'énoncent Hirn et Clausius, resta pendant quatre-vingts ans enfouie dans les Mémoires académiques jusqu'à ce que les connaissances physiques eussent été suffisamment répandues pour créer un milieu capable de les accepter. Il a fallu que trois générations se succédassent pour que les idées d'Erasme Darwin sur la variabilité des espèces fussent favorablement accueillies de la bouche de son petit-fils, et pour qu'elles fussent admises par les savants académiciens, non sans pression, il est vrai, de la part de l'opinion publique. Le savant, comme le poète ou l'artiste, est toujours le produit de la société dans laquelle il se meut et enseigne.

Mais si vous vous pénétrez de ces idées, vous comprendrez qu'avant tout il importe de produire une modification profonde dans cet état de choses qui condamne aujourd'hui le savant à regorger de vérités scientifiques et la presque totalité des êtres humains à rester ce qu'ils étaient il y a cinq, dix siècles, c'est-à-dire à l'état d'esclaves et de machines incapables de s'assimiler les vérités établies. Et le jour où vous vous pénétrerez de cette idée, large, humanitaire et profondément scientifique, ce jour-là vous perdrez le goût de la science pure. Vous vous mettrez à la recherche des moyens d'opérer cette transformation, et si vous ne vous départez pas de l'impartialité qui vous a guidé dans vos investigations scientifiques, vous adopterez nécessairement la cause du socialisme ; vous couperez court aux sophismes et vous reviendrez vous ranger parmi nous ; las de travailler à procurer des jouissances à ce petit groupe qui en a déjà sa large part, vous mettrez vos lumières et votre dévouement au service immédiat des opprimés.

Et soyez sûr qu'alors, le sentiment du devoir accompli et un accord réel s'établissant entre vos sentiments et vos actes, vous retrouverez en vous des forces dont vous n'avez pas même soupçonné l'existence. El lorsque, un jour, — il n'est pas loin en tout cas, n'en déplaise à vos professeurs, — lorsqu'un jour, dis-je, la modification pour laquelle

Pierre Kropotkine

vous aurez travaillé s'opérera, alors, puisant des forces nouvelles dans le travail scientifique collectif et dans le concours puissant désarmées de travailleurs qui viendront se mettre à son service, la science prendra un essor, en comparaison duquel les lents progrès d'aujourd'hui paraîtront de simples exercices d'écoliers.

Alors, jouissez de la science : cette jouissance sera pour tous !

II

Si vous terminez vos études de droit et si vous vous préparez pour le barreau, il se peut que vous aussi, vous vous fassiez des illusions relativement à votre activité future, — j'admets donc que vous êtes des meilleurs de ceux qui connaissent l'altruisme. Vous pensez, peut-être : « Consacrer sa vie à une lutte sans trêve ni merci contre toutes les injustices ; s'appliquer constamment à faire triompher la loi, expression de la justice suprême : quelle vocation pourrait être plus belle ! » et vous entrez dans la vie plein de confiance en vous-même, en la vocation que vous avez choisie.

Eh bien, ouvrons au hasard la chronique judiciaire et voyons ce que va vous dire la vie.

Voici un riche propriétaire ; il demande l'expulsion d'un fermier-paysan qui ne paie pas la rente convenue. Au point de vue légal, il n'y a pas d'hésitation possible : puisque le paysan ne paie pas, il faut qu'il s'en aille. Mais si nous analysons les faits, voici ce que nous apprenons. Le propriétaire a toujours dissipé ses rentes en festins joyeux, le paysan a toujours travaillé. Le propriétaire n'a rien fait pour améliorer ses terres, et néanmoins la valeur en a triplé en cinquante ans, grâce à la plus-value donnée au sol par le tracé d'une voie ferrée, par les nouvelles routes vicinales, par le dessèchement des marais, par le défrichage des côtes incultes ; et le paysan qui a contribué pour une large part à donner cette plus-value à la terre, s'est ruiné ; tombé entre les mains des agents d'affaires, perdu de dettes, il ne peut plus payer son propriétaire. La loi, toujours du côté de la propriété, est formelle ; elle donne raison au propriétaire. Mais vous, en qui les fictions juridiques n'ont pas encore tué le sentiment de la justice, que ferez-vous ? Demanderez-vous qu'on jette le fermier sur la grande route — c'est la loi qui l'ordonne, — ou bien demanderez-vous que le propriétaire restitue au fermier toute la part de la plus-value qui est due au travail de celui-ci ? — c'est l'équité qui vous le dicte. — De quel côté vous mettrez-vous ? pour la loi, mais contre la justice ? ou bien pour la justice, mais alors contre la loi ?

Et lorsque des ouvriers se seront mis en grève contre leur patron, sans le prévenir quinze jours à l'avance, de quel côté vous rangerez-vous ? Du côté de la loi, c'est-à-dire du côté du patron qui, profitant d'un temps de crise, réalisait des bénéfices scandaleux (lisez les derniers procès), ou bien contre la loi, mais pour les ouvriers qui percevaient pendant ce temps-là des salaires de 2 fr 50 et voyaient dépérir leurs femmes et leurs enfants ? Défendrez-vous cette fiction qui consiste à affirmer la « liberté des transactions » ? Ou bien soutiendrez-vous l'équité, en vertu de laquelle un contrat conclu entre celui qui a bien dîné et celui qui vend son travail pour manger, entre le fort et le faible, n'est pas un contrat ?

Voici un autre fait. Un jour, à Paris, un homme rôdait près d'une boucherie. Il saisit un bifteck et se met à courir. On l'arrête, on le questionne, et l'on apprend que c'est un ouvrier sans travail, que lui et sa famille n'ont rien mangé depuis quatre jours. On supplie le boucher de lâcher l'homme, mais le boucher veut le triomphe de la justice ! il poursuit, et l'homme est condamné à six mois de prison. C'est ainsi que le veut l'aveugle Thémis. — Et votre conscience ne se révoltera pas contre la loi et contre la société, en voyant que des condamnations analogues se prononcent chaque jour !

Ou bien, demanderez-vous l'application de la loi contre cet homme qui, malmené, bafoué dès son enfance, ayant grandi sans avoir entendu un mot de sympathie, finit par tuer son voisin pour lui prendre cent sous ? Vous demanderez qu'on le guillotine, ou, — qui pis est, — qu'on l'enferme pour vingt ans dans une prison, lorsque vous savez qu'il est plus malade que criminel, et qu'en tout cas c'est sur la société entière que retombe son crime ?

Demanderez-vous qu'on jette dans les cachots ces tisserands qui, dans un moment d'exaspération ont mis le feu à la fabrique ? Qu'on envoie aux pontons cet homme qui a tiré sur un assassin couronné ? qu'on fusille ce peuple insurgé qui plante sur les barricades le drapeau de l'avenir ?

Pierre Kropotkine

— Non, mille fois non !

Si vous *raisonnez*, au lieu de répéter ce qu'on vous a enseigné ; si vous analysez et dégagez la loi de ces nuages de fictions dont on l'a entourée pour voiler son origine, qui est le désir du plus fort, et sa substance, qui a toujours été la consécration de toutes les oppressions léguées à l'humanité par sa sanglante histoire, — vous aurez un mépris suprême de cette loi. Vous comprendrez que rester serviteur de la loi écrite, c'est se mettre chaque jour en opposition avec la loi de la conscience et marchander avec elle ; et, comme cette lutte ne peut durer, vous romprez avec la tradition et viendrez travailler avec nous à l'abolition de toutes les injustices : économiques, politique, sociales.

Mais alors vous serez socialiste, vous serez révolutionnaire.

Et vous, jeune ingénieur, qui rêvez d'améliorer, par les applications de la science à l'industrie, le sort des travailleurs, — quel triste désenchantement, que de déboires vous attendent ! Vous donnez l'énergie juvénile de votre intelligence à l'élaboration d'un projet de voie ferrée qui, serpentant au bord des précipices et perçant le cœur des géants de granit, ira rallier deux pays séparés par la nature. Mais, une fois à l'œuvre, vous voyez dans ce sombre tunnel, des bataillons ouvriers décimés par les privations et les maladies, vous en voyez d'autres retourner chez eux emportant à peine quelques sous et les germes indubitables de phtisie, vous voyez les cadavres humains, — résultats d'une crapuleuse avarice, — marquer chaque mètre d'avancement de votre voie, et cette voie terminée, vous voyez enfin qu'elle devient un chemin pour les canons des envahisseurs…

Vous avez voué votre jeunesse à une découverte qui doit simplifier la production, et après bien des efforts, bien des nuits sans sommeil, vous voilà enfin en possession de cette précieuse découverte. Vous l'appliquez, et le résultat dépasse vos espérances. Dix mille, vingt mille ouvriers seront jetés sur le pavé ! Ceux qui restent, des enfants pour la plupart, seront réduits à l'état de machines ! Trois, quatre, dix patrons feront fortune et « boiront le Champagne à plein verre »… Est-ce cela que vous avez rêvé ?

Enfin vous étudiez les progrès industriels récents et vous voyez que la couturière n'a rien, absolument rien gagné à la découverte de la machine a coudre ; que l'ouvrier du Gothard meurt d'ankylostoma en dépit des perforatrices à couronnes de diamant, que le maçon et le journalier chôment comme auparavant à côté des ascenseurs Giffard, — et si vous discutez les problèmes sociaux avec cette indépendance d'esprit qui vous a guidé dans vos problèmes techniques, vous arrivez nécessairement à la conclusion que, sous le régime de la propriété privée et du salariat, chaque nouvelle découverte, lors même qu'elle augmente un peu le bien-être du travailleur, ne fait que rendre sa servitude plus lourde, le travail plus abrutissant, le chômage plus fréquent et les crises plus aiguës, et que celui qui a déjà pour lui toutes les jouissances est le seul qui en profite sérieusement.

Que ferez-vous alors, une fois arrivé à cette conclusion ? — Ou bien, vous commencerez par faire taire votre conscience par des sophismes ; puis, un beau jour, vous donnerez congé à vos honnêtes rêves de jeunesse et vous chercherez à vous emparer, pour vous-même, de ce qui donne droit aux jouissances, — vous irez alors dans le camp des exploiteurs. Ou bien, si vous avez du cœur, vous vous direz : — « Non, ce n'est pas le temps de faire des découvertes ! Travaillons d'abord à transformer le régime de la production ; lorsque la propriété individuelle sera abolie, alors chaque nouveau progrès industriel se fera au bénéfice de toute l'humanité ; et cette masse de travailleurs, machines aujourd'hui, êtres pensants alors, appliquant à l'industrie leur intuition soutenue par l'étude et exercée par le travail manuel, le progrès technique prendra un essor qui fera en cinquante ans ce que nous n'osons pas même rêver aujourd'hui.

Et que dire au maître d'école, — non pas à celui qui considère sa profession comme un ennuyeux métier, mais à celui qui, entouré d'une bande joyeuse de moutards, se sent à son aise sous leurs regards animés, au milieu de leurs joyeux sourires, et qui cherche à réveiller dans ces petites têtes les idées humanitaires qu'il caressait lui-même lorsqu'il était jeune ?

Souvent, je vous vois triste, et je sais ce qui vous fait froncer les sourcils. Aujourd'hui, votre élève le plus aimé, qui n'est pas

Pierre Kropotkine

très avancé en latin, c'est vrai, mais n'en a pas moins bon cœur, racontait avec enthousiasme la légende de Guillaume Tell. Ses yeux brillaient, il semblait vouloir poignarder sur place tous les tyrans ; il disait avec feu ce vers passionné de Schiller :

Devant l'esclave, quand il rompt sa chaîne,

Devant l'homme libre, ne tremble pas !

Mais rentré à la maison, sa mère, son père, son oncle, l'ont vertement réprimandé pour le manque d'égards qu'il a eu envers monsieur le pasteur ou le garde-champêtre : ils lui ont chanté pendant une heure « la prudence, le respect aux autorités, la soumission », si bien qu'il a mis Schiller de côté pour lire « L'art de faire son chemin dans le monde ! »

El puis, hier encore, on vous disait que vos meilleurs élèves ont tous mal tourné : l'un ne fait que rêver épaulettes ; l'autre, en compagnie de son patron, vole le maigre salaire des ouvriers, et vous, qui aviez mis tant d'espérance en ces jeunes gens, vous réfléchissez à présent sur la triste contradiction qui existe entre la vie et l'idéal.

Vous y réfléchissez encore ! mais je prévois que dans deux ans, après avoir eu désillusion sur désillusion, vous mettrez vos auteurs favoris de côté, et que vous finirez par dire que Tell était certainement un très honnête père, mais en somme, un peu fou ; que la poésie est une chose excellente au coin du feu, surtout lorsqu'on a enseigné pendant toute une journée la règle des intérêts composés, mais qu'après tout messieurs les poètes planent toujours dans les nuages et que leurs vers n'ont rien à faire, ni avec la vie, ni avec la prochaine visite de M. l'inspecteur…

Ou bien, vos rêves de jeunesse deviendront la ferme conviction de l'homme mûr. Vous voudrez l'instruction large, humanitaire, pour tous, à l'école et en dehors de l'école, et voyant qu'elle est impossible dans les conditions actuelles, vous vous attaquerez aux bases mêmes de la société bourgeoise. Alors, mis en disponibilité par le ministère, vous quitterez l'école et vous viendrez parmi nous, avec nous, dire aux hommes âgés, mais moins instruits que vous, ce que le savoir a d'attrayant, ce que l'humanité doit être, ce qu'elle peut être. Vous viendrez travailler avec les socialistes à la transformation complète du régime actuel, dans le sens de l'égalité, de la solidarité, de la liberté.

Enfin vous, jeune artiste, sculpteur, peintre, poète, musicien, ne remarquez-vous pas que le feu sacré qui avait inspiré tel de vos prédécesseurs, vous manque aujourd'hui, à vous et aux vôtres ? que l'art est banal, que la médiocrité règne ?

Et pourrait-il en être autrement ? La joie d'avoir retrouvé le monde antique, de s'être retrempé aux sources de la nature, qui fit les chefs-d'œuvre de la Renaissance, n'existe plus pour l'art contemporain ; l'idée révolutionnaire l'a laissé froid jusqu'à présent et, en l'absence d'idée, il croit en avoir trouvé une dans le réalisme, lorsqu'il s'évertue aujourd'hui à photographier en couleurs la goutte de rosée sur la feuille d'une plante, à imiter les muscles fessiers d'une vache, ou à dépeindre minutieusement, en prose et en vers, la boue suffocante d'un égout, le boudoir d'une femme galante.

Mais, s'il en est ainsi, que faire ? direz-vous.

— Si le feu sacré que vous dites posséder, n'est qu'un « lumignon fumant », alors vous continuerez à faire comme vous avez fait, et votre art dégénérera bientôt en métier de décorateur pour les salons du boutiquier, de pourvoyeur de libretti aux Bouffes et de feuilletons à un Girardin quelconque, — la plupart d'entre vous descendent déjà rapidement cette pente funeste…

Mais si réellement votre cœur bat à l'unisson avec celui de l'humanité, si, en vrai poète, vous avez une oreille pour entendre la vie, alors, en présence de cette mer de souffrances dont le flot monte autour de vous, en présence de ces peuples mourant de faim, de ces cadavres entassés dans les mines et de ces corps mutilés gisant en monticules au pied des barricades, de ces convois d'exilés qui vont s'enterrer dans les neiges de la Sibérie et sur les plages des îles tropicales, en présence delà lutte suprême qui s'engage, des cris de douleur des vaincus et des orgies des vainqueurs, de l'héroïsme aux prises avec la lâcheté, de l'enthousiasme en lutte avec la bassesse — vous ne pourrez plus rester neutre ; vous viendrez vous ranger du côté des opprimés, parce que vous savez que le beau, le sublime, la vie enfin, sont du côté de ceux qui luttent pour la lumière, pour l'humanité, pour la justice !

Pierre Kropotkine

Vous m'arrêtez enfin !

— Mais, dites-vous, si la science abstraite est un luxe et la pratique de la médecine un faux-semblant ; si la loi est une injustice et la découverte technique un instrument d'exploitation ; si l'école, aux prises avec la sagesse du praticien, est sûre d'être vaincue ; si l'art, sans idée révolutionnaire, ne peut que dégénérer, que me reste-t-il donc à faire ?

— Eh bien je vous réponds :

— Un travail immense, attrayant au plus haut degré, un travail dans lequel les actes seront en complet accord avec la conscience, un travail capable d'entraîner les natures les plus nobles, les plus vigoureuses.

Quel travail ? — Je vais vous le dire.

III

— Ou bien, transiger continuellement avec sa conscience et finir un beau jour par se dire : « Périsse l'humanité, pourvu que je puisse avoir toutes les jouissances et en profiter tant que le peuple sera assez bête pour me laisser faire ! » — Ou bien, se ranger avec les socialistes et travailler avec eux à latransformation complète de la société. Telle est la conséquence forcée de l'analyse que nous avons faite. Telle sera la conclusion logique, à laquelle devra forcément arriver tout être intelligent, pourvu qu'il raisonne honnêtement sur ce qui se passe autour de lui, pour peu qu'il sache avoir raison des sophismes que lui soufflent à l'oreille son éducation bourgeoise et l'opinion intéressée de ceux qui l'entourent.

Cette conclusion une fois acquise, la question « Que faire ? » est venue naturellement se poser.

La réponse est facile.

Sortez seulement de ce milieu dans lequel vous êtes placé et où il est d'usage de dire que le peuple n'est qu'un tas de brutes, venez vers ce peuple, et la réponse surgira d'elle-même.

Vous verrez que partout, en France comme en Allemagne, en Italie comme aux États-Unis, partout où il y a des privilégiés et des opprimés, il s'opère au sein de la classe ouvrière un travail gigantesque, dont le but est de briser à jamais les servitudes imposées par la féodalité capitaliste et de jeter les fondements d'une société établie sur les bases de la justice et de l'égalité. Il ne suffit plus au peuple d'aujourd'hui d'exprimer ses plaintes par une de ces chansons dont la mélodie vous fendait le cœur et que chantaient les serfs du dix-huitième siècle, que chantent encore les paysans slaves ; il travaille, avec la conscience de ce qu'il a fait et contre tous les obstacles, à son affranchissement.

Sa pensée s'exerce constamment à deviner ce qu'il s'agit de faire afin que la vie, au lieu d'être une malédiction pour les trois quarts de l'humanité, soit un bonheur pour tous. Il aborde les problèmes les plus ardus de la sociologie et cherche à les résoudre avec son bons sens, son esprit d'observation, sa rude expérience. Pour s'entendre avec d'autres misérables comme lui, il cherche à se grouper, à s'organiser. Il se constitue en sociétés soutenues avec peine par de minces cotisations ; il cherche à s'entendre à travers les frontières et, mieux que les rhéteurs philanthropes, il prépare le jour où les guerres entre peuples deviendront impossibles. Pour savoir ce que font ses frères, pour mieux les connaître, pour élaborer les idées et les propager, il soutient, — mais au prix de quelles privations, de quels efforts ! — sa presse ouvrière. Enfin, l'heure venue, il se lève et, rougissant de son sang les pavés des barricades, il se lance à la conquête de ces libertés que plus tard les riches et les puissants sauront corrompre en privilèges pour les tourner encore contre lui.

Quelle série d'efforts continuels ! quelle lutte incessante ! Quel travail recommencé constamment, tantôt pour combler les vides qui se font par les désertions — suite de la lassitude, de la corruption, des poursuites ; tantôt pour reconstituer les rangs éclaircis par les fusillades et les mitraillades ; tantôt pour reprendre les études brusquement interrompues par les exterminations en bloc !

Leurs journaux sont créés par des hommes qui ont dû voler à la société des bribes d'instruction en se privant de sommeil et de nourriture ; l'agitation est soutenue par des sous pris sur le strict nécessaire, souvent sur le pain sec ; et, tout cela, sous l'appréhension continuelle de voir bientôt la famille réduite à la plus affreuse des misères, dès que le patron s'apercevra que « son ouvrier, son esclave, fait du socialisme ! »

Pierre Kropotkine

Voilà ce que vous verrez, si vous allez dans le peuple.

Et dans cette lutte sans fin, que de fois le travailleur, succombant sous le poids des obstacles, ne s'est-il pas demandé vainement : « Où sont-ils donc ces jeunes gens qui se sont donné l'instruction à nos frais ! ces jeunes, que nous avons nourris et vêtus pendant qu'ils étudiaient ? pour qui, le dos courbé sous le fardeau, et le ventre creux, nous avons bâti ces maisons, ces académies, ces musées ? pour qui, le visage blême, nous avons imprimé ces beaux livres que nous ne pouvons pas même lire ? Où sont-ils, ces professeurs qui disent posséder la science humanitaire et pour qui l'humanité ne vaut pas une espèce rare de chenilles ? Ces hommes qui parlent liberté et jamais ne défendent la nôtre, foulée chaque jour aux pieds ? Ces écrivains, ces poètes, ces peintres, toute cette bande d'hypocrites en un mot qui, les larmes aux yeux, parlent du peuple et qui jamais ne se sont trouvés avec nous, pour nous aider dans nos travaux ? »

Les uns se plaisent dans leur lâche indifférence ; les autres, le grand nombre, méprisent « la canaille » et sont prêts à se ruer sur elle, si elle ose toucher à leurs privilèges.

De temps en temps il arrive bien un jeune homme qui rêve tambours et barricades et qui vient chercher des scènes à sensation, mais qui déserte la cause du peuple dès qu'il s'aperçoit que la route de la barricade est longue, que le travail est pénible et que sur cette route les couronnes de laurier qu'il vient conquérir sont mêlées d'épines. Le plus souvent, ce sont des ambitieux inassouvis qui, après avoir échoué dans leurs premières tentatives, cherchent à capter les suffrages du peuple, mais qui plus tard seront les premiers à tonner contre lui, dès qu'il voudra appliquer les principes qu'ils ont eux-mêmes professés ; peut-être feront-ils braquer les canons contre la « vile multitude », si elle ose bouger avant que, eux, les chefs de file, aient donné le signal.

Ajoutez la sotte injure, le mépris hautain, la lâche calomnie de la part du grand nombre, et vous aurez tout ce que le peuple reçoit maintenant de la part de la jeunesse bourgeoise, pour l'aider dans son évolution sociale.

Et après cela vous demanderiez encore : « Que faire ? » lorsque tout est à faire ! lorsque toute une armée de jeunes gens trouverait à appliquer la force entière de leurs énergies, de leurs intelligences, de leurs talents pour aider le peuple dans l'immense tâche qu'il a entreprise !

Vous, amateurs de science pure, si vous vous êtes pénétrés des principes du socialisme, si vous avez compris toute la portée de la révolution qui s'annonce, ne remarquez-vous pas que toute la science est à refaire pour la mettre d'accord avec les principes nouveaux ; qu'il s'agit d'accomplir dans ce domaine une révolution dont l'importance doit surpasser de beaucoup celle qui s'est accomplie dans les sciences au XVIIIᵉ siècle ? Ne comprenez-vous pas quel'histoire — aujourd'hui « fable convenue » sur la grandeur des rois, des grands personnages et des parlements, — est toute à refondre au point de vue populaire, au point de vue du travail accompli par les masses dans les évolutions de l'humanité ? Que l'économie sociale — aujourd'hui consécration de l'exploitation capitaliste — est toute à élaborer de nouveau, aussi bien dans ses principes fondamentaux que dans ses innombrables applications ? Que l'anthropologie, la sociologie, l'éthique sont complètement à remanier et que les sciences naturelles elles-mêmes, envisagées à un point de vue nouveau, doivent subir une modification profonde quant à la manière de concevoir les phénomènes naturels et à la méthode d'exposition ? — Eh bien, faites-le ! Mettez vos lumières au service d'une bonne cause ! Mais surtout venez nous aider par votre logique serrée à combattre les préjugés séculaires, à élaborer par synthèse les bases d'une meilleure organisation ; surtout enseignez-nous à appliquer à nos raisonnements la hardiesse de la véritable investigation scientifique et, prêchant d'exemple, montrez-nous comment on sacrifie sa vie pour le triomphe de la vérité !

Vous, médecin, auquel la rude expérience a fait comprendre le socialisme, ne vous lassez pas de nous dire, aujourd'hui, demain, chaque jour et à chaque occasion, que l'humanité marche à la dégénérescence si elle reste dans les conditions actuelles d'existence et de travail ; que vos drogues resteront impuissantes contre les maladies, tant que les quatre-vingt-dix-neuf centièmes de l'humanité végéteront dans des conditions absolument contraires

Pierre Kropotkine

à ce que veut la science ; que ce sont les causes des maladies qui doivent être éliminées, et ce qu'il faut pour éliminer ces causes. Venez donc, avec votre scalpel, disséquer d'une main sûre cette société en voie de décomposition, nous dire ce qu'une existence rationnelle devrait et pourrait être et, en vrai médecin, nous répéter que l'on ne s'arrête pas devant la suppression d'un membre gangrené lorsqu'il peut infecter tout le corps.

Vous, qui avez travaillé aux applications de la science à l'industrie, venez donc nous raconter franchement quel a été le résultat de vos découvertes ; faites entrevoir à ceux qui n'osent pas encore se lancer hardiment vers l'avenir, ce que le savoir déjà acquis porte dans ses flancs d'inventions nouvelles, ce que pourrait être l'industrie dans de meilleures conditions, ce que l'homme pourrait produire s'il produisait toujours pour augmenter sa production. Apportez donc au peuple le concours de votre intuition, de votre esprit pratique et de vos talents d'organisation, au lieu de les mettre au service des exploiteurs.

Vous, poètes, peintres, sculpteurs, musiciens, si vous avez compris votre vraie mission et les intérêts de l'art lui-même, venez donc mettre votre plume, votre pinceau, votre burin, au service de la révolution. Racontez-nous dans votre style imagé ou dans vos tableaux saisissants les luttes titaniques des peuples contre leurs oppresseurs ; enflammez les jeunes cœurs de ce beau souffle révolutionnaire qui inspirait nos ancêtres ; dites à la femme ce que l'activité de son mari a de beau s'il donne sa vie à la grande cause de l'émancipation sociale. Montrez au peuple ce que la vie actuelle a de laid, et faites-nous toucher du doigt les causes de cette laideur ; dites-nous ce qu'une vie rationnelle aurait été, si elle ne se heurtait à chaque pas contre les inepties et les ignominies de l'ordre social actuel.

Enfin, vous tous qui possédez des connaissances, des talents, si vous avez du cœur, venez donc, vous et vos compagnes, les mettre au service de ceux qui en ont le plus besoin. Et sachez que si vous venez, non pas en maîtres, mais en camarades de lutte ; non pas pour gouverner, mais pour vous inspirer dans un milieu nouveau ; moins pour enseigner que pour concevoir les aspirations des masses, les deviner et les formuler, et puis travailler, sans relâche, continuellement et avec tout l'élan de la jeunesse, à les faire entrer dans la vie, — sachez qu'alors, mais alors seulement, vous vivrez d'une vie complète, d'une vie rationnelle. Vous verrez que chacun de vos efforts faits dans cette voie porte amplement ses fruits ; — et ce sentiment d'accord établi entre vos actes et les commandements de votre conscience vous donnera des forces que vous ne soupçonniez pas en vous-mêmes.

La lutte pour la vérité, pour la justice, pour l'égalité, au sein du peuple — que trouverez-vous de plus beau dans la vie ?

IV

Il m'a fallu trois longs chapitres pour démontrer aux jeunes gens des classes aisées qu'en présence du dilemme que leur posera la vie, ils seront forcés, s'ils sont courageux et sincères ; de venir se ranger avec les socialistes et d'embrasser avec eux la cause de la révolution sociale. Cette vérité est cependant si simple ! Mais, en parlant à ceux qui ont subi l'influence du milieu bourgeois, que de sophismes à combattre, que de préjugés à vaincre, que d'objections intéressées à écarter !

Il m'est facile d'être plus court en vous parlant, jeunes gens du peuple. La force même des choses vous pousse à devenir socialistes, pour peu que vous ayez le courage de raisonner et d'agir en conséquence. En effet, le socialisme moderne est sorti des profondeurs même du peuple. Si quelques penseurs, issus de la bourgeoisie, sont venus lui apporter la sanction de la science et l'appui de la philosophie, le fond des idées qu'ils ont énoncées n'en est pas moins un produit de l'esprit collectif du peuple travailleur. Ce socialisme rationnel de l'Internationale, qui fait aujourd'hui notre meilleure force, n'a-t-il pas été élaboré dans les organisations ouvrières, sous l'influence directe des masses ? Et les quelques écrivains qui ont prêté leur concours à ce travail d'élaboration, ont-ils fait autre chose que de trouver la formule des aspirations qui déjà se faisaient jour parmi les ouvriers ?

Sortir des rangs du peuple travailleur et ne pas se vouer au triomphe du socialisme, c'est donc méconnaître ses propres intérêts, renier sa propre cause et sa mission historique.

Pierre Kropotkine

Vous souvenez-vous du temps où, gamin encore, vous descendiez par un jour d'hiver, vous amuser dans votre sombre ruelle ? Le froid vous mordait les épaules à travers vos minces vêtements et la boue emplissait vos souliers déchirés. Déjà, lorsque vous voyiez passer de loin ces enfants potelés et richement vêtus, qui vous regardaient d'un air hautain, vous saviez parfaitement que ces marmots, tirés à quatre épingles, ne vous valaient, vous et vos camarades, ni par l'intelligence, ni par le bon sens, ni par l'énergie. Mais plus tard, quand vous avez dû vous enfermer dans un sale atelier, dès cinq ou six heures du matin, vous tenir, douze heures durant, près d'une machine bruyante et, machine vous-même, suivre jour par jour et pendant des années entières ses mouvements d'une impitoyable cadence, — pendant ce temps-là eux, les autres, allaient tranquillement s'instruire dans les collèges, dans les belles écoles, dans les universités. Et maintenant, ces mêmes enfants, moins intelligents mais plus instruits que vous, et devenus vos chefs, vont jouir de tous les agréments de la vie, de tous les bienfaits de la civilisation — et vous ? qu'est-ce qui vous attend ?

Vous rentrez dans un petit appartement sombre et humide, où cinq, six êtres humains grouillent dans l'espace de quelques mètres carrés ; où votre mère, fatiguée par la vie, plus vieillie par les soucis que par l'âge, vous offre pour toute nourriture du pain, des pommes de terre et un liquide noirâtre qualifié ironiquement de café ; où, pour toute distraction, vous avez toujours la même question à l'ordre du jour, celle de savoir comment vous paierez demain le boulanger et après-demain le propriétaire !

— Eh quoi ! vous faudra-t-il traîner la même existence misérable que votre père et votre mère ont traînée pendant trente, quarante ans ! Travailler toute la vie pour procurer à quelques-uns toutes les jouissances du bien-être, du savoir, de l'art, et garder pour soi le souci continuel du morceau de pain ? Renoncer à jamais à tout ce qui rend la vie si belle, pour se vouera procurer tous les avantages à une poignée d'oisifs ? s'user au travail, et ne connaître que la gêne, si ce n'est la misère, lorsque le chômage arrivera ? Est-ce cela que vous convoitez dans la vie ?

Peut-être vous résignerez-vous. N'entrevoyant pas d'issue à

la situation, il se peut que vous vous disiez : « Des générations entières ont subi le même sort, et moi, qui ne puis rien y changer, je dois le subir aussi ! Donc, travaillons, et tâchons de vivre de notre mieux. »

Soit ! Mais alors la vie elle-même se chargera de vous éclairer.

Un jour, viendra la crise, une de ces crises, non plus passagères comme jadis, mais qui tuent raide toute une industrie, qui réduisent à la misère des milliers de travailleurs, qui déciment les familles. Vous lutterez, comme les autres, contre cette calamité. Mais vous vous apercevrez bientôt comment votre femme, votre enfant, votre ami, succombent peu à peu aux privations, faiblissent à vue d'œil et, faute d'aliments, faute de soins, finissent par s'éteindre sur un grabat, tandis que la vie, insouciante de ceux qui périssent, roule ses flots joyeux dans les rues de la grande ville, rayonnante de soleil. Vous comprendrez alors ce que cette société a de révoltant, vous songerez aux causes de la crise et votre regard sondera toute la profondeur de cette iniquité qui expose des milliers d'êtres humains à la cupidité d'une poignée de fainéants ; vous comprendrez que les socialistes ont raison lorsqu'ils disent que la société actuelle doit être, et peut être transformée de fond en comble.

Un autre jour, lorsque votre patron cherchera, par une nouvelle réduction de salaires, à vous soustraire encore quelques sous pour arrondir d'autant sa fortune, vous protesterez ; mais il vous répondra avec arrogance : « Allez brouter l'herbe, si vous ne voulez pas travailler pour ce prix-là ». Vous comprendrez alors que votre patron, non seulement cherche à vous tondre comme un mouton, mais qu'il vous considère encore comme de race inférieure ; que, non content de vous tenir dans ses griffes par le salaire, il aspire encore à faire de vous un esclave à tous égards. Alors, ou bien vous plierez le dos, vous renoncerez au sentiment de la dignité humaine et vous finirez par subir toutes les humiliations ; ou bien le sang vous montera à la tête, vous aurez horreur de la pente sur laquelle vous glissez, vous riposterez et, jeté sur le pavé, vous comprendrez alors que les socialistes ont raison lorsqu'ils disent : « Révolte-toi ! révolte-toi contre l'esclavage économique, car celui-ci est la cause de tous les esclavages ! » Alors vous viendrez prendre votre place dans les rangs des socialistes et vous travaillerez avec eux à l'abolition de tous les esclavages : économique, politique et

Pierre Kropotkine

social.

Quelque jour vous apprendrez l'histoire de la jeune fille, dont autrefois vous aimiez tant le regard franc, la démarche svelte et la parole animée. Après avoir lutté des années et des années contre la misère, elle a quitté son village pour la grande ville. Là, elle savait que la lutte pour l'existence serait dure, mais, du moins espérait-elle gagner honnêtement son pain. Eh bien, vous savez maintenant le sort qu'elle a eu. Courtisée par un fils de bourgeois, elle s'est laissé engluer par ses belles paroles, elle s'est donnée à lui avec la passion de la jeunesse, pour se voir abandonnée au bout d'un an, un enfant sur les bras. Toujours courageuse, elle n'a cessé de lutter ; mais elle a succombé dans cette lutte inégale contre la faim et le froid et elle a fini par expirer dans on ne sait quel hôpital… Que ferez-vous alors ? Ou bien, vous écarterez tout souvenir gênant par quelques stupides paroles : « Ce n'est ni la première ni la dernière », direz-vous et, un soir on vous entendra dans un café, en compagnie d'autres brutes, offenser la mémoire de la jeune femme par de sales propos. Ou bien ce souvenir vous remuera le cœur ; vous chercherez à rencontrer le pleutre séducteur pour lui jeter son crime à la face ; vous songerez aux causes de ces faits qui se répètent tous les jours, et vous comprendrez qu'ils ne cesseront pas, tant que la société sera divisée en deux camps : les misérables d'un côté, et de l'autre les oisifs, les jouisseurs aux belles paroles et aux appétits brutaux. Vous comprendrez qu'il est temps de combler ce gouffre de séparation, et vous courrez vous ranger parmi les socialistes.

Et vous, femmes du peuple, cette histoire vous laissera-t-elle froide ? En caressant la tête blonde de cette enfant qui se blottit près de vous, ne penserez-vous jamais au sort qui l'attend, si l'état social actuel ne change pas ? Ne penserez-vous jamais à l'avenir qui est réservé à voire jeune sœur, à vos enfants ? Voulez-vous que vos fils, eux aussi, végètent comme votre père a végété, sans autre souci que celui du pain, sans autres joies que celles du cabaret ? Voulez-vous que votre mari, votre garçon, soient toujours à la merci du premier venu qui a hérité de son père un capital à exploiter ? Voulez-vous qu'ils restent toujours les esclaves du patron, la chair à canon des puissants, le fumier qui sert d'engrais aux champs des riches ?

AUX JEUNES GENS

Non, mille fois non ! Je sais bien que votre, sang bouillonnait lorsque vous avez entendu que vos maris, après avoir commencé bruyamment une grève, ont fini par accepter, chapeau bas, les conditions dictées d'un ton hautain par le gros bourgeois ! Je sais que vous avez admiré ces femmes espagnoles qui vont aux premiers rangs présenter leurs poitrines aux baïonnettes des soldats lors d'une émeute populaire ! Je sais que vous répétez avec respect le nom de cette femme qui alla loger une balle dans la poitrine du satrape, lorsqu'il se permit un jour d'outrager un socialiste détenu en prison. Et je sais aussi que votre cœur battait lorsque vous lisiez comment les femmes du peuple de Paris se réunissaient sous une pluie d'obus pour encourager « leurs hommes » à l'héroïsme.

Je le sais, et c'est pourquoi je ne doute pas que vous aussi vous finirez par venir vous joindre à ceux qui travaillent à la conquête de l'avenir.

Vous tous, jeunes gens sincères, hommes et femmes, paysans, ouvriers, employés et soldats, vous comprendrez vos droits et vous viendrez avec nous ; vous viendrez travailler avec vos frères à préparer la révolution qui, abolissant tout esclavage, brisant toutes les chaînes, rompant avec les vieilles traditions et ouvrant à l'humanité entière de nouveaux horizons, viendra enfin établir dans, les sociétés humaines la vraie Égalité, la vraie Liberté, le travail pour tous, et pour tous la pleine jouissance des fruits de leur labeur, la pleine jouissance de toutes leurs facultés ; la vie rationnelle, humanitaire et heureuse !

Qu'on ne vienne pas nous dire que nous sommes une petite poignée, trop faible pour atteindre le but grandiose que nous visons.

Comptons-nous, et voyons combien nous sommes à souffrir de l'injustice. Paysans, qui travaillons pour autrui et qui mangeons l'avoine pour laisser le froment au maître, nous sommes des millions d'hommes ; nous sommes si nombreux qu'à nous seuls nous formons la masse du peuple. Ouvriers qui tissons la soie et le velours pour nous vêtir de haillons, nous sommes aussi des multitudes ; et quand les sifflets des usines nous permettent un instant de repos, nous inondons les rues et les places, comme

Pierre Kropotkine

une mer mugissante. Soldats qu'on mène à la baguette, nous qui recevons les balles pour que les officiers aient les croix et les pompons, nous, pauvres sots, qui n'avons su jusqu'à maintenant que fusiller nos frères, il nous suffira de faire volte-face pour voir pâlir ces quelques personnages galonnés qui nous commandent. Nous tous qui souffrons et qu'on outrage, nous sommes la foule immense, nous sommes l'océan qui peut tout engloutir. Dès que nous en aurons la volonté, un moment suffira pour que justice se fasse.

LA GUERRE

Le spectacle offert en ce moment par l'Europe est bien triste à voir, mais il est aussi très édifiant. D'une part, un va-et-vient de diplomates et de courtiers qui s'augmente à vue d'œil chaque fois que l'air commence à sentir la poudre sur le vieux continent. On fait, on défait des alliances ; on marchande, on vend le bétail humain pour s'assurer des aliés. « Tant de millions de têtes que notre maison garantit à la vôtre ; tant d'hectares pour les paître, tels ports pour exporter leur laine ! » et c'est à qui saura le mieux duper les autres dans ces marchés. C'est ce que l'on appelle en jargon politique de la diplomatie.

D'autre part des armements à n'en plus finir. Chaque jour nous apporte de nouvelles inventions pour mieux exterminer nos semblables, de nouvelles dépenses, de nouveaux emprunts, de nouveaux impôts. Criailler patriotisme, faire du chauvinisme, souffler les haines internationales, devient le métier le pluslucratif en politique, en journalisme. L'enfance même n'a pas été épargnée : on enrôle les bambins en bataillons, on les élève dans la haine du Prussien, de l'Anglais, de l'Italien ; on les dresse dans l'obéissance aveugle aux gouvernants du moment, qu'ils soient bleus, blancs, ou noirs. Et quand vingt et un ans auront sonné pour eux, on les chargera, comme des mulets, de cartouches, de provisions, d'ustensiles, on leur donnera en mains un fusil, et on leur enseignera à marcher au son du clairon, à s'égorger en bêtes féroces à droite et à gauche, sans jamais se demander pourquoi ? dans quel but ? Qu'ils aient devant eux des meurt-de-faim allemands ou italiens, ou bien même leurs propres frères ameutés par la disette, — le clairon sonne, il faut tuer !

Voilà à quoi aboutit toute la sagesse de nos gouvernants et éducateurs ! Voilà tout ce qu'ils ont su nous donner pour idéal, et ceci à une époque où les misérables de tout pays se tendent la main à travers les frontières !

« Ah ! vous n'avez pas voulu du socialisme ? Eh bien vous aurez la guerre, — la guerre de trente ans, de cinquante ans ! » disait Herzen après 1848. Et nous l'avons ; si le canon cesse un instant de tonner dans le monde, c'est pour reprendre haleine, c'est pour recommencer ailleurs et de plus belle, tandis que la guerre européenne, — la mêlée générale des peuples, — menace depuis dix ans, sans qu'on sache pourquoi l'on se battra, avec qui ? contre qui ? au nom de quels principes ? dans quel intérêt ?

Au temps jadis, s'il y avait guerre, on savait, au moins, pourquoi on se faisait tuer. — « Tel roi a offensé le nôtre, — égorgeons donc ses sujets ! » Tel empereur veut enlever au nôtre des provinces ? — mourons donc pour les conserver à Sa Très Chrétienne Majesté ! » On se battait pour des rivalités de rois. C'était bête, aussi les rois ne pouvaient-ils enrôler pour une pareille cause que quelques milliers d'hommes. Mais pourquoi, diable, des peuples entiers vont-ils se ruer aujourd'hui les uns sur les autres ?

Les rois ne comptent plus dans les questions de guerre. Victoria ne se formalise pas des insultes qu'on lui prodigue en France : pour la venger les Anglais ne bougeront pas, et cependant, pouvez-vous affirmer que d'ici à deux ans, Français et Anglais ne s'entre-égorgeront pas pour la suprématie en Égypte ? — De même en Orient. Si autocrate et si méchant despote qu'il soit, si grand personnage qu'il s'imagine, l'Alexandre de toutes les Russies avalera toutes les insolences d'Andrassy et de Salisbury sans bouger de sa tanière de Gatchina, tant que les financiers de Pétersbourg et les fabricants de Moscou, — ce sont eux qui s'appellent aujourd'hui les « patriotes », ne lui auront pas intimé l'ordre de mettre en branle ses armées.

C'est qu'en Russie, comme en Angleterre, en Allemagne comme en France, on ne se bat plus pour le bon plaisir des rois ; on se

Pierre Kropotkine

bat pour l'intégrité des revenus et l'accroissement des richesses de messieurs les Très Puissants Rothschild, Schneider, compagnie d'Anzin, pour l'engraissement des barons de la haute finance et de l'industrie.

Aux rivalités des rois sont venues se substituer les rivalités entre sociétés bourgeoises.

En effet, on parle bien encore de « prépondérance politique ». Mais traduisez cette entité métaphysique en faits matériels, examinez comment la prépondérance politique de l'Allemagne, par exemple, se manifeste en ce moment, et vous verrez qu'il s'agit tout simplement de *prépondérance économique* sur les marchés internationaux. Ce que l'Allemagne, la France, la Russie, l'Angleterre, l'Autriche, cherchent à conquérir en ce moment, ce n'est pas la domination militaire : c'est la domination économique. C'est le droit d'imposer leurs marchandises, leurs tarifs douaniers à leurs voisins ; le droit d'exploiter des peuples arriérés en industrie ; le privilège de construire des chemins de fer chez ceux qui n'en ont pas et de devenir sous ce prétexte les maîtres des marchés : le droit, enfin, d'enlever de temps en temps à un voisin, soit un port pour activer leur commerce, soit une province pour y écouler le trop-plein de leurs marchandises.

Quand nous nous battons aujourd'hui, c'est pour assurer à nos grands industriels un bénéfice de trente pour cent, aux barons de la finance, la domination à la Bourse, aux actionnaires des mines et des chemins de fer des rentes de cent mille francs. Si bien que, si nous étions tant soit peu conséquents, nous remplacerions les oiseaux de proie de nos drapeaux par un veau d'or, leurs vieux emblèmes, par un sac d'écus, et les noms de nos régiments, empruntés autrefois aux princes du sang, par ceux des princes de l'industrie, de la finance : « Troisième Schneider, dixième d'Anzin, vingtième Rotschild. » On saurait du moins pour qui on égorge.

Ouvrir de nouveaux marchés, imposer ses marchandises, bonnes ou mauvaises, — voilà le fond de toute la politique actuelle, européenne et continentale, — la vraie cause des guerres du dix-neuvième siècle.

LA GUERRE

Au siècle passé, l'Angleterre fut la première à inaugurer le système de la grande industrie pour l'exportation. Elle entassa ses prolétaires dans les villes, les attela à des métiers perfectionnés, centuplant la production, et commença à accumuler dans ses magasins des montagnes de produits. Mais ces marchandises n'étaient pas destinés aux va-nu-pieds qui les fabriquaient. Payés juste de quoi vivoter et se multiplier, que pouvaient acheter ceux qui tissaient les cotonnades et les laines ? Et les vaisseaux anglais partaient pour sillonner l'Océan, cherchant des acheteurs sur le continent européen, en Asie, en Océanie, en Amérique, sûrs de ne pas trouver de concurrents. La misère, une misère noire, régnait dans les villes, mais le fabriquant, le négociant, s'enrichissaient à vue d'œil ; les richesses soutirées à l'étranger s'accumulaient entre les mains du petit nombre, et les économistes du continent d'applaudir, d'inviter leurs compatriotes à suivre le même exemple.

Mais, déjà à la fin du siècle passé, la France commençait à faire la même évolution. Elle, aussi, s'organisait pour produire en grand en vue de l'exportation. La Révolution, en transférant le pouvoir, en refoulant vers les villes les va-nu-pieds campagnards, en enrichissant la bourgeoisie, vint donner un nouvel élan à l'évolution économique. Alors, la bourgeoisie anglaise s'en émut, bien plus encore que des déclarations républicaines et du sang versé à Paris ; secondée par l'aristocratie, elle déclara une guerre à mort aux bourgeois français qui menaçaient de fermer les marchés européens aux produits anglais.

On sait l'issue de cette guerre. La France fut vaincue, mais elle avait conquis sa place sur les marchés. Les deux bourgeoisies, anglaise et française, ont même fait un moment une touchante alliance : elles se reconnaissaient sœurs.

Mais, d'une part, la France dépasse bientôt le but. À force de produire pour l'exportation, elle veut s'accaparer les marchés, sans tenir compte du progrès industriel qui se propage lentement de l'Occident en Orient et gagne de nouveaux pays. La bourgeoisie française cherche à agrandir le cercle de ses bénéfices. Elle subit, pendant dix-huit ans, la botte du troisième Napoléon, espérant toujours que l'usurpateur saura imposer à l'Europe entière sa loi économique, et elle ne l'abandonne que le jour où elle s'aperçoit qu'il en est incapable.

Pierre Kropotkine

Une nouvelle nation, en effet, l'Allemagne, introduit chez elle le même régime économique. Elle aussi dépeuple ses campagnes et entasse ses meurt-de-faim dans les villes, qui, en quelques années, doublent leur population. Elle aussi commence à produire en grand. Une industrie formidable, armée d'un outillage perfectionné et secondée par une instruction technique et scientifique semée à pleines mains, entasse à son tour des produits destinés non pas à ceuxqui les produisent, mais à l'exportation, à l'enrichissement des maîtres. Les capitaux s'accumulent et cherchent des placements avantageux en Asie, en Afrique, en Turquie, en Russie : la Bourse de Berlin rivalise avec celle de Paris, et elle veut la dominer.

Un cri retentit alors au sein de la bourgeoisie allemande : s'unifier sous n'importe quel drapeau, fût-ce même celui de la Prusse, et profiter de cette puissance pour imposer ses produits, ses tarifs, à ses voisins, pour s'emparer d'un bon port sur la Baltique, sur l'Adriatique, si possible ! Briser la force militaire de la France qui menaçait, il y a vingt ans, de faire la loi économique en Europe, de lui dicter ses traités commerciaux.

La guerre de 1870 en fut la conséquence. La France ne domine plus les marchés : c'est l'Allemagne qui cherche à les dominer et, elle aussi, par la soif du gain, cherche toujours à étendre son exploitation, sans tenir compte des crises, des krachs, de l'insécurité et de la misère qui rongent son édifice économique. Les côtes de l'Afrique, les moissons de la Corée, les plaines de la Pologne, les steppes de la Russie, les *puszlas* de la Hongrie, les vallées couvertes de roses de la Bulgarie — tout excite la convoitise des bourgeois allemands. Et chaque fois que le négociant allemand parcourt ces plaines à peine cultivées, ces villes qui n'en sont qu'à la petite industrie, ces rivières muettes, son cœur saigne à la vue de ce spectacle. Son imagination lui dessine comment il saurait, lui, retirer des sacs d'or de ces richesses incultes, comment il courberait, lui, ces êtres sous le joug de son capital. Il jure donc de porter un jour « la civilisation », c'est-à-dire l'exploitation, en Orient. En attendant, il essayerad'imposer ses marchandises, ses chemins de fer à l'Italie, à l'Autriche et à la Russie.

Mais ceux-ci s'émancipent à leur tour de la tutelle économique de leurs voisins. Eux aussi entrent peu à peu dans l'orbite des pays « industriels » ; et ces jeunes bourgeoisies ne demandent pas mieux que de s'enrichir à leur tour par l'exportation. En peu d'années la Russie, l'Italie ont fait un bond prodigieux dans l'extension de leurs industries, et comme le paysan, réduit à la plus noire des misères, ne peut rien acheter, c'est aussi pour l'exportation que les fabricants russes, italiens et autrichiens essayent de produire. Il leur faut donc des marchés, et ceux de l'Europe étant déjà occupés, c'est sur l'Asie, sur l'Afrique, qu'ils sont forcés de se rabattre, condamnés nécessairement à en venir un jour aux mains, faute de pouvoir s'entendre sur le partage des gros lots.

Quelles alliances pourraient tenir dans cette situation, créée par le caractère même que donnent à l'industrie ceux qui la dirigent ? L'alliance de l'Allemagne et de la Russie est de pure convenance ; Alexandre et Guillaume peuvent s'embrasser tant qu'il voudront : mais la bourgeoisie naissante en Russie déteste cordialement la bourgeoisie allemande, et celle-ci la paie de la même monnaie. On se souvient du *tolle* général soulevé dans la presse allemande lorsque le gouvernement russe augmenta d'un tiers ses droits d'entrée. — « La guerre contre la Russie — disent les bourgeois allemands et les ouvriers qui les suivent, — serait chez nous bien plus populaire encore que la guerre de 1870 ! »

Mais quoi ! Cette fameuse alliance de l'Allemagne et de l'Autriche n'est-elle pas aussi écrite sur le sable, et les deux puissances, — les deux bourgeoisies, — sont-elles si éloignées d'une brouille sérieuse à propos de tarifs ? Et les deux sœurs jumelles, l'Autriche et la Hongrie, ne sont-elles pas aussi sur le point de se déclarer une guerre de tarifs, — leurs intérêts étant diamétralement opposés quant à l'exploitation des Slaves méridionaux ? Et la France elle-même, n'est-elle pas divisée sur des questions de tarifs ?

Oui, certes, vous n'avez pas voulu du socialisme, et vous aurez la guerre. Vous en auriez pour trente ans de guerre, si la Révolution ne venait mettre fin à cette situation aussi absurde qu'ignoble. Mais, sachons-le bien aussi. Arbitrage, équilibre, suppression des armées permanentes, désarmement, — tout cela ce sont de beaux rêves, mais sans aucune portée pratique. Il n'y a que la Révolution qui, après avoir remis l'instrument, la machine, la matière première

Pierre Kropotkine

et toute la richesse sociale aux mains du producteur et réorganisé toute la production de manière à satisfaire les besoins de ceux qui produisent tout, pourra mettre fin aux guerres pour les marchés.

Chacun travaillant pour tous, et tous pour chacun, — voilà la seule condition pour amener la paix au sein des nations, qui la demandent à grands cris, mais qui en sont empêchées par les accapareurs actuels de la richesse sociale.

LES MINORITÉS RÉVOLUTIONNAIRES

— « Tout ce que vous affirmez est très juste », — nous disent souvent nos contradicteurs. — « Votre idéal de communisme anarchiste est excellent et sa réalisation amènerait en effet le bien-être et la paix sur la terre ; mais, combien peu le désirent, et combien peu le comprennent, et combien peu ont le dévouement nécessaire pour travailler à son avènement ! Vous n'êtes qu'une petite minorité, faibles groupes disséminés çà et là, perdus au milieu d'une masse indifférente, et vous avez devant vous un ennemi terrible, bien organisé, possédant armées, capitaux, instruction. La lutte que vous avez entreprise est au-dessus de vos forces. »

Voilà l'objection que nous entendons continuellement de la part de certains de nos contradicteurs, et souvent même de la part de nos amis. Voyons donc ce qu'il y a de vrai dans cette objection.

Que nos groupes anarchistes ne soient qu'une petite minorité en comparaison des dizaines de millions qui peuplent la France, l'Espagne, l'Italie et l'Allemagne, — rien de plus vrai. Tous les groupes représentant une idée nouvelle ont toujours commencé par n'être qu'une minorité. Et il est fort probable que comme *organisation*, nous resterons minorité jusqu'au jour de la révolution. Mais, est-ce un argument contre nous ? — En ce moment, ce sont les opportunistes qui sont la majorité : devrions-nous, par hasard, devenir aussi opportunistes ? Jusqu'en 1790, c'étaient les royalistes, les constitutionnalistes qui faisaient majorité : les républicains de l'époque devaient-ils, pour cela, renoncer à leurs idées républicaines et se faire aussi royalistes, lorsque la France marchait à grands pas vers l'abolition de la royauté ?

Peu importe que, comme nombre, nous soyons minorité, la

question n'est pas là ! Ce qui importe, c'est de savoir si les idées du communisme anarchiste sont conformes à l'évolution qui se produit en ce moment dans l'esprit humain, et surtout dans les peuples de race latine ? — Mais, à ce sujet, il ne peut pas y avoir de doute. L'évolution ne se produit pas dans le sens de l'autoritarisme ; elle se produit dans le sens de la liberté la plus complète de l'individu, du groupe producteur et consommateur, de la commune, du groupement, de la fédération libre. L'évolution se produit, non pas dans le sens de l'individualisme propriétaire, mais dans le sens de la production et de la consommation en commun. Dans les grandes villes, le communisme n'effraye plus personne, dès qu'il s'agit, bien entendu, du communisme anarchiste. Dans les villages, l'évolution se produit dans le même sens, et à part quelques parties de la France, placées dans des conditions spéciales, le paysan marche déjà, sous maint rapport, vers la mise en commun des instruments de travail. C'est pourquoi, chaque fois que nous exposons aux grandes masses nos idées, chaque fois que nous leur parlons en langage simple, compréhensible, appuyé par des exemples pratiques, de la révolution telle que nous l'entendons, nous sommes toujours accueillis par leurs applaudissements dans les grands centres industriels, aussi bien que dans les villages.

Et pourrait-il en être autrement ? — Si l'anarchie et le communisme eussent été le produit de spéculations philosophiques, faites dans l'ombre des cabinets, par des savants, certes, ces deux principes ne trouveraient point d'écho. Mais ces deux idées sont nées des entrailles mêmes du peuple. Elles sont l'énoncé de ce que pensent et disent l'ouvrier et le paysan, lorsque, sortis un jour ou l'autre de la routine quotidienne, ils se mettent à rêver un meilleur avenir. Elles sont l'énoncé de l'évolution lente qui s'est produite dans les esprits dans le courant de ce siècle. Elles sont la conception populaire de la transformation qui doit s'opérer bientôt pour apporter la justice, la solidarité, la fraternité dans nos villes et nos campagnes. Nées du peuple, elles sont acclamées par le peuple chaque fois qu'elles lui sont exposées d'une manière compréhensible.

Là est en effet leur vraie force, et non pas dans le nombre des adhérents actifs, groupes et organisés, qui sont assez courageux pour courir les dangers de la lutte, pour braver les conséquences auxquelles on s'expose lorsqu'on travaille pour

Pierre Kropotkine

la révolution populaire. Ce nombre grandit chaque jour et il ira toujours en grandissant ; mais ce ne sera qu'à la veille même du soulèvement qu'il deviendra majorité, de minorité qu'il est aujourd'hui.

L'histoire est là pour nous dire que ceux qui ont été minorité la veille de la révolution, deviennent force prédominante le jour de la révolution, s'ils représentent la vraie expression des aspirations populaires et si, — autre condition essentielle, — la révolution dure un certain temps, pour permettre à l'idée révolutionnaire de se répandre, de germer et de porter ses fruits. Car, ne l'oublions pas, ce n'est pas par une révolution d'un jour ou deux que nous arriverons à transformer la société dans le sens du communisme anarchiste ; un soulèvement de courte durée peut bien renverser un gouvernement pour en mettre un autre à sa place. Il peut remplacer un Napoléon par un Jules Favre ; mais il ne change rien aux institutions fondamentales de la société. C'est toute une période insurrectionnelle de trois, quatre, cinq ans peut-être, que nous devrons traverser pour accomplir notre révolution dans le régime de la propriété et le mode de groupement de la société. Il a fallu cinq ans d'insurrection en permanence, depuis 1788 jusqu'en 1793, pour abattre en France le régime féodal foncier et l'omnipotence de la royauté : il en faudra bien trois ou quatre pour abattre la féodalité bourgeoise et l'omnipotence de la ploutocratie.

Eh bien, c'est surtout pendant cette période d'excitation, quand l'esprit travaille avec une vitesse accélérée, quand tout le monde, dans la ville somptueuse comme dans la sombre cabane, prend intérêt à la chose commune, discute, parle, et cherche à convertir les autres, que l'idée anarchiste, semée dès aujourd'hui par les groupes existants, pourra germer, porter ses fruits et se préciser dans la grande masse des esprits. C'est alors que les indifférents d'aujourd'hui deviendront partisans convaincus de l'idée nouvelle.

Telle a toujours été la marche des idées, et la grande révolution française peut en servir d'exemple.

Certes, cette révolution n'a pas été aussi profonde que celle que nous rêvons. Elle n'a fait que renverser l'aristocratie, pour mettre à sa place la bourgeoisie. Elle n'a pas touché au régime de la propriété individuelle : au contraire, elle l'a renforcé ; c'est elle qui a inauguré l'exploitation bourgeoise. Mais elle a atteint un résultat immense par l'abolition définitive du servage, et elle a aboli ce servage par la force, ce qui est bien autrement efficace que l'abolition de n'importe quoi par les lois. Elle a ouvert l'ère des révolutions qui se suivent depuis à courts intervalles, en se rapprochant de plus en plus de la Révolution Sociale. Elle a donné au peuple français cette impulsion révolutionnaire, sans laquelle les peuples peuvent croupir des siècles sous l'oppression la plus abjecte. Elle a légué au monde tout un courant d'idées fécondes pour l'avenir ; elle a réveillé l'esprit de révolte, elle a donné l'éducation révolutionnaire au peuple français. Si, en 1871 la France a fait la Commune, si elle accepte aujourd'hui volontiers l'idée du communisme anarchiste, tandis que les autres nations sont encore dans la période autoritaire ou constitutionnaliste (traversée en France avant 1848, ou bien même avant 1789), c'est parce que, à la fin du siècle dernier, elle a passé par les quatre années de la grande révolution.

Eh bien, rappelons-nous quel triste tableau offrait la France quelques années avant cette révolution, et quelle faible minorité étaient ceux qui rêvaient l'abolition de la royauté et de la féodalité.

Le paysan était plongé dans une misère et dans une ignorance dont il nous serait même difficile aujourd'hui de nous faire une idée. Perdus dans les villages, sans communications régulières, ne connaissant pas ce qui se passait à vingt lieues de distance, ces êtres courbés sous la charrue et enfermés dans des taudis empestés semblaient voués à un servage éternel. L'entente commune était impossible, et à la moindre insurrection, la troupe était là pour sabrer les insurgés, pour pendre les meneurs près de la fontaine, à une potence de dix-huit pieds de haut. C'est à peine si quelques obscurs propagandistes parcouraient les villages, soufflaient la haine contre les oppresseurs et réveillaient l'espérance chez les quelques rares individus qui osaient les écouter. C'est à peine si le paysan se hasardait à demander du pain et quelque diminution des impôts. Parcourez seulement les cahiers des villages pour vous en convaincre !

Quant à la bourgeoisie, ce qui la caractérisait, c'était surtout la lâcheté. Des individus isolés, très rares, se hasardaient parfois à

Pierre Kropotkine

attaquer le gouvernement et réveillaient l'esprit de révolte par tel acte audacieux. Mais la grande masse de la bourgeoisie courbait honteusement le dos devant le roi et sa cour, devant le noble, devant le domestique du noble. Qu'on lise seulement les actes municipaux de l'époque et l'on verra de quelle vile bassesse sont imprégnées les paroles de la bourgeoisie d'avant 1789. C'est la lâcheté la plus ignoble qui suinte de leurs paroles, — n'en déplaise à M. Louis Blanc et autres adulateurs de cette bourgeoisie. C'est d'un désespoir profond que sont inspirés les quelques rares révolutionnaires de l'époque lorsqu'ils jettent un regard autour d'eux, et Camille Desmoulins disait avec raison cette parole célèbre : — « Nous étions à peine une douzaine de républicains à Paris avant 1789. »

Et néanmoins quelle transformation trois ou quatre ans plus tard ! Dès que la force de la royauté est tant soit peu ébranlée par la marche des événements, le peuple commence à s'insurger. Durant toute l'année 1788, ce ne sont que petites émeutes partielles des paysans ; comme les petites grèves partielles d'aujourd'hui, elle éclatent çà et là sur la surface de la France, mais peu à peu elles s'étendent, se généralisent, deviennent plus âpres, plus difficiles à vaincre.

Deux années auparavant, on osait à peine demander une diminution de redevances (comme on demande aujourd'hui une augmentation de salaires). Deux ans plus tard, en 1789, le paysan va déjà plus loin. Une idée générale surgit : celle de secouer complètement le joug du noble, du prêtre, du bourgeois propriétaire. Dès que le paysan s'aperçoit que le gouvernement n'a plus la force de résister à l'émeute, il s'insurge contre ses ennemis. Quelques hommes résolus vont mettre le feu aux premiers châteaux, tandis que la grande masse, encore soumise et peureuse, attend que les flammes des châteaux brûlant sur les collines montent jusqu'aux nuages, pour accrocher les receveurs d'impôts aux potences qui ont vu le supplice des précurseurs de la Jacquerie. Mais cette fois-ci la troupe ne vient pas pour réprimer l'insurrection, elle est occupée ailleurs, et la révolte se propage de hameau en hameau, et bientôt la moitié de la France est en feu.

Tandis que les futurs révolutionnaires de la bourgeoisie se

prosternent encore à genoux devant le roi, tandis que les grands personnages de la future révolution cherchent à maîtriser l'émeute par des bribes de concessions, les villages et les villes s'insurgent, bien avant la réunion des États généraux et les discours de Mirabeau. Des centaines d'émeutes (Taine en connaît trois cents) éclatent dans les villages, avant que les Parisiens, armés de piques et de quelques méchants canons, s'emparent de la Bastille.

Dès lors, il devient impossible de maîtriser la révolution. Si elle eût éclaté seulement à Paris, si elle n'eût été qu'une révolution parlementaire, elle eût été noyée dans le sang, et les hordes de la contre-révolution eurent promené le drapeau blanc de village en village, de ville en ville, en massacrant les paysans et les sans-culottes. Mais, heureusement, dès le début, la révolution avait pris un autre caractère. Elle avait éclaté presque simultanément en mille endroits ; dans chaque village, dans chaque bourg, dans chaque grande ville des provinces insurgées, les minorités révolutionnaires, fortes de leur audace et du soutien tacite qu'elles trouvaient dans les aspirations du peuple, marchaient à la conquête du château, de l'hôtel-de-ville, de la Bastille, terrorisaient l'aristocratie et la haute bourgeoisie, abolissaient les privilèges. La minorité commençait la révolution et entraînait la masse avec elle.

Il en sera de même pour la révolution dont nous prévoyons l'approche. L'idée du communisme anarchiste, représentée aujourd'hui par de faibles minorités, mais se précisant de plus en plus dans l'esprit populaire, fera son chemin dans la grande masse. Les groupes répandus partout, si peu nombreux qu'ils soient, mais forts de l'appui qu'ils trouveront dans le peuple, lèveront le drapeau rouge de l'insurrection. Celle-ci, éclatant en même temps sur mille points du territoire, empêchera l'établissement d'un gouvernement quelconque qui puisse entraver les événements, et la révolution sévira jusqu'à ce qu'elle ait accompli sa mission : l'abolition de la propriété individuelle et de l'État.

Ce jour-là, ce qui est minorité aujourd'hui sera le Peuple, la grande masse, et cette masse insurgée contre la propriété et l'État marchera au communisme anarchiste.

Pierre Kropotkine

L'ORDRE

On nous reproche souvent d'avoir accepté pour devise ce mot *anarchie* qui fait tellement peur à bien des esprits. — « Vos idées sont excellentes, — nous dit-on, — mais avouez que le nom de votre parti est d'un choix malheureux. Anarchie, dans le langage courant, est synonyme de désordre, de chaos ; ce mot éveille dans l'esprit l'idée d'intérêts qui s'entrechoquent, d'individus qui se font la guerre, qui ne peuvent parvenir à établir l'harmonie. »

Commençons d'abord par observer qu'un parti d'action, un parti qui représente une tendance nouvelle, a rarement la possibilité de choisir lui-même son nom. Ce ne sont pas les *Gueux* du Brabant qui ont inventé ce nom, plus tard devenu si populaire. Mais, sobriquet d'abord, — et sobriquet bien trouvé, — il fut relevé par le parti, accepté généralement, et bientôt il devint son appellation glorieuse. On conviendra d'ailleurs, que ce mot renfermait toute une idée.

Et les *sans-culottes* de 1793 ? — Ce sont les ennemis de la révolution populaire qui ont lancé ce nom ; mais ne renfermait-il pas toute une idée, celle de la révolte du peuple, déguenillé, las de misère, contre tous ces royalistes, soi-disant patriotes et jacobins, bien mis, tirés à quatre épingles, qui malgré leur discours pompeux et l'encens brûlé devant leurs statues par les historiens bourgeois, étaient les vrais ennemis du peuple, puisqu'ils le méprisaient profondément pour sa misère, pour son esprit libertaire et égalitaire, pour sa fougue révolutionnaire.

Il en fut de même pour ce nom de *nihilistes* qui a tant intrigué les journalistes, et qui a donné lieu à tant de jeux de mots, bons et mauvais, jusqu'à ce qu'on ait compris qu'il ne s'agissait pas d'une secte baroque, presque religieuse, mais d'une vrai force révolutionnaire. Lancé par Tourguéneff dans son roman, *Les pères et les fils*, il fut relevé par les « pères » qui se vengeaient par ce sobriquet de la désobéissance des « fils ». Les fils l'acceptèrent, et lorsque, plus tard, ils s'aperçurent qu'il prêtait à des malentendus et cherchèrent à s'en débarrasser, c'était impossible. La presse et le public ne voulaient pas désigner les révolutionnaires russes autrement que sous ce nom. D'ailleurs, le nom n'est pas du tout mal choisi, puisqu'il renferme une idée : il exprime la négation de tout l'ensemble des faits de la civilisation actuelle, basée sur l'oppression d'une classe par une autre ; la négation du régime économique actuel, la négation du gouvernementalisme et du pouvoir, de la politique bourgeoise, de la science routinière, de la moralité bourgeoise, de l'art mis au service des exploiteurs, des coutumes et usages grotesques ou détestables d'hypocrisie, dont les siècles passés ont doté la société actuelle, — bref, la négation de tout ce que la civilisation bourgeoise entoure aujourd'hui de vénération.

De même pour les anarchistes. Lorsqu'au sein de l'Internationale, il surgit un parti qui niait l'autorité dans l'Association et qui se révoltait contre l'autorité sous toutes ses formes, ce parti se donna d'abord le nom de parti *fédéraliste*, puis celui d'*anti-étatiste* ou *anti-autoritaire*. À cette époque, il évitait même de se donner le nom d'anarchiste. Le mot *an-archie* (c'est ainsi qu'on l'écrivait alors) semblait trop rattacher le parti aux Proudhoniens, dont l'Internationale combattait en ce moment les idées de réforme économique. Mais, c'est précisément, à cause de cela, pour jeter de la confusion, que les adversaires se plurent à faire usage de ce nom ; en outre, il permettait de dire que le nom même des anarchistes prouve que leur seule ambition est de créer le désordre et le chaos, sans penser au résultat.

Le parti anarchiste s'empressa d'accepter le nom qu'on lui donnait. Il insista d'abord sur le petit trait d'union entre *an* et *archie*, en expliquant que sous cette forme, le mot *an-archie*, d'origine grecque, signifiait *pas de pouvoir*, et non pas « désordre » ; mais bientôt il l'accepta tel quel, sans donner de besogne inutile aux correcteurs d'épreuves ni de leçon de grec à ses lecteurs.

Le mot en est donc revenu à sa signification primitive, ordinaire, commune, exprimée en 1816 en ces termes par un philosophe anglais, Bentham : — « Le philosophe qui désire réformer une mauvaise loi, — disait-il, — ne prêche pas l'insurrection contre elle… Le caractère de l'anarchiste est tout différent. Il nie l'existence de la loi, il en rejette la validité, il excite les hommes à la méconnaître comme loi et à se soulever contre son exécution. » Le sens du mot est devenu plus large aujourd'hui : l'anarchiste nie non seulement les lois existantes, mais tout pouvoir établi, toute

Pierre Kropotkine

autorité ; cependant l'essence en est restée la même : il se révolte, — et c'est par cela qu'il commence, — contre le pouvoir, l'autorité, sous n'importe quelle forme.

Mais ce mot, nous dit-on, éveille dans l'esprit la négation de l'ordre, partant, l'idée de désordre, de chaos ?

Tâchons cependant de nous entendre. — De quel *ordre* s'agit-il ? Est-ce de l'harmonie que nous rêvons, nous les anarchistes ? de l'harmonie qui s'établira librement dans les relations humaines, lorsque l'humanité cessera d'être divisée en deux classes, dont l'une sacrifiée au profit de l'autre ? de l'harmonie qui surgira spontanément de la solidarité des intérêts, lorsque tous les hommes feront une seule et même famille, lorsque chacun travaillera pour le bien-être de tous, et tous pour le bien être de chacun ? Évidemment non ! Ceux qui reprochent à l'anarchie d'être la négation de l'*ordre* ne parlent pas de cette harmonie de l'avenir ; ils parlent de l'ordre tel qu'on le conçoit dans notre société actuelle. — Voyons donc ce qu'est cet ordre que l'anarchie veut détruire.

L'ordre, aujourd'hui, — ce qu'ils entendent par ordre, — c'est les neuf dixièmes de l'humanité travaillant pour procurer le luxe, les jouissances, la satisfaction des passions les plus exécrables à une poignée de fainéants.

L'ordre, c'est la privation de ces neuf dixièmes de tout ce qui est la condition nécessaire d'une vie hygiénique, d'un développement rationnel des qualités intellectuelles. Réduire neuf dixièmes de l'humanité à l'état de bêtes de somme vivant au jour le jour, sans jamais oser penser aux jouissances procurées à l'homme par l'étude des sciences, par la création artistique, — voilà l'ordre !

L'ordre, c'est la misère, la famine devenues l'état normal de la société. C'est le paysan irlandais mourant de faim ; c'est le paysan d'un tiers de la Russie mourant de diphtérie, de typhus, de faim à la suite de la disette, au milieu des entassements de blé qui filent vers l'étranger. C'est le peuple d'Italie réduit à abandonner sa campagne luxuriante pour rôder à travers l'Europe en cherchant un tunnel quelconque à creuser, où il risquera de se faire écraser après avoir subsisté quelques mois de plus. C'est la terre enlevée au paysan pour l'élève du bétail qui servira à nourrir les riches ; c'est la terre laissée en friche plutôt que d'être restituée à celui qui ne demande pas mieux que de la cultiver.

L'ordre, c'est la femme qui se vend pour nourrir ses enfants, c'est l'enfant réduit à être enfermé dans une fabrique, ou à mourir d'inanition, c'est l'ouvrier réduit à l'état de machine. C'est le fantôme de l'ouvrier insurgé aux portes du riche, le fantôme du peuple insurgé aux portes des gouvernants.

L'ordre, c'est une minorité infime, élevée dans les chaires gouvernementales, qui s'impose pour cette raison à la majorité et qui dresse ses enfants pour occuper plus tard les mêmes fonctions, afin de maintenir les mêmes privilèges, par la ruse, la corruption, la force, le massacre.

L'ordre, c'est la guerre continuelle d'homme à homme, de métier à métier, de classe à classe, de nation à nation. C'est le canon qui ne cesse de gronder en Europe, c'est la dévastation des campagnes, le sacrifice de générations entières sur les champs de bataille, la destruction en une année des richesses accumulées par des siècles de rude labeur.

L'ordre, c'est la servitude, l'enchaînement de la pensée, l'avilissement de la race humaine, maintenue par le fer et par le fouet. C'est la mort soudaine par le grisou, la mort lente par l'enfouissement, de centaines de mineurs déchirés ou enterrés chaque année par la cupidité des patrons, et mitraillés, pourchassés à la baïonnette, dès qu'ils osent se plaindre.

L'ordre, enfin, c'est la noyade dans le sang de la Commune de Paris. C'est la mort de trente mille hommes, femmes et enfants, déchiquetés par les obus, mitraillés, enterrés dans la chaux vive sous les pavés de Paris. C'est le destin de la jeunesse russe, murée dans les prisons, enterrée dans les neiges de la Sibérie, et dont les meilleurs, les plus purs, les plus dévoués représentants meurent par la corde du bourreau.

Voilà l'ordre !

Et le désordre, — ce qu'ils appellent le désordre ?

C'est le soulèvement du peuple contre cet ordre ignoble, brisant ses fers, détruisant les entraves et marchant vers un meilleur avenir. C'est ce que l'humanité a de plus glorieux dans son histoire.

Pierre Kropotkine

C'est la révolte de la pensée à la veille des révolutions ; c'est le renversement des hypothèses sanctionnées par l'immobilité des siècles précédents ; c'est l'éclosion de tout un flot d'idées nouvelles, d'inventions audacieuses, c'est la solution des problèmes de la science.

Le désordre, c'est l'abolition de l'esclavage antique, c'est l'insurrection des communes, l'abolition du servage féodal, les tentatives d'abolition du servage économique.

Le désordre, c'est l'insurrection des paysans insurgés contre les prêtres et les seigneurs, brûlant les châteaux pour faire place aux chaumières, sortant de ses tanières pour prendre sa place au soleil. C'est la France abolissant la royauté et portant un coup mortel au servage dans toute l'Europe occidentale.

Le désordre, c'est 1848 faisant trembler les rois et proclamant le droit au travail. C'est le peuple de Paris qui combat pour une idée nouvelle et qui, tout en succombant sous les massacres, lègue à l'humanité l'idée de la commune libre, lui fraye le chemin vers cette révolution dont nous sentons l'approche et dont le nom sera la Révolution Sociale.

Le désordre, — ce qu'ils nomment le désordre, — ce sont les époques pendant lesquelles des générations entières supportent une lutte incessante et se sacrifient pour préparer à l'humanité une meilleure existence, en la débarrassant des servitudes du passé. Ce sont les époques pendant lesquelles le génie populaire prend son libre essor et fait en quelques années des pas gigantesques, sans lesquels l'homme serait resté à l'état d'esclave antique, d'être rampant, avili dans la misère.

Le désordre, c'est l'éclosion des plus belles passions et des plus grands dévouements, c'est l'épopée du suprême amour de l'humanité !

Le mot *anarchie*, impliquant la négation de cet ordre et invoquant le souvenir des plus beaux moments de la vie des peuples, n'est-il pas bien choisi pour un parti qui marche à la conquête d'un avenir meilleur ?

LA COMMUNE

L'ORDRE

I.

Quand nous disons que la révolution sociale doit se faire par l'affranchissement des Communes, et que ce sont les Communes, absolument indépendantes, affranchies de la tutelle de l'État, qui pourront seules nous donner le milieu nécessaire à la révolution et le moyen de l'accomplir, on nous reproche de vouloir rappeler à la vie une forme de la société qui s'est déjà survécue, qui a fait son temps. « Mais, la Commune — nous dit-on — est un fait d'autrefois ! En cherchant à détruire l'État et à mettre à sa place les Communes libres, vous tournez vos regards vers le passé : vous voulez nous ramener en plein moyen âge, rallumer les guerres antiques entre elles, et détruire les unités nationales, si péniblement conquises pendant le cours de l'histoire ! »

Eh bien, examinons cette critique.

Constatons d'abord que cette comparaison avec le passé n'a qu'une valeur relative. Si, en effet, la Commune voulue par nous n'était réellement qu'un retour vers la Commune du moyen-âge, ne faudrait-il pas reconnaître que la Commune, aujourd'hui, ne peut revêtir les formes qu'elle prenait il y a sept siècles ? Or, n'est-il pas évident que, s'établissant de nos jours, dans notre siècle de chemins de fer et de télégraphes, de science cosmopolite et de recherche de la vérité pure, la Commune aurait eu une organisation si différente de celle qu'elle a eue au douzième siècle, que nous serions en présence d'un fait absolument nouveau, placé dans des conditions nouvelles et qui nécessairement amènerait des conséquences absolument différentes ?

En outre, nos adversaires, les défenseurs de l'État, sous des formes diverses, devraient bien se souvenir que nous pouvons leur faire une objection absolument semblable à la leur.

Nous aussi, nous pouvons leur dire, et à plus forte raison, que ce sont eux qui ont leur regard tourné vers le passé, puisque l'État est une forme tout aussi ancienne que la Commune. Seulement il y a cette différence : tandis que l'État nous représente dans l'histoire la négation de toute liberté, l'absolutisme et l'arbitraire, la ruine de ses sujets, l'échafaud et la torture, c'est précisément dans l'affranchissement des Communes contre les États que nous retrouvons les plus belles pages de l'histoire. Certes, en nous

Pierre Kropotkine

transportant vers le passé, ce ne sera pas vers un Louis XI, vers un Louis XV, ou vers Catherine II que nous porterons nos regards : ce sera plutôt sur les communes ou républiques d'Amalfi et de Florence, vers celles de Toulouse et de Laon, vers Liège et Courtray, Augsbourg et Nuremberg, vers Pskov et Novgorod.

Il ne s'agit donc pas de se payer de mots et de sophisme : il importe d'étudier, d'analyser de près et de ne pas imiter M. de Laveleye et ses élèves zélés qui se bornent à nous dire : « Mais la Commune, c'est le moyen âge ! En conséquence elle est condamnée. » — « L'État, c'est tout un passé de méfaits, répondrions-nous ; donc, il est condamné à plus forte raison ! »

Entre la Commune du moyen âge et celle qui peut s'établir aujourd'hui, et probablement s'établira bientôt, il y aura des différences essentielles : tout un abîme creusé par cinq ou six siècles de développement de l'humanité et de rudes expériences. Examinons les principales.

Quel est le but capital de cette « conjuration » ou « communion » que font au douzième siècle les bourgeois de telle cité ? — Certes, il est bien restreint. Le but est de s'affranchir du seigneur. Les habitants, marchands et artisans, se réunissent et jurent de ne pas permettre à « qui que ce soit de faire tort à l'un d'entre eux et de le traiter désormais en serf. » ; c'est contre ses anciens maîtres que la Commune se lève en armes. — « Commune, — dit un auteur du douzième siècle, cité par Aug. Thierry, — est un mot nouveau et détestable, et voici ce qu'on entend par ce mot : les gens taillables ne payent plus qu'une fois par an à leur seigneur la rente qu'ils lui doivent. S'ils commettent quelque délit, ils en sont quittes pour une amende légalement fixée ; et quant aux levées d'argent qu'on a coutume d'infliger aux serfs, ils en sont entièrement exempts. »

C'est donc bien réellement contre le seigneur que se soulève la Commune du moyen-âge. C'est de l'État que la Commune d'aujourd'hui cherchera à s'affranchir. Différence essentielle, puisque souvenons-nous en — ce fut bien l'État, représenté par le roi, qui, plus tard, s'apercevant que les Communes voulaient faire acte d'indépendance vis-à-vis du seigneur, envoya ses armées pour « châtier », comme dit la chronique, « la forsennerie de ces musards qui, pour la raison de la Commune, faisaient mine de rebeller et dresser contre la couronne. »

La Commune de demain saura qu'elle ne peut admettre de supérieur ; qu'au-dessus d'elle il ne peut y avoir que les intérêts de la Fédération, librement consentie par elle-même avec d'autres Communes. Elle sait qu'il ne peut y avoir de terme moyen : ou bien la Commune sera absolument libre de se donner toutes les institutions qu'elle voudra et de faire toutes les réformes et révolutions qu'elle trouvera nécessaires, ou bien elle restera ce qu'elle a été jusqu'aujourd'hui une simple succursale de l'État, enchaînée dans tous ses mouvements, toujours sur le point d'entrer en conflit avec l'État, et sûre de succomber dans la lutte qui s'en suivrait. Elle sait qu'elle doit briser l'État et le remplacer par la Fédération, et elle agira en conséquence. Plus que cela, — elle en aura les moyens. Aujourd'hui ce ne sont plus de petites villes seulement qui lèvent le drapeau de l'insurrection communale. C'est Paris, c'est Lyon, c'est Marseille, c'est Carthagène, et bientôt ce seront toutes les grandes cités qui arboreront le même drapeau. Différence essentielle, s'il en fût.

En s'affranchissant du seigneur, la Commune du moyen âge ne s'affranchissait-elle aussi de ces riches bourgeois, qui, par la vente des marchandises et des capitaux, s'étaient conquis des richesses privées au sein de la cité ? — Point du tout ! Après avoir démoli les tours de son seigneur, l'habitant de la ville vit bientôt se dresser, dans la Commune même, des citadelles de riches marchands cherchant à le subjuguer, et l'histoire intérieure des Communes du moyen âge est celle d'une lutte acharnée entre les riches et les pauvres, lutte qui nécessairement finit par l'intervention du roi. L'aristocratie se développant de plus en plus au sein même de la Commune, le peuple, retombé vis-à-vis du riche seigneur de la ville haute dans la servitude qu'il subissait déjà de la part du seigneur du dehors, comprit qu'il n'avait plus rien à défendre dans la Commune ; il déserta les remparts qu'il avait dressés, et qui, par l'effet du régime individualiste, étaient devenus les boulevards d'un nouveau servage. N'ayant rien à perdre, il laissa les riches marchands se défendre eux-mêmes, et ceux-ci furent vaincus : efféminés par le luxe et les vices, sans soutien dans le peuple, ils

Pierre Kropotkine

durent bientôt céder aux sommations des hérauts du roi et leur remirent les clefs de leurs cités. En d'autres communes, ce furent les riches eux-mêmes qui ouvrirent les portes de leurs villes aux armées impériales, royales ou ducales, pour fuir la vengeance populaire, prête à tomber sur eux.

Mais la première préoccupation de la Commune du dix-neuvième siècle ne sera-t-elle pas de mettre fin à ces inégalités sociales ? de s'emparer de tout le capital social accumulé dans son sein et de le mettre à la disposition de ceux qui veulent s'en servir pour produire et pour augmenter le bien-être général ? Son premier soin ne sera-t-il pas de briser la force du capital et de rendre à jamais impossible la création de l'aristocratie qui causa la chute des Communes du moyen âge ? Ira-t-elle prendre pour alliés l'évêque et le moine ? Enfin, imitera-t-elle des ancêtres qui ne cherchaient dans la Commune que la création d'un État dans l'État ? qui, abolissant le pouvoir du seigneur et du roi, ne savaient faire mieux que de reconstituer, jusque dans ses minimes détails, toujours le même pouvoir, oubliant que ce pouvoir, pour être limité par les murs de la ville, n'en conserverait pas moins tous les vices de son modèle ? Les prolétaires de notre siècle imiteront-ils ces Florentins qui, tout en abolissant les titres de noblesse ou en les faisant porter comme une flétrissure, laissaient naître une nouvelle aristocratie, celle de la grosse bourse ? Feront-ils enfin comme ces artisans qui, arrivés à l'Hôtel-de-ville, imitaient dévotement leurs devanciers, et reconstituaient toute cette échelle de pouvoirs qu'ils venaient de renverser ? Changeront-ils seulement les hommes, sans toucher aux institutions ?

Certainement non. La Commune du dix-neuvième siècle, forte de son expérience, fera mieux. Elle sera *commune* autrement que par le nom. Elle ne sera pas uniquement *communaliste*, elle sera *communiste* ; révolutionnaire en politique, elle le sera aussi dans les questions de production et d'échange. Elle ne supprimera pas l'État pour le reconstituer, et bien des communes sauront prêcher d'exemple, en abolissant le gouvernement de procuration, en se gardant de confier leur souveraineté aux hasards du scrutin.

II

LA COMMUNE

La Commune du moyen âge, après avoir secoué le joug de son seigneur, chercha-t-elle à le frapper dans ce qui faisait sa force ? chercha-t-elle à venir en aide à la population agricole qui l'entourait et, pourvue d'armes que le serf des campagnes n'avait pas, mit-elle ces armes au service des malheureux qu'elle regardait orgueilleuse du haut de ses murs ? — Loin de là ! Guidée par un sentiment purement égoïste, la Commune du moyen âge s'enferma dans ses remparts. Que de fois n'a-t-elle pas jalousement fermé ses portes et levé ses ponts devant les esclaves qui venaient lui demander refuge, et ne les a-t-elle pas laissé massacrer par le seigneur, sous ses yeux, à la portée de ses arquebuses ? Fière de ses libertés, elle ne cherchait pas à les étendre sur ceux qui gémissaient au dehors. C'est à ce prix même, au prix de la conservation du servage chez ses voisins, que mainte commune a reçu son indépendance. Et puis, n'était-il pas aussi de l'intérêt des gros bourgeois communiers, de voir les serfs de la plaine rester toujours attachés à la glèbe, sans connaître ni l'industrie, ni le commerce, toujours forcés de recourir à la ville pour s'approvisionner de fer, de métaux et de produits industriels ? Et lorsque l'artisan voulait tendre la main par-dessus la muraille qui le séparait du serf, que pouvait-il faire contre la volonté du bourgeois qui tenait le haut du pavé, qui seul connaissait l'art de la guerre et qui payait les mercenaires aguerris ?

Maintenant, quelle différence ! La Commune de Paris victorieuse se serait-elle bornée à donner des institutions municipales plus ou moins libres ? Le prolétariat parisien brisant ses chaînes, c'eût été la révolution sociale dans Paris d'abord, puis dans les communes rurales. La Commune de Paris, lors-même qu'elle soutenait la lutte à son corps défendant, a néanmoins dit au paysan :*Prends ta terre, toute la terre !* Elle ne se serait pas bornée à des paroles, et l'eût-il fallu, ses vaillants fils seraient allés en armes dans les villages lointains aider le paysan à faire sa révolution : chasser les accapareurs du sol, et s'en emparer pour la rendre à tous ceux qui veulent et qui savent en tirer les moissons.

La Commune du moyen âge cherchait à se circonscrire dans ses murs ; celle du dix-neuvième siècle cherche à s'étendre, à s'universaliser. À la place des privilèges communaux, elle a mis la solidarité humaine.

Pierre Kropotkine

La Commune du moyen âge pouvait se parquer dans ses murs et, jusqu'à un certain point, s'isoler de ses voisins. Lorsqu'elle entrait en relations avec d'autres communes, ces relations se bornaient le plus souvent à un traité pour la défense des droits urbains contre les seigneurs, ou bien à un pacte de solidarité pour la protection mutuelle des ressortissants des communes dans leurs voyages lointains. Et quand de véritables ligues se formaient entre les villes, comme en Lombardie, en Espagne, en Belgique, ces ligues, trop peu homogènes, trop fragiles à cause de la diversité des privilèges, se scindaient bientôt en groupes isolés ou succombaient sous les attaques des États voisins.

Quelle différence avec les groupes qui se formeraient aujourd'hui ! Une petite Commune ne pourrait vivre huit jours sans être obligée par la force des choses de se mettre en relations suivies avec les centres industriels, commerciaux, artistiques, et ces centres, à leur tour, sentiraient le besoin d'ouvrir leurs portes toute grandes aux habitants des villages voisins, des communes environnantes et des cités lointaines.

Que telle grande ville proclame demain « la Commune », qu'elle abolisse dans son sein la propriété individuelle, qu'elle introduise chez soi le communisme complet, c'est-à-dire la jouissance collective du capital social, des instruments de travail et des produits du travail accompli, et, pourvu que la ville ne soit pas cernée par des armées ennemies, au bout de quelques jours déjà, les convois de chars arriveront aux Halles, les fournisseurs lui expédieront des ports lointains leurs cargaisons de matières premières ; les produits de l'industrie de la cité, après avoir satisfait aux besoins de la population, iront chercher des acheteurs aux quatre coins du monde ; les étrangers viendront en foule, et tous, paysans, citoyens, des villes voisines, étrangers, iront conter à leurs foyers la vie merveilleuse de la libre cité où tous travaillent, où il n'y a plus ni pauvres ni opprimés, où tous jouissent des fruits de leur labeur, sans que personne mette la main sur la part du lion. L'isolement n'est pas à craindre : si les communes des États-Unis ont à se plaindre dans leurs communautés, ce n'est pas de l'isolement, c'est plutôt de l'intrusion du monde bourgeois des alentours dans leurs affaires communales.

LA COMMUNE

C'est qu'aujourd'hui le commerce et l'échange, renversant les bornes des frontières, ont détruit les murailles des anciennes cités. Ils ont déjà établi la cohésion qui manquait au moyen âge. Tous les points habités de l'Europe occidentale sont si intimement liés entre eux que l'isolement est devenu impossible pour aucun d'eux ; il n'y a pas de village si haut perché qu'il soit sur la corniche d'une montagne, qui n'ait son centre industriel et commercial vers lequel il gravite, avec lequel il ne peut plus rompre.

Le développement de grands centres industriels a fait plus.

De nos jours, l'esprit de clocher pourrait exciter bien des jalousies entre deux communes voisines, empêcher leur alliance directe, et même allumer des luttes fratricides. Mais si ces jalousies peuvent empêcher effectivement la fédération directe de ces deux communes, c'est par l'intermédiaire des grands centres que cette fédération s'établira. Aujourd'hui, deux petits municipes voisins n'ont souvent rien qui les relie directement : le peu de relations qu'ils entretiennent serviraient plutôt à faire naître des conflits qu'à nouer des liens de solidarité. Mais tous deux ont déjà un centre commun avec lequel ils sont en relations fréquentes, sans lequel ils ne peuvent subsister ; et quelles que soient les jalousies de clocher, ils se verront obligés de s'unir par l'intermédiaire de la grande ville où ils s'approvisionnent, où ils portent leurs produits ; chacun d'eux devra faire partie de la même fédération, pour maintenir leurs relations avec ce foyer d'appel et se grouper autour de lui.

Et pourtant ce centre ne pourrait pas lui-même prendre une prépondérance fâcheuse sur les Communes qui l'environnent. Grâce à la variété infinie des besoins de l'industrie, du commerce, tous les lieux habités ont déjà plusieurs centres auxquels ils se rattachent, et à mesure que leurs besoins se développeront, ils se rattacheront à de nouveaux centres qui pourront subvenir à des nécessités nouvelles. Nos besoins sont si variés, ils naissent avec une telle rapidité, que bientôt une seule fédération ne suffira plus à les satisfaire tous. La Commune se sentira donc la nécessité de contracter d'autres alliances, d'entrer dans une autre fédération. Membre d'un groupe pour l'acquisition de ses denrées alimentaires, la Commune devra se faire membre d'un deuxième groupe pour

Pierre Kropotkine

obtenir d'autres objets qui lui sont nécessaires, les métaux, par exemple, et puis encore d'un troisième et d'un quatrième groupe pour les étoffes et les œuvres d'art. Prenez un atlas économique de n'importe quel pays, et vous verrez qu'il n'existe pas de frontières économiques : les zones de production et d'échange de divers produits se pénètrent mutuellement, s'enchevêtrent, se superposent. De même les fédérations de Communes, si elles suivaient leur libre développement, viendraient bientôt s'enchevêtrer, se croiser, se superposer et former ainsi un réseau bien autrement compact, « un et indivisible » que ces groupements étatistes qui ne sont que juxtaposés, comme les verges en faisceau autour de la hache du licteur.

Ainsi, répétons-le, ceux qui viennent nous dire que les Communes, une fois débarrassées de la tutelle de l'État, vont se heurter et s'entre-détruire en guerres intestines, oublient une chose : c'est la liaison intime qui existe déjà entre les diverses localités, grâce aux centres de gravitation industrielle et commerciale, grâce à la multitude de ces centres, grâce aux incessantes relations. Ils ne se rendent pas compte de ce qu'était le moyen âge avec ses cités closes et ses caravanes se traînant lentement sur des routes difficiles, surveillées par des seigneurs-brigands ; ils oublient ces courants d'hommes, de marchandises, de lettres, de télégrammes, d'idées et d'affections, qui circulent entre nos cités comme les eaux d'un fleuve qui ne tarissent jamais : ils n'ont pas l'idée nette de la différence entre deux époques qu'ils cherchent à comparer.

D'ailleurs, l'histoire n'est-elle pas là pour nous prouver que l'instinct de fédération est déjà devenu un des besoins les plus pressants de l'humanité ? Il suffit qu'un jour l'État se trouve désorganisé pour une raison ou pour une autre ; que la machine oppressive faiblisse dans ses fonctions, pour que les alliances libres naissent d'elles-mêmes. Souvenons-nous des fédérations spontanées de la bourgeoisie armée pendant la grande révolution. Souvenons-nous de ces fédérations qui surgirent spontanément en Espagne et sauvèrent l'indépendance du pays, lorsque l'État était ébranlé jusque dans ses fondements par les armées conquérantes de Napoléon. Dès que l'État n'est plus à même d'imposer l'union forcée, l'union surgit d'elle-même, selon les besoins naturels. Renversez l'État, la société fédérée surgira de ses ruines, vraiment

LA COMMUNE

une, vraiment indivisible, mais libre et grandissant en solidarité par sa liberté même.

Mais il y a encore autre chose. Pour le bourgeois du moyen âge la Commune était un État isolé, nettement séparé des autres par ses frontières. Pour nous, « Commune » n'est plus une agglomération territoriale ; c'est plutôt un nom générique, un synonyme de groupements d'égaux, ne connaissant ni frontières ni murailles. La Commune sociale cessera bien vite d'être un tout nettement défini. Chaque groupe de la Commune sera nécessairement attiré vers d'autres groupes similaires des autres Communes ; il se groupera, se fédérera avec eux par des liens tout au moins aussi solides que ceux qui le rattachent à ses concitadins, constituera une Commune d'intérêts dont les membres sont disséminés dans mille cités et villages. Tel individu ne trouvera la satisfaction de ses besoins qu'en se groupant avec d'autres individus ayant les mêmes goûts et habitant cent autres communes.

Aujourd'hui déjà les Sociétés libres commencent à couvrir tout l'immense champ de l'activité humaine. Ce n'est plus seulement pour satisfaire ses goûts scientifiques, littéraires ou artistiques, que l'homme ayant des loisirs constitue des sociétés. Ce n'est plus seulement pour une lutte de classe que l'on se ligue.

On trouverait difficilement une seule des manifestations multiples et variées de l'activité humaine, qui ne soit déjà représentée par des sociétés librement constituées et leur nombre augmente sans cesse, envahissant chaque jour de nouveaux champs d'action, jusqu'à ceux même qui jadis étaient considérés comme une attribution spéciale de l'État. Littérature, arts, sciences, enseignement, commerce, industrie ; trafic ; amusements, hygiène, musées, entreprises lointaines ; expéditions polaires, voire même défense du territoire, secours aux blessés, défense contre les agresseurs et les tribunaux eux-mêmes…, partout nous voyons l'initiative privée se faire jour et revêtir la forme de sociétés libres. C'est la *tendance*, le trait distinctif de la deuxième moitié du dix-neuvième siècle.

Cette tendance prenant son libre essor, et trouvant un nouveau champ immense d'application, servira de base à la société future. C'est par libres groupements que s'organisera la Commune

Pierre Kropotkine

sociale et ces groupements mêmes bouleverseront les murailles, les frontières. Ce seront des millions de communes non plus territoriales, mais se tendant la main à travers les fleuves, les chaînes de montagnes, les océans, unissant les individus disséminés aux quatre coins du globe et les peuples en une seule et même famille d'égaux.

LA COMMUNE DE PARIS

I

Le 18 mars 1871, le peuple de Paris se soulevait contre un pouvoir généralement détesté et méprisé, et proclamait la ville de Paris indépendante, libre, s'appartenant à elle-même.

Ce renversement du pouvoir central se fit même sans la mise en scène ordinaire d'une révolution : ce jour, il n'y eut ni coups de fusil, ni flots de sang versé derrière les barricades. Les gouvernants s'éclipsèrent devant le peuple armé, descendu dans la rue : la troupe évacua la ville, les fonctionnaires s'empressèrent de filer sur Versailles, emportant avec eux tout ce qu'ils pouvaient emporter. Le gouvernement s'évapora, comme une mare d'eau putride au souffle d'un vent de printemps, et le 19, Paris, ayant à peine versé une goutte de sang de ses enfants, se trouva libre de la souillure qui empestait la grande cité.

Et cependant la révolution qui venait de s'accomplir ainsi ouvrait une ère nouvelle dans la série des révolutions, par lesquelles les peuples marchent de l'esclavage à la liberté. Sous le nom de *Commune de Paris*, naquit une *idée* nouvelle, appelée à devenir le point de départ des révolutions futures.

Comme c'est toujours le cas pour les grandes idées, elle ne fut pas le produit des conceptions d'un philosophe, d'un individu : elle naquit dans l'esprit collectif, elle sortit du cœur d'un peuple entier ; mais elle fut vague d'abord, et beaucoup parmi ceux-mêmes qui la mettaient en réalisation et qui donnèrent leur vie pour elle, ne l'imaginèrent pas au début telle que nous la concevons aujourd'hui ; ils ne se rendirent pas compte de la révolution qu'ils inauguraient, de la fécondité du nouveau principe qu'ils cherchaient à mettre en exécution. Ce fut seulement lors de l'application pratique que l'on commença à en entrevoir la portée future ; ce fut seulement dans le travail de la pensée qui s'opéra depuis, que ce nouveau principe se précisa de plus en plus, se détermina et apparut avec toute sa lucidité, toute sa beauté, sa justice et l'importance de ses résultats.

Dès que le socialisme eut pris un nouvel essor dans le courant des cinq ou six années qui précédèrent la Commune, une question surtout préoccupa les élaborateurs de la prochaine révolution sociale. C'était la question de savoir quel serait le mode de groupement politique des sociétés, le plus propice à cette grande révolution économique que le développement actuel de l'industrie impose à notre génération, et qui doit être l'abolition de la propriété individuelle et la mise en commun de tout le capital accumulé par les générations précédentes.

L'Association Internationale des Travailleurs donna cette réponse. Le groupement, disait-elle, ne doit pas se borner à une seule nation : il doit s'étendre par dessus les frontières artificielles. Et bientôt cette grande idée pénétra les cœurs des peuples, s'empara des esprits. Pourchassée depuis par la ligue de toutes les réactions, elle a vécu néanmoins, et dès que les obstacles mis à son développement seront détruits à la voix des peuples insurgés, elle renaîtra plus forte que jamais.

Mais, il restait à savoir quelles seraient les parties intégrantes de cette vaste Association ?

Alors, deux grands courants d'idées se trouvèrent en présence pour répondre à cette question : l'*État populaire* d'une part ; de l'autre, l'*Anarchie*.

D'après des socialistes allemands, l'État devait prendre possession de toutes les richesses accumulées et les donner aux associations ouvrières, organiser la production et l'échange, veiller à la vie, au fonctionnement de la société.

À quoi la plupart des socialistes de race latine, forts de leur expérience, répondaient qu'un pareil État, — en admettant même que par impossible il pût exister, — eût été la pire des tyrannies, et ils opposaient à cet idéal, copié sur le passé, un idéal nouveau, l'*anarchie*, c'est-à-dire l'abolition complète des États et l'organisation du simple au composé par la fédération libre des forces populaires, de producteurs et des consommateurs.

Il fut bientôt admis, même par quelques « Étatistes », les moins imbus de préjugés gouvernementaux, que certes l'Anarchie représente une organisation de beaucoup supérieure à celle qui est visée par l'État populaire ; mais, disait-on, l'idéal anarchiste est tellement éloigné de nous, que nous n'avons pas à nous en préoccuper pour le moment. D'autre part, il manquait à la théorie anarchiste une formule concrète et simple à la fois, pour préciser son point de départ, pour donner un corps à ses conceptions, pour démontrer qu'elles s'appuyaient sur une tendance ayant une existence réelle dans le peuple. La fédération des corporations de métier et de groupes de consommateurs par-dessus les frontières et en dehors des États actuels, semblait encore trop vague ; et il était facile d'entrevoir en même temps qu'elle ne pouvait pas comprendre toute la diversité des manifestations humaines. Il fallait trouver une formule plus nette, plus saisissable, ayant ses éléments premiers dans la réalité des choses.

S'il ne s'était agi simplement que l'élaborer une théorie, peu importent les théories ! aurions-nous dit. Mais tant qu'une idée nouvelle n'a pas trouvé son énoncé net, précis et découlant des choses existantes, elle ne s'empare pas des esprits, ne les inspire pas au point de les lancer dans une lutte décisive. Le peuple ne se jette pas dans l'inconnu, sans s'appuyer sur une idée certaine et nettement formulée qui lui serve de tremplin, pour ainsi dire, à son point de départ.

Ce point de départ c'est la vie elle-même qui se chargea de l'indiquer.

Cinq mois durant, Paris, isolé par le siège, avait vécu de sa vie propre et il avait appris à connaître les immenses ressources économiques, intellectuelles et morales dont il dispose ; il avait entrevu et compris sa force d'initiative. En même temps, il avait vu que la bande de bavards qui s'était emparée du pouvoir ne savait rien organiser ni la défense de la France, ni le développement de l'intérieur. Il avait vu ce gouvernement central se mettre au travers de tout ce que l'intelligence d'une grande cité pouvait faire éclore. Il avait compris plus que cela : l'impuissance d'un gouvernement, quel qu'il soit, de parer aux grands désastres, de faciliter l'évolution prête à s'accomplir. Il avait subi pendant un siège une misère affreuse, la misère des travailleurs et des défenseurs de la ville, à côté du luxe insolent des fainéants, et il avait vu échouer, grâce au pouvoir central, toutes ses tentatives pour mettre fin à ce régime scandaleux, Chaque fois que le peuple voulait prendre un libre essor, le gouvernement venait alourdir les chaînes, attacher son boulet, et l'idée naquit tout naturellement que Paris devait se constituer en Commune indépendante, pouvant réaliser dans ses murs ce que lui dictait la pensée du peuple !

Ce mot : LA COMMUNE, s'échappa alors de toutes les bouches.

La Commune de 1871 ne pouvait être qu'une première ébauche. Née à l'issue d'une guerre, cernée par deux armées prêtes à se donner la main pour écraser le peuple, elle n'osa se lancer entièrement dans la voie de la révolution économique ; elle ne se déclara pas franchement socialiste, ne procéda ni à l'expropriation des capitaux ni à l'organisation du travail ; ni même au recensement général de toutes les ressources de la cité. Elle ne rompit pas non plus avec la tradition de l'État, du gouvernement représentatif, et elle ne chercha pas à effecteur dans la Commune cette organisation du simple au complexe qu'elle inaugurait en proclamant l'indépendance et la libre fédération des Communes. Mais il est certain que si la Commune de Paris eût vécu quelques mois encore, elle eût été poussée inévitablement, par la force des choses, vers ces deux révolutions. N'oublions pas que la bourgeoisie a mis quatre ans de période révolutionnaire pour arriver de la monarchie tempérée à la république bourgeoise, et nous ne serons pas pas étonnés de voir que le peuple de Paris n'ait pas franchi d'un seul bond l'espace qui sépare la Commune anarchiste du gouvernement des pillards. Mais sachons aussi que la prochaine révolution qui, en France et certainement aussi en Espagne, sera communaliste, reprendra l'œuvre de la Commune de Paris là où l'ont arrêtée les assassinats des Versaillais.

La Commune succomba, et la bourgeoisie se vengea, nous savons comment, de la peur que le peuple lui avait faite en secouant le

Pierre Kropotkine

joug de ses gouvernants. Elle prouva qu'il y a réellement deux classes dans la société moderne : d'une part, l'homme qui travaille, qui donne au bourgeois plus de la moitié de ce qu'il produit, et qui cependant passe trop facilement sur les crimes de ses maîtres ; d'autre part, le fainéant, le repu, animé des instincts de la bête fauve, haïssant son esclave, prêt à le massacrer comme un gibier.

Après avoir enfermé le peuple de Paris et bouché toutes les issues, ils lancèrent les soldats abrutis par la caserne et le vin et leur dirent en pleine Assemblée : « *Tuez ces loups, ces louves et ces louveteaux !* » Et au peuple, ils dirent:[1]

— « Quoi que tu fasses, tu vas périr ! Si l'on te prend les armes à la mains, — *la mort !* si tu déposes les armes, — *la mort !* si tu frappes, — *la mort !* Si tu implores, — *la mort !* De quelque côté que tu tournes les yeux : à droite, à gauche, devant, derrière, en haut, en bas, —*la mort !* Tu es non seulement hors la loi, mais hors l'humanité. Ni l'âge, ni le sexe, ne sauraient te sauver, ni toi, ni les tiens. Tu vas mourir, mais avant tu savoureras l'agonie de ta femme, de ta sœur, de ta mère, de tes filles, de tes fils, même au berceau ! On ira, sous tes yeux, prendre le blessé dans l'ambulance pour le hacher à coup de sabre-baïonnette, pour l'assommer à coup de crosse de fusil. On le tirera, vivant, par sa jambe brisée ou son bras saignant, et on le jettera dans le ruisseau, comme un paquet d'ordures qui hurle et qui souffre.

« *La mort ! La mort ! La mort !* »

Et puis, après l'orgie effrénée sur des tas de cadavres, après l'extermination en masse, la vengeance mesquine et pourtant atroce qui dure encore, le martinet, les poucettes, les fers à fond de cale, les coups de fouet et la trique des argousins, les insultes, la faim, tous les raffinements de la cruauté.

Le peuple oubliera-t-il ces hautes œuvres ?

« Terrassée, mais non vaincue », la Commune renaît aujourd'hui. Ce n'est plus seulement un rêve de vaincus caressant dans leur

---

1 Nous empruntons ces lignes à l'*Histoire populaire et parlementaire de la Commune de Paris*, par ARTHUR ARNOULD, ouvrage que nous nous faisons un plaisir de rappeler à l'attention de nos lecteurs.

imagination un beau mirage d'espérance ; non ! « la Commune » devient aujourd'hui le but précis et visible de la Révolution qui gronde déjà près de nous. L'idée pénètre les masses, elle leur donne un drapeau, et nous comptons fermement sur la présente génération pour accomplir *la Révolution sociale dans la Commune*, pour venir mettre fin à l'ignoble exploitation bourgeoise, débarrasser les peuples de la tutelle de l'État, inaugurer dans l'évolution de l'espèce humaine une nouvelle ère de liberté, d'égalité, de solidarité.

II

Dix années nous séparent déjà du jour où le peuple de Paris, renversant le gouvernement des traîtres, qui s'étaient emparés du pouvoir lors de la chute de l'Empire, se constituait en Commune et proclamait son indépendance absolue.[1] Et cependant, c'est encore vers cette date du 18 mars 1871 que se portent nos regards, c'est à elle que se rattachent nos meilleurs souvenirs ; c'est l'anniversaire de cette journée mémorable que le prolétariat des deux mondes se propose de fêter solennellement, et demain soir, des centaines de mille cœurs ouvriers vont battre à l'unisson, fraternisant à travers les frontières et les océans, en Europe, aux États-Unis, dans l'Amérique du Sud, au souvenir de la révolte du prolétariat parisien.

C'est que l'idée pour laquelle le prolétariat français a versé son sang à Paris et pour laquelle il a souffert sur les plages de la Nouvelle-Calédonie, est une de ces idées qui, à elles seules, renferment toute une révolution, une idée large qui peut recevoir sous les plis de son drapeau toutes les tendances révolutionnaires des peuples marchant vers leur affranchissement.

Certes, si nous nous bornions à observer seulement les faits réels et palpables accomplis par la Commune de Paris, nous devrions dire que cette idée n'était pas suffisamment vaste, qu'elle n'embrassait qu'une partie minime du programme révolutionnaire. Mais si nous observons, au contraire, l'esprit qui inspirait les masses du peuple, lors du mouvement du 18 mars, les tendances qui cherchaient à se faire jour et qui n'eurent pas le temps de passer dans le domaine de la réalité, parce que, avant d'éclore, elles furent

---

1 Écrit en 1881.

Pierre Kropotkine

étouffées sous des monceaux de cadavres, — nous comprendrons alors toute la portée du mouvement et les sympathies qu'il inspire au sein des masses ouvrières dans les deux mondes. La Commune enthousiasme les cœurs, non par ce qu'elle a fait, mais par ce qu'elle promet de faire un jour.

D'où vient cette force irrésistible qui attire vers le mouvement de 1871 les sympathies de toutes les masses opprimées ? Quelle idée représente la Commune de Paris ? Et pourquoi cette idée est-elle si attrayante pour les prolétaires de tous pays, de toute nationalité ?

La réponse est facile. — La révolution de 1871 fut un mouvement éminemment populaire. Faite par le peuple lui-même, née spontanément au sein des masses, c'est dans la grande masse populaire qu'elle a trouvé ses défenseurs, ses héros, ses martyrs — et surtout ce caractère « canaille » que la bourgeoisie ne lui pardonnera jamais. Et en même temps, l'idée mère de cette révolution, — vague, il est vrai ; inconsciente peut-être, mais néanmoins bien prononcée, perçant dans tous ses actes, — c'est l'idée de la révolution sociale cherchant à s'établir enfin, après tant de siècles de luttes, la vraie liberté et la vraie égalité pour tous.

C'était la révolution de la « canaille » marchant à la conquête de ses droits.

On a cherché, il est vrai, on cherche encore à dénaturer le vrai sens de cette révolution et à la représenter comme une simple tentative de reconquérir l'indépendance pour Paris et de constituer un petit État dans la France. — Rien n'est moins vrai, cependant. Paris ne cherchait pas à s'isoler de la France, comme il ne cherchait pas à la conquérir par les armes ; il ne tenait pas à se renfermer dans ses murs, comme un bénédictin dans son cloître ; il ne s'inspirait pas d'un esprit étroit de clocher. S'il réclamait son indépendance, s'il voulait empêcher l'intrusion dans ses affaires de tout pouvoir central, c'est parce qu'il voyait dans cette indépendance un moyen d'élaborer tranquillement les bases de l'organisation future et d'accomplir dans son sein la révolution sociale, — une révolution qui aurait transformé complètement le régime de la production et de l'échange, en les basant sur la justice, qui aurait modifié complètement les relations humaines en les mettant sur le pied de l'égalité, et qui aurait refait la morale de notre société, en lui donnant pour base les principes de l'équité et de la solidarité.

L'indépendance communale n'était donc pour le peuple de Paris qu'un moyen, et la révolution sociale était son but.

Ce but, il eût été atteint, certainement, si la révolution du 18 mars eût pu suivre son libre cours, si le peuple de Paris n'eût pas été écharpé, sabré, mitraillé, éventré par les assassins de Versailles. Trouver une idée nette, précise, compréhensible à tout le monde et résumant en quelques mots ce qu'il y avait à faire pour accomplir la révolution, telle fut, en effet, la préoccupation du peuple de Paris dès les premiers jours de son indépendance. Mais une grande idée ne germe pas en un jour, quelque rapide que soit l'élaboration et la propagation des idées pendant les périodes révolutionnaires. Il lui faut toujours un certain temps pour se développer, pour pénétrer dans les masses et pour se traduire par es actes, et ce temps a manqué à la Commune de Paris.

Il lui a manqué d'autant plus, qu'il y a dix ans, les idées du socialisme moderne traversaient elles-mêmes une période transitoire. La Commune est née, pour ainsi dire, entre deux époques de développement du socialisme moderne. En 1871, le communisme autoritaire, gouvernemental et plus ou moins religieux de 1848 n'avait plus de prise sur les esprits pratiques et libertaires de notre époque. Où trouver aujourd'hui un Parisien qui consente à s'enfermer dans une caserne phalanstérienne ? D'autre part, le collectivisme, qui veut atteler dans un même char le salariat et la propriété collective, restait incompréhensible, peu attrayant, hérissé de difficultés dans son application pratique. Et le communisme libre, le communisme anarchiste, se faisait jour à peine ; à peine osait-il affronter les attaques des adorateurs du gouvernementalisme.

L'indécision régnait dans les esprits, et les socialistes eux-mêmes ne se sentaient pas l'audace de se lancer à la démolition de la propriété individuelle, n'ayant pas devant eux de but bien déterminé. Alors on se laissa berner par ce raisonnement que les endormeurs répètent depuis des siècles. — « Assurons-nous d'abord la victoire ; on verra après ce qu'on pourra faire. »

Pierre Kropotkine

S'assurer d'abord la victoire ! Comme s'il y avait moyen de se constituer en Commune libre tant qu'on ne touche pas à la propriété ! Comme s'il y avait moyen de vaincre les ennemis, tant que la grande masse du peuple n'est pas intéressée directement au triomphe de la révolution, en voyant arriver le bien-être matériel, intellectuel et moral pour tous ! On cherchait à consolider d'abord la Commune en renvoyant à plus tard la révolution sociale, tandis que l'unique moyen de procéder était de *consolider la Commune par la révolution sociale !*

Il en arriva de même pour le principe gouvernemental. En proclamant la Commune libre, le peuple de Paris proclamait un principe essentiellement anarchiste ; mais, comme à cette époque l'idée anarchiste n'avait que faiblement pénétré dans les esprits, il s'arrêta à moitié chemin et, au sein de la Commune il se prononça encore pour le vieux principe autoritaire, en se donnant un Conseil de la Commune, copié sur les Conseils municipaux.

Si nous admettons, en effet, qu'un gouvernement central est absolument inutile pour régler les rapports des Communes entre elles, pourquoi en admettrions-nous la nécessité pour régler les rapports mutuels des groupes qui constituent la Commune ? Et si nous abandonnons à la libre initiative des Communes le soin de s'entendre entre elles pour les entreprises qui concernent plusieurs cités à la fois, pourquoi refuser cette même initiative aux groupes dont se compose une Commune ? Un gouvernement dans la commune n'a pas plus de raison d'être qu'un gouvernement au-dessus de la Commune.

Mais, en 1871, le peuple de Paris, qui a renversé tant de gouvernements, n'était qu'à son premier essai de révolte contre le système gouvernemental lui-même : il se laissa donc aller au fétichisme gouvernemental et se donna un gouvernement. On en connaît les conséquences. Il envoya ses enfants dévoués à l'Hôtel-de-Ville. Là, immobilisés, au milieu des paperasses, forcés de gouverner lorsque leurs instincts leur commandaient d'être et de marcher avec le peuple ; forcés de discuter, quand il fallait agir, et perdant l'inspiration qui vient du contact continuel avec les masses, ils se virent réduits à l'impuissance. Paralysés par leur éloignement du foyer des révolutions, le peuple, ils paralysaient eux-mêmes l'initiative populaire.

LA COMMUNE DE PARIS

Enfantée pendant une période transitoire, alors que les idées de socialisme et d'autorité subissaient une modification profonde ; née à l'issue d'une guerre, dans un foyer isolé, sous les canons des Prussiens, la Commune de Paris a dû succomber.

Mais, par son caractère éminemment populaire, elle commença une ère nouvelle dans la série des révolutions, et, par ses idées, elle fut le précurseur de la grande révolution sociale. Les massacres inouïs, lâches et féroces par lesquels la bourgeoisie a célébré sa chute, la vengeance ignoble que les bourreaux ont exercée pendant neuf ans sur leurs prisonniers, ces orgies de cannibales ont creusé entre la bourgeoisie et le prolétariat un abîme qui jamais ne sera comblé. Lors de la prochaine révolution, le peuple saura ce qu'il a à faire ; il saura ce qui l'attend s'il ne remporte pas une victoire décisive, et il agira en conséquence.

En effet, nous savons maintenant que le jour où la France se hérissera de Communes insurgées, le peuple ne devra plus se donner de gouvernement et attendre de ce gouvernement l'initiative des mesures révolutionnaires. Après avoir donné un bon coup de balai aux parasites qui le rongent, il s'emparera lui-même de toute la richesse sociale, pour la mettre en commun, selon les principes du communisme anarchiste. Et lorsqu'il aura aboli complètement la propriété, le gouvernement et l'État, il se constituera librement selon les nécessités qui lui seront dictées par la vie elle-même. Brisant ses chaînes et renversant ses idoles, l'humanité marchera alors vers un meilleur avenir, ne connaissant plus ni maîtres ni esclaves, ne gardant de la vénération que pour les nobles martyrs qui ont payé de leur sang et de leurs souffrances ces premières tentatives d'émancipation, qui nous ont éclairés dans notre marche vers la conquête de la liberté.

III

Les fêtes et les réunions publiques organisées, le 18 mars, dans toutes les villes où il y avait des groupes socialistes constitués méritent toute notre attention, non seulement comme une manifestation de l'armée des prolétaires, mais encore comme une expression des sentiments qui animent les socialistes des deux mondes. « On se compte » ainsi, mieux que par tous les bulletins imaginables, et l'on formule ses aspirations en toute liberté, sans se laisser influencer par des considérations de tactique électorale.

En effet, les prolétaires, réunis ce jour-là dans les meetings ne se bornent plus à faire l'éloge de l'héroïsme du prolétariat parisien, ni à crier vengeance contre les massacres de Mai. Tout en se retrempant dans le souvenir de la lutte héroïque de Paris, ils sont allés plus loin. Ils discutent l'enseignement qu'il faut tirer de la Commune de 1871 pour la prochaine révolution ; ils se demandent quelles étaient les fautes de la Commune, et cela non pour critiquer les hommes, mais pour faire ressortir comment les préjugés sur la propriété et l'autorité qui régnaient en ce moment au sein des organisations prolétariennes, ont empêché l'idée révolutionnaire d'éclore, de se développer et d'éclairer le monde entier de ses lueurs vivifiantes.

L'enseignement de 1871 a profité au prolétariat du monde entier et, rompant avec les préjugés anciens, les prolétaires ont dit clairement et simplement, comment ils entendent *leur* révolution.

Il est certain désormais que le prochain soulèvement des Communes ne sera plus simplement un mouvement *communaliste*. Ceux qui pensent encore qu'il faut établir la Commune indépendante et puis, dans cette Commune, faire essai de réformes économiques, sont débordés par le développement de l'esprit populaire. C'est par des actes révolutionnaires socialistes, en abolissant la propriété individuelle, que les Communes de la prochaine révolution affirmeront et constitueront leur indépendance.

Le jour où en conséquence du développement de la situation révolutionnaire, les gouvernements seront balayés par le peuple et la désorganisation jetée dans le camps de la bourgeoisie qui ne se maintient que par la protection de l'État, ce jour-là — et il n'est pas loin, — le peuple insurgé n'attendra pas qu'un gouvernement quelconque décrète dans sa sagesse inouïe des réformes économiques. Il abolira lui-même la propriété individuelle par l'expropriation violente, en prenant possession, au nom du peuple entier, de toute la richesse sociale, accumulée par le travail des générations précédentes. Il ne se bornera pas à exproprier les détenteurs du capital social par un décret qui resterait lettre morte : il en prendra possession sur-le-champ, et il établira ses droits en l'utilisant sans délai. Il s'organisera lui-même dans l'atelier pour le faire marcher ; il échangera son taudis contre un logement salubre dans la maison du bourgeois ; il s'organisera pour utiliser immédiatement toute la richesse entassée dans les villes ; il en prendra possession comme si cette richesse ne lui avait jamais été volée par la bourgeoisie. Le baron industriel qui prélève le butin sur l'ouvrier, une fois évincé, la production continuera, en se débarrassant des entraves qui la gênent, en abolissant les spéculations qui la tuent et le gâchis qui la désorganise, et, en se transformant conformément aux nécessités du moment sous l'impulsion qui lui sera donnée par le travail libre. — « Jamais on ne labourera en France comme en 1793, après que la terre fut arrachée des mains des seigneurs », écrit Michelet. — Jamais on n'a travaillé comme on travaillera le jour où le travail sera devenu libre, où chaque progrès du travailleur sera une source de bien-être pour la Commune entière.

Au sujet de la richesse sociale, on a cherché à établir une distinction, et on est même arrivé à diviser le parti socialiste à propos de cette distinction. L'école qui s'appelle aujourd'hui *collectiviste*, substituant au collectivisme de l'ancienne Internationale (qui n'était que le communisme anti-autoritaire), une espèce de collectivisme doctrinaire, a cherché à établir une distinction entre le capital qui sert à la production et la richesse qui sert à subvenir aux nécessités de la vie. La machine, l'usine, la matière première, les voies de communication et le sol d'un côté ; les habitations, les produits manufacturés, les vêtements, les denrées de l'autre. Les uns devenant propriété collective ; les autres destinés, selon les doctes représentants de cette école, à rester propriété individuelle.

On a cherché à établir cette distinction. Mais le bon sens populaire en a eu vite raison. Il a compris que cette distinction est illusoire et impossible à établir. Vicieuse en théorie, elle tombe devant la pratique de la vie. Les travailleurs ont compris que la maison qui nous abrite, le charbon et le gaz que nous brûlons, la nourriture que brûle la machine humaine pour maintenir la vie, le vêtement dont l'homme se couvre pour préserver son existence, le livre qu'il lit pour s'instruire, voire même l'agrément qu'il se procure sont autant

Pierre Kropotkine

de parties intégrantes de son existence, tout aussi nécessaires pour le succès de la production et pour le développement progressif de l'humanité, que les machines, les manufactures, les matières premières et les autres agents de la production. Ils ont compris que maintenir la propriété individuelle pour ces richesses, serait maintenir l'inégalité, l'oppression, l'exploitation, paralyser d'avance les résultats de l'expropriation partielle. Passant par-dessus les chevaux de frise mis sur leur chemin, par le collectivisme des théoriciens, ils marchent droit à la forme la plus simple et plus pratique du communisme anti-autoritaire.

En effet, dans leurs réunions, les prolétaires révolutionnaires affirment nettement leur droit à toute la richesse sociale et la nécessité d'abolir la propriété individuelle, aussi bien pour les valeurs de consommation que pour celles de reproduction. « Le jour de la Révolution, nous nous emparerons de toute la richesse, de *toutes* les valeurs entassées dans les villes, et nous les mettrons en commun » — disent les porte-voix de la masse ouvrière, et les auditeurs le confirment par leur assentiment unanime.

— « Que chacun prenne dans le tas ce dont il a besoin, et soyons sûrs que dans les greniers de nos villes il y aura assez de nourriture pour nourrir tout le monde jusqu'au jour où la production libre prendra sa nouvelle marche. Dans les magasins de nos villes il y a assez de vêtements pour vêtir tout le monde, entassés là sans écoulement, à côté de la misère générale. Il y a même assez d'objets de luxe pour que tout le monde en choisisse à son goût. »

Voilà comment — à en juger d'après ce qui se dit dans les réunions — la masse prolétaire envisage la Révolution : — introduction immédiate du communisme anarchiste, et libre organisation de la reproduction. Ce sont deux point établis, et à cet égard, les Communes de la Révolution qui grondent à nos portes ne répéteront plus les erreurs de leurs prédécesseurs qui, en versant leur sang généreux, ont déblayé la route pour l'avenir.

Le même accord ne s'est pas encore établi, — sans être, cependant, loin de s'établir, — sur un autre point ; non moins important, sur la question du*gouvernement*.

On sait que deux écoles sont en présence sur cette question. « Il faut — disent les uns — le jour même de la Révolution, constituer un gouvernement qui s'empare du pouvoir. Ce gouvernement, fort, puissant et résolu, *fera* la Révolution en décrétant ceci et cela et en forçant à obéir à ses décrets. »

— « Triste illusion ! » disent les autres. Tout gouvernement central, se chargeant de gouverner une nation, étant formé fatalement d'éléments disparates, et conservateur de par son essence gouvernementale, ne serait qu'un empêchement à la révolution. Il ne ferait qu'entraver la révolution dans les Communes prêtes à marcher de l'avant, sans être capable d'inspirer du souffle révolutionnaire les Communes retardataires. — De même au sein d'une Commune insurgée. Ou bien le gouvernement communal ne fera que sanctionner les faits accomplis, et alors il sera un rouage inutile et dangereux ; ou bien il voudra en agir à sa tête : il réglementera ce qui doit encore s'élaborer librement par le peuple lui-même, pour être viable ; il appliquera des théories, là où il faut que toute la société élabore les formes nouvelles de la vie commune, avec cette force de création qui surgit dans l'organisme social lorsqu'il brise ses chaînes et voit s'ouvrir devant lui de nouveaux et larges horizons. Les hommes au pouvoir gêneront cet élan, sans rien produire eux-mêmes, s'ils restaient au sein du peuple à élaborer avec lui l'organisation nouvelle, au lieu de s'enfermer dans les chancelleries et s'épuiser en débats oisifs. Il sera un empêchement et un danger ; impuissant pour le bien, formidable pour le mal ; donc, il n'a pas de raison d'être. »

Si naturel et si juste que soit ce raisonnement, cependant il se heurte encore aux préjugés séculaires accumulés, accrédités, par ceux qui ont intérêt à maintenir la religion du gouvernement à côté de la religion de la propriété et de la religion divine.

Ce préjugé, — le dernier de la série : Dieu, Propriété, Gouvernement, existe encore, et il est un danger pour la prochaine révolution. Mais on peut déjà constater qu'il s'ébranle. — « Nous ferons nous-mêmes nos affaires, sans attendre les ordres d'un gouvernement, et nous passerons par-dessus la tête de ceux qui viendront s'imposer sous forme de prêtre, de propriétaire ou de gouvernant », — disent déjà les prolétaires. Il faut donc espérer que si le parti anarchiste continue à combattre vigoureusement la religion du gouvernementalisme, et s'il ne dévie pas lui-même de sa route en se laissant entraîner dans les luttes pour le pouvoir, — il faut espérer, disons-nous, que dans les quelques années qui nous restent encore jusqu'à la Révolution, le préjugé gouvernemental sera suffisamment ébranlé pour ne plus être capable d'entraîner les masses prolétaires dans une fausse voie.

Il y a cependant une lacune regrettable dans les réunions populaires que nous tenons à signaler C'est que rien, ou presque rien, n'a été fait pour les campagnes. Tout s'est borné aux villes. La campagne semble ne pas exister pour les travailleurs des villes. Même les orateurs qui parlent du caractère de la prochaine révolution évitent de mentionner les campagnes et le sol. Ils ne connaissent pas le paysan ni ses désirs, et ne se hasardent pas de parler en son nom. Faut-il insister longuement sur le danger qui en résulte ? — L'émancipation du prolétariat ne sera même pas possible, tant que le mouvement révolutionnaire n'embrassera pas les villages. Les Communes insurgées ne sauraient se maintenir même un an, si l'insurrection ne se propageait pas en même temps dans les villages. Lorsque l'impôt, l'hypothèque, la rente seront abolies, lorsque les institutions qui les prélèvent seront jetées aux quatre vents, il est certain que les villages comprendront les avantages de cette révolution. Mais en tout cas, il serait imprudent de compter sur la diffusion des idées révolutionnaires des villes dans les campagnes sans préparer les idées à l'avance. Il faut savoir d'ores et déjà ce que veut le paysan, comment on entend la révolution dans les villages, comment on pense résoudre la question si épineuse de la propriété foncière. Il faut dire à l'avance au paysan ce que se propose de faire le prolétaire des villes et son allié, qu'il n'a pas à craindre de lui des mesures nuisibles à l'agriculteur. Il faut que de son côté l'ouvrier des villes s'habitue à respecter le paysan et à marcher d'un commun accord avec lui.

Mais, pour cela les travailleurs ont à s'imposer *le devoir d'aider à la propagande dans les villages*. Il importe que dans chaque ville il y ait une petite organisation spéciale, une branche de la Ligue Agraire, pour la propagande au sein des paysans. Il faut que ce genre de propagande soit considéré comme un devoir, au même titre que la propagande dans les centres industriels.

Les débuts en seront difficiles ; mais souvenons-nous qu'il y va du succès de la Révolution. Elle ne sera victorieuse que le jour où le travailleur des usines et le cultivateur des champs marcheront la main dans la main à la conquête de l'Égalité pour tous, en portant le bonheur dans la chaumière comme dans les édifices des grandes agglomérations industrielles.

LA QUESTION AGRAIRE

I

Une question immense se dresse en ce moment devant l'Europe. C'est la question agraire, la question de savoir quelle forme nouvelle de possession et de culture du sol un avenir prochain nous réserve. À qui appartiendra le sol ? Qui le cultivera et comment le cultivera-t-on ? Nul ne méconnaîtra la gravité du problème. Nul ne méconnaîtra non plus — s'il a suivi attentivement ce qui se produit en Irlande, en Angleterre, en Espagne, en Italie, dans certaines parties de l'Allemagne et en Russie — que cette question se dresse réellement, et en ce moment même, dans toute sa grandeur. Dans les misérables villages, au sein de cette classe de cultivateurs si méprisés jusqu'aujourd'hui, une immense révolution se prépare.

L'objection la plus forte que l'on ait faite jusqu'à présent au socialisme, consistait à dire que, si la question sociale intéresse les ouvriers des villes, elle n'a pas sa raison d'être pour les campagnes ; que si les ouvriers des villes acceptent volontiers les idées d'abolition de la propriété individuelle et se passionnent pour l'expropriation des fabricants et des usiniers, il n'en est pas de même pour les paysans ; ceux-ci, nous disait-on, se méfient des socialistes, et si, un jour, les ouvriers des villes essayaient de réaliser leurs plans, les paysans sauraient vite les mettre à la raison.

Nous avouons que, il y a trente ou quarante ans, cette objection avait quelque apparence de justesse, du moins pour certains pays. Une sorte de bien-être dans telle région, beaucoup de résignation dans telle autre faisaient que, en effet, les paysans ne manifestaient que peu ou point de mécontentement. Mais aujourd'hui ce n'est plus le cas. La concentration des immeubles entre les mains des plus riches et le développement toujours

Pierre Kropotkine

croissant d'un prolétariat des campagnes, les lourds impôts dont les États écrasent l'agriculture, l'introduction dans l'agriculture de la grande production industrielle à la machine, la concurrence américaine et australienne, enfin l'échange plus rapide des idées qui pénètrent aujourd'hui jusque dans les hameaux les plus isolés — toutes ces circonstances ont fait que les conditions de la culture ont changé à vue d'œil depuis trente ans ; en ce moment l'Europe se trouve en présence d'un vaste mouvement agraire, qui va bientôt l'embraser en entier et donner à la prochaine révolution une portée bien autrement grande que celle qu'elle aurait eue si elle se limitait seulement aux grandes villes.

Qui ne lit les nouvelles d'Irlande, toujours les mêmes ? La moitié de ce pays est en révolte contre ses seigneurs. Les paysans ne paient plus la rente aux propriétaires du sol ; ceux même qui le voudraient ne l'osent plus, de peur d'avoir affaire à la Ligue Agraire — puissante organisation secrète qui étend ses ramifications dans les villages et punit ceux qui manquent à son mot d'ordre : « le refus des rentes ». Les propriétaires n'osent pas exiger le prix du fermage. S'ils voulaient faire rentrer les rentes qui leur sont dues en ce moment, ils devraient mettre sur pied cent mille hommes de police, et ils provoqueraient la révolte. Si tel propriétaire s'avise d'expulser un paysan qui ne paie pas, il doit lancer au moins une centaine de policiers, car alors il a affaire à la résistance, tantôt passive, tantôt armée, de plusieurs milliers de paysans voisins. S'il réussit, il ne trouve pas de fermier qui risque d'occuper la ferme. Enfin, s'il en trouve un, celui-ci sera bientôt forcé de décamper, car son bétail aura été exterminé, son blé brûlé, et lui-même condamné à mort par la Ligue ou par telle autre société secrète. La situation devient intenable pour les propriétaires eux-mêmes ; dans certains districts la valeur des terres a baissé des deux tiers ; dans d'autres, les seigneurs ne sont plus propriétaires que de nom ; ils n'osent même séjourner dans leurs terres que sous la protection d'une escouade de policemen campant à leurs portes dans des guérites de fer. Le sol reste en friche, et dans le courant de l'année 1879 l'espace des terres cultivées a diminué de 33.000 hectares ; la dépréciation des récoltes pour les propriétaires, d'après le *Financial Reformer*, n'est pas moindre de 250 millions de francs.

La situation est si grave que M. Gladstone, avant d'arriver

au pouvoir, avait pris vis-à-vis des représentants irlandais l'engagement formel de présenter un projet de loi, d'après lequel les grands propriétaires actuels du sol seraient expropriés pour cause d'utilité publique, et le sol, après avoir été déclaré propriété de la nation entière, vendu au peuple, en parcelles amortissables en vingt-cinq ans par annuités. Mais il est évident que jamais pareille loi ne sera votée par le parlement anglais, puisqu'elle porterait du même coup une atteinte mortelle au principe de la propriété foncière en Angleterre. Il n'y a donc pas lieu de prévoir que le conflit puisse se terminer d'une manière pacifique. Il se peut certainement qu'un soulèvement général des paysans puisse être conjuré encore une fois comme il le fut en 1846 ; mais, la situation restant la même, ou plutôt empirant, il est à prévoir que le jour n'est pas loin où le peuple irlandais sera enfin à bout de patience après tant de souffrances et de promesses manquées. Qu'il se présente une occasion propice à la suite d'une désorganisation momentanée du pouvoir en Angleterre, et le paysan irlandais, poussé par les sociétés secrètes, soutenu par la petite bourgeoisie villageoise qui aimerait bien mettre en scène, à son profit, un nouveau 1793, sortira enfin de son taudis pour faire ce que tant d'agitateurs lui conseillent de faire aujourd'hui : il promènera sa torche sur les châteaux, il engrangera pour son compte les blés des seigneurs et, expulsant leurs agents, démolissant les bornes, il s'emparera de ces terres qu'il convoite depuis tant d'années.

Si nous nous transportons à une autre extrémité du continent, en Espagne, nous y trouvons une situation analogue. D'une part, comme en Andalousie et dans la province de Valence, où la propriété foncière s'est concentrée en peu de mains, des légions de paysans affamés, ligués entre eux, font une guérilla sans trêve ni merci aux seigneurs. À la faveur d'une nuit sombre, les troupeaux du propriétaire sont exterminés, les plantations d'arbres brûlées sur des centaines d'hectares à la fois ; les granges flambent, et celui qui dénonce aux autorités les auteurs de ces actes, ainsi que l'alcalde qui ose les poursuivre, tombe sous les couteaux de la ligue. Dans la province de Valence, c'est la grève en permanence des petits fermiers pour le refus des rentes, et gare à celui qui oserait faire défaut à cet engagement mutuel ! Une forte organisation secrète,

Pierre Kropotkine

par des proclamations affichées de nuit sur les arbres, rappelle constamment aux conjurés que s'ils trahissaient la cause générale, ils seraient cruellement punis par l'extermination de leurs moissons et de leurs troupeaux, et souvent aussi par la mort.

Dans les pays où la propriété est plus morcelée, c'est l'État espagnol lui-même qui se charge de provoquer le mécontentement. Il écrase le petit propriétaire d'impôts, nationaux, provinciaux, municipaux, ordinaires et extraordinaires, si bien que c'est par dizaines de mille que se chiffre le nombre des petites fermes confisquées par l'État et mises aux enchères sans trouver d'acheteurs. La population des campagnes est complètement ruinée dans plus d'une province, et c'est la famine qui pousse des bandes de paysans à se rassembler et à se révolter contre les impôts.

Même situation en Italie. Dans mainte province l'agriculteur est complètement ruiné. Réduit à la misère par l'État, le petit propriétaire paysan ne paie plus les impôts de l'État saisit impitoyablement le lopin de terre du cultivateur. Dans le courant d'une seule année, 6.644 petites propriétés, de la valeur moyenne de 99 francs ont été saisies. Quoi d'étonnant si dans ces provinces la révolte s'installe en permanence ! Tantôt c'est un fanatique prêchant le communisme religieux, qui entraîne après lui des milliers de paysans, et ces sectaires ne se dispersent que sous les balles des soldats ; tantôt c'est un village qui vient en masse s'emparer des terres incultes de tel seigneur et les met en culture pour son compte ; tantôt enfin ce sont des bandes de villageois affamés qui se présentent devant la maison commune et demandent, sous menace de révolte, du pain et du travail.

Qu'on ne nous dise pas que ces faits sont isolés ! Les révoltes des paysans français jusqu'en mai 1789 étaient-elles plus fréquentes ? Moins nombreuses et moins conscientes au début, n'ont-elles pas été le canevas, le fond sur lequel a surgi plus tard la révolution des grandes villes !

Enfin, à l'extrémité orientale de l'Europe, en Russie, la question agraire se présente sous un aspect qui, à bien des égards, nous rappelle la situation de la France avant 1789. Le servage personnel y est aboli et chaque commune agricole se trouve en possession de terres ; mais elles sont pour la plupart si mauvaises ou en quantité si insuffisante, le taux du rachat ou de la redevance que la commune paie au seigneur est si disproportionné à la valeur des terres, et les impôts dont l'État écrase le cultivateur sont si lourds, que maintenant les trois quarts, au moins, des paysans se trouvent réduits à la plus affreuse misère. Le pain manque, et il suffit d'une seule mauvaise récolte pour que la famine sévisse dans de vastes régions et décime les populations.

Mais le paysan ne subit plus cette situation sans murmurer. Des idées nouvelles, des aspirations vers un avenir meilleur germent dans les campagnes mises en contact avec les grands centres par le réseau des voies ferrées. Le paysan attend d'un jour l'autre qu'un événement quelconque vienne abolir le rachat et la redevance, et le remette en possession de tout le sol qu'il considère comme lui appartenant de droit. Si un Arthur Young parcourait aujourd'hui la Russie, comme il parcourut la France à la veille de 1789, il aurait entendu ces mêmes vœux, ces mêmes mots d'espoir qu'il a notés dans son livre de *Voyages*. Dans certaines provinces une sourde agitation se manifeste par une guérilla contre les seigneurs, et il suffirait que des événements politiques jetassent la désorganisation dans le pouvoir et surexcitassent les passions, pour que les faméliques des villages, aidés et excités peut-être par la petite bourgeoisie campagnarde qui se constitue avec une rapidité prodigieuse, commencent une série de révoltes agraires. Alors, ces révoltes éclatant, sans plan préconçu et sans organisation sur toute la surface du territoire, mais se propageant de tous les côtés, s'entre-croisant, harassant les armées et le gouvernement, et traînant pendant des années, pourraient inaugurer et donneraient force à une immense révolution, avec toutes ses conséquences pour l'Europe entière.

Mais si la question agraire vient à se poser sous ces formes grandioses dans les pays que nous venons de nommer, si la vieille Europe se trouve un jour entourée, comme d'un cercle de feu, par ces émeutes de paysans, si l'expropriation des seigneurs s'effectue largement dans ces contrées, le centre de l'Europe, les pays soi-disant civilisés, n'en ressentiront-ils pas le contre-coup ? L'affirmation ne saurait être douteuse. Et lorsque nous

Pierre Kropotkine

aurons analysé dans un prochain chapitre la situation agraire en Angleterre, en France, en Allemagne, en Suisse, lorsque nous aurons étudié l'influence puissante d'un nouvel élément qui fait déjà pousser des cris d'alarme en Angleterre, l'intervention de la production du blé à la façon des grandes industries en Amérique et en Australie, lorsque nous aurons enfin jeté un coup d'œil sur les idées nouvelles qui envahissent le cerveau des paysans dans les pays qui se considèrent comme les places fortes de la civilisation, nous verrons alors que la question agraire se pose, quoique sous diverses formes, devant l'Europe entière, en Angleterre aussi bien qu'en Russie, en France aussi bien qu'en Italie. Nous verrons que la situation actuelle devient intenable et ne peut durer longtemps ; que le jour n'est pas loin, où la société devra se transformer jusque dans ses fondements et donner place à un nouvel ordre de choses : un ordre de choses où, le régime de la propriété et de la culture ayant subi une modification profonde, le cultivateur du sol ne sera plus, comme aujourd'hui, le paria de la société, où il viendra prendre sa place au banquet de la vie et du développement intellectuel, à côté de tous les autres, où le village, cessant d'être l'antre de l'ignorance, deviendra le centre d'où rayonneront sur le pays le bien être et la vie.

II

Dans le chapitre précédent nous avons vu dans quelle situation déplorable, ou plutôt épouvantable, se trouve le cultivateur du sol, le paysan, en Irlande, en Espagne, en Italie, en Russie. Il ne peut plus y avoir de doute à ce sujet : la révolte agraire est à l'ordre du jour dans ces pays. Mais, dans les pays qui se flattent d'être civilisés, comme l'Angleterre, l'Allemagne, la France, et même la Suisse, la situation de l'agriculteur devient aussi de plus en plus intenable.

Voici, par exemple, l'Angleterre. Il y a deux cents ans, c'était encore un pays où l'agriculteur, travaillant la terre qui lui appartenait, jouissait d'un certain bien-être. Aujourd'hui, c'est le pays des grands propriétaires, fabuleusement riches, et d'un prolétariat agricole, réduit à la misère.

Les quatre cinquièmes de tout le sol arable, soit 23,976,000 hectares, sont la propriété d'une poignée de 2,340 grands propriétaires ; 710 lords possèdent letiers de l'Angleterre ; tel marquis fait des voyages de trente lieues sans quitter ses terres, tel comte possède toute une province ; tandis que le reste des propriétaires, comprenant un demi-million de familles doit se contenter de moins d'un tiers d'hectare chacune, c'est-à-dire, une maison et un petit jardin.

Deux mille trois cent quarante familles touchent des revenus fabuleux, de 100,000 francs et jusqu'à dix millions de francs par an ; le marquis de Westminster et le duc de Bedford touchent 25,000 francs par jour, c'est-à-dire plus de 1,000 francs par heure — plus qu'un ouvrier dans le cours d'une année —, tandis que des centaines de milliers de familles d'agriculteurs ne réussissent à gagner, pour prix de rudes labeurs, que 300 à 1,000 francs par an. L'agriculteur, celui qui fait que la terre produit, se croit heureux si, après des journées de 14 et de 16 heures de travail, il réussit à gagner de 12 à 15 francs par huitaine — juste de quoi ne pas mourir de faim.

Fortunes scandaleuses et dépenses insensées pour la part du fainéant. Misère perpétuelle pour le cultivateur.

Les faiseurs de livres vous diront certainement que, grâce à cette concentration de la propriété en peu de mains, l'Angleterre est devenue le pays de la culture la plus intense, la plus productive. Les grands lords, ne pouvant cultiver la terre eux-mêmes, la donnent en bail, sous forme de lots assez grands, à des fermiers, et ces fermiers — vous dira-t-on — ont fait de leurs fermes des modèles d'agriculture rationnelle.

C'était vrai il y a quelque temps : ce n'est plus vrai aujourd'hui.

D'abord, d'immenses espaces de terre restent absolument incultes ou sont transformés en parcs, pour que, l'automne venu, le seigneur puisse y faire des chasses monstres avec ses invités. Des milliers d'hommes pourraient trouver leur nourriture sur ces terres ! Le propriétaire n'en a cure, lui : Il ne sait pas où dépenser sa fortune : il se donne le plaisir d'avoir un parc de plusieurs lieues carrées, et il enlève cette terre à la culture.

D'immenses espaces, jadis cultivés, ont été transformés en vastes prairies pour l'élève du bétail et des moutons. Des milliers et des milliers de cultivateurs ont été « évincés », chassés par les

Pierre Kropotkine

seigneurs ; et leurs champs, qui nourrissaient le peuple, ont été transformés en prairies qui servent aujourd'hui à produire des bœufs, c'est-à-dire la viande, la nourriture des riches. La quantité de terre ensemencée va toujours en diminuant. En 1866, en 1869, l'Angleterre ensemençait de froment 1,600,000 hectares ; ce n'est plus que 1,200,000 hectares qu'elle ensemence aujourd'hui.[1] Il y a quinze ans, elle produisait 26 hectolitres par hectare, aujourd'hui elle ne produit que 22 hectolitres par hectare.[2]

Même les fermiers qui cultivent des espaces de 50 à 100 hectares et au-delà, ces petits bourgeois cherchant à devenir seigneurs à leur tour et à se faire la vie douce avec le travail d'autrui, ceux-là même se ruinent aujourd'hui. Écrasés de rentes par la rapacité des seigneurs, ils ne peuvent plus améliorer leurs cultures et tenir tête à la concurrence de l'Amérique et de l'Australie ; les journaux, en effet, sont encombrés d'annonces de vente aux enchères de ces fermes.

Ainsi se résume la situation agraire : La grande masse du peuple est chassée du sol et refoulée vers les grandes villes et les centres manufacturiers, où les faméliques se font une concurrence effrénée. Le sol est entre les mains d'une poignée de seigneurs qui touchent des revenus fabuleux et les dépensent à tort et à travers pour un luxe insensé, improductif. Les intermédiaires, les fermiers cherchent à se constituer en petits seigneurs, mais, ruinés par des rentes excessives, ils sont prêts à faire cause commune avec le peuple pour arracher la terre aux gros propriétaires. Toute la vie du pays se ressent de cette situation anormale de la propriété foncière.

Quoi d'étonnant que le cri de « *Nationalisation du sol !* » devienne aujourd'hui le cri de ralliement de tous les mécontents ? La grande *Ligue de la Terre et du Travail* demandait, déjà en 1869, que toutes les terres des grands seigneurs fussent confisquées par la nation entière, et cette idée gagne chaque jour du terrain. La « *Ligue des travailleurs des campagnes* », forte de 150,000 membres, qui n'avait, il y a dix ans, qu'un seul but, celui d'élever, par la grève, les salaires, demande maintenant, elle aussi, la dépossession des seigneurs.

1 Écrit en 1880.
2 Voyez les chiffres donnés par le *Times* du 15 octobre 1880.

Enfin la *Ligue de la Terre* irlandaise commence à étendre ses ramifications sur l'Écosse et sur l'Angleterre, et partout elle trouve des sympathies. Or, on sait comment cette ligue procède. Elle commencera par déclarer que les rentes à payer aux grands propriétaires seront désormais réduites d'un quart, par décision de la Ligue. Elle empêchera, par toutes sortes de petits moyens, et par la force au besoin, d'expulser celui qui ne payera que les trois quarts de sa rente. Elle terrorisera ceux qui auront la lâcheté de payer toute la rente. Plus tard, lorsque les forces seront organisées, elle déclarera que l'on ne doit plus rien payer au seigneur, et elle armera le paysan pour mettre à exécution sa volonté. Le moment venu, elle fera comme ont fait les paysans français de 1789 à 1793 : elle forcera les seigneurs, par le fer et par le feu, à abdiquer leurs droits sur la terre.

Quelle sera la nouvelle forme de la propriété à l'issue de la révolution en Angleterre ? Il serait difficile de le prévoir dès aujourd'hui, car la portée de la révolution dépendra de la durée de l'époque révolutionnaire, et surtout de la force d'opposition que les idées révolutionnaires rencontreront de la part de l'aristocratie et de la bourgeoisie. Une chose est certaine, c'est que l'Angleterre marche vers l'abolition de la propriété individuelle du sol, et que l'opposition rencontrée par cette idée, de la part des détenteurs de la terre, empêchera que cette transformation s'opère d'une manière pacifique : pour faire prévaloir sa volonté, le peuple anglais aura recours à la force.

III

LA FRANCE

Mes lecteurs français de la campagne vont bien rire en entendant ce que l'on dit d'eux dans ces beaux livres que messieurs les députés et les économistes font imprimer dans les grandes villes. — On dit dans ces livres que les paysans français sont presque tous riches et parfaitement contents de leur sort ; qu'ils ont assez de terre assez de bétail, que la terre leur rapporte beaucoup d'argent ; qu'ils paient facilement les impôts, d'ailleurs assez légers, et que le prix de fermage de la terre n'est pas élevé ; qu'ils font chaque année des économies et ne cessent de s'enrichir.

Les paysans répondront, je pense, que ces discoureurs sont des imbéciles, et ils auront raison.

Examinons, en effet, de quels éléments se composent les vingt-trois à vingt-quatre millions de personnes qui habitent les campagnes, et voyons combien il y en a dans ce nombre qui ont lieu d'être contents de leur sort et qui voudraient que rien n'y fût changé.

Nous avons d'abord huit mille grands propriétaires (40,000 personnes environ, en y comprenant les familles) qui possèdent, surtout dans la Picardie, laNormandie, l'Anjou, des biens qui leur rapportent de dix mille à deux cent mille francs par an, et au-delà.

Ceux-là, certainement, n'ont pas à se plaindre. Après avoir passé quelques mois d'été dans leurs domaines, et après avoir encaissé la valeur de ce qu'ont produit les rudes efforts des travailleurs salariés, des petits fermiers ou des métayers, ils s'en vont dépenser cet argent dans les villes. Là ils boivent le champagne à plein verre avec des femmes auxquelles ils jettent l'argent à pleines mains, et ils dépensent en un jour dans leurs palais de quoi nourrir toute une famille pendant une demi-année. Oh ! ceux-là, en effet, n'ont pas de lamentations à faire ; s'ils se plaignent, c'est de ce que le paysan devient tous les jours moins maniable et refuse aujourd'hui de travailler pour rien.

De ceux-là, ne parlons pas. On leur dira un petit mot le jour de la révolution.

Les usuriers, les marchands de bétail, les « marchands de biens », ces vautours qui s'abattent aujourd'hui sur les villages et qui, arrivés de la ville avec un petit sac pour toute fortune, s'en retournent propriétaires et banquiers ; les notaires et avocats qui fomentent des procès ; les ingénieurs et la bande d'employés de toute sorte qui puisent largement dans les caisses de l'État et dans celles des communes lorsque celles-ci, poussées par des intéressés, s'endettent pour embellir le village autour de la maison de M. le maire, bref toute cette vermine qui considère la campagne comme un riche pays de sauvages bon à exploiter, toute cette gent-là non plus n'a pas raison d'être mécontente. Qu'on vienne leur parler de toucher à n'importe quoi, ils s'y opposeront de toutes leurs forces. Des paysans qui se ruinent en faisant des billets à ordre, des fermiers qui s'appauvrissent en procès, des Jacques-Bonhomme qui se laissent sucer par les araignées qui les entourent, c'est tout ce qu'il faut maintenant à tous ces usuriers. Des communes qui se laissent mener à la baguette par le maire, un État qui gaspille les fonds publics, c'est tout ce qu'il faut aux employés. Quand le paysan sera ruiné, ils iront faire la même chose en Hongrie, en Turquie s'il le faut, en Chine au besoin. L'usure n'a pas de patrie.

Ceux-là, évidemment, de ne plaignent pas. Mais combien sont-ils ? — Cinq cent mille ? Un million peut-être, les familles comprises ? Beaucoup trop pour ruiner en quelques années nos villages, mais peu de chose pour résister lorsque le paysan tournera sa fourche contre eux.

Puis, viennent ces propriétaires qui possèdent de 50 à 200 hectares. La plupart d'entre eux, certes, ne savent pas où le bât les blesse et, qu'on vienne leur parler de changer quelque chose, leur première idée sera de se demander s'ils ne vont pas perdre ce qu'ils possèdent. Ceux d'entre eux qui seraient momentanément dans la gêne, espèrent « réussir » un jour ; une spéculation heureuse, un emploi lucratif ajouté au métier d'agriculteur, un riche parent qui se suicidera un beau matin — et le bien-être reviendra. Généralement, la gêne leur est méconnue, le travail de même. Ce ne sont pas eux qui cultivent leurs terres : ils ont pour cela des valets de ferme payés 250 ou 300 francs par an, et auxquels on fait faire un travail qui en vaut mille.

Ceux-là, nous n'en doutons pas, seront les ennemis de la révolution ; ils sont déjà les ennemis de la liberté, les suppôts de l'inégalité, les piliers de l'exploitation. Ils constituent, il est vrai, un noyau assez considérable — peut-être 200,000 propriétaires, 800,000 personnes, familles comprises, et aujourd'hui, ils sont une force réelle dans les villages. L'État leur donne beaucoup d'importance, et leur aisance leur assure dans la commune une influence dont ils ne manquent pas de profiter. Mais, que deviendront-ils devant le

Pierre Kropotkine

flot de soulèvement populaire ? Certes, ce ne seront pas eux qui sauront y résister : rentrés prudemment chez eux ils attendront les résultats de la tourmente.

Ceux qui possèdent de 10 à 50 hectares sont plus nombreux que la classe précédente. À eux seuls, ils sont plus de 250,000 propriétaires, près de 1,200,000 personnes, familles comprises. Il possèdent près du quart de la surface arable de la France.

Ce noyau constitue une force considérable par son influence dans les campagnes et par son activité. Tandis que les précédents habitent souvent la ville, ceux-ci travaillent eux-mêmes à leurs champs ; ils n'ont pas rompu avec le village, et jusqu'à présent, ils sont encore restés paysans. Eh bien, c'est sur leuresprit conservateur que comptent surtout les réactionnaires.

Certes, il y eut un temps, dans la première moitié de ce siècle, où cette catégorie de cultivateurs jouissait d'une certaine aisance, et il était naturel que cette classe, issue de la grande Révolution et tenant avant tout à conserver ce qu'elle avait gagné dans la Révolution, refusât obstinément tout changement, craignant de perdre ce qu'elle avait gagné. Mais, depuis quelque temps, les conditions ont bien changé. Tandis que, dans certaines parties de la France (le Sud-Ouest, par exemple), les cultivateurs de cette catégorie jouissent encore d'un certain bien-être, dans le reste du pays ils se plaignent déjà de la gêne. Ils ne font plus d'économies, et il leur devient difficile d'agrandir leurs propriétés, qui se morcellent continuellement à la suite des partages. En même temps, ils ne trouvent plus de parcelles à louer à des conditions aussi avantageuses qu'auparavant : il leur faut payer aujourd'hui des prix fous pour la location de la terre.

Possédant de petites parcelles disséminées aux quatre coins de la commune, ils ne peuvent pas rendre la culture assez profitable pour subvenir aux charges qui pèsent sur le cultivateur. Le blé rapporte peu de chose, et l'élève du bétail ne laisse qu'un maigre profit.

L'État les écrase d'impôts et la Commune ne les épargne pas non plus : char, cheval, batteuse, engrais, tout est imposé ; les centimes additionnels se chiffrent par des francs, et la liste des impôts devient aussi longue que sous la défunte royauté. Le paysan est redevenu la bête de somme de l'État.

Les usuriers les ruinent, le billet à ordre le ravage ; l'hypothèque les écrase ; le manufacturier de la ville les exploite, en faisant payer le moindre outil trois, quatre fois son prix de revient. Ils s'imaginent être encore propriétaires de leurs champs, mais au fond ils n'en sont que les parrains : le travail qu'ils font, c'est pour engraisser l'usurier, pour nourrir l'employé, pour acheter des robes de soie et des attelages à la femme du fabricant, pour rendre la vie agréable à tous les oisifs de la ville.

Croyez-vous qu'ils ne le comprennent pas ! Allons ! Ils le comprennent à merveille, et dès qu'ils s'en sentiront la force, il ne manqueront pas l'occasion de secouer une bonne fois ces messieurs qui vivent à leurs frais.

Avec tout cela, nous n'avons cependant que le dixième des habitants des campagnes. — Et le reste ?

Le reste, ce sont près de 4 millions de chefs de familles (près de 18,000,000 de personnes), qui possèdent des propriétés de cinq, de trois hectares par famille, souvent un hectare ou même un dixième d'hectare, et très souvent, qui ne possèdent rien. Et sur ce nombre, 8 millions de personnes ont toutes les peines du monde à joindre les deux bouts, en cultivant deux ou trois hectares, si bien que chaque année ils doivent envoyer des dizaines de mille de leurs garçons et de leurs filles gagner péniblement leur pain à la ville ; 7 millions n'ont, pour toute propriété, que de misérables lopins — la maison et un petit jardin —, ou bien, ne possèdent rien et gagnent leur vie, évidemment très dure, comme salariés ; enfin, un million se compose tout bonnement de faméliques, de crève-de-faim, qui vivotent au jour le jour, en se nourrissant de pain sec, ou de pommes de terre… quand il y en a. — Voilà les gros bataillons des campagnes françaises.[1]

---

1 Vu les différences très notables que l'on constate, concernant les chiffres sur la propriété en France, nous reproduisons ici quelques passages d'un article de M. Eugène Simon, publié en 1885 dans un numéro de propagande de la *République radicale* : « Laissant de côté la surface occupée par les propriétés bâties et par les jardins qui, pour un million d'hectares, compte huit millions de propriétaires, le territoire agricole de la France, en dépit de l'opinion courante et des clichés habituels,

Cette grande masse ne compte pour rien dans les calculs des
appartient à un nombre d'individus beaucoup plus restreint qu'on ne le pense.
D'après M. Sanguet, — président de la Société de topographie parcellaire qui a
bien voulu faire pour nous des recherches qui, croyons-nous, n'avaient pas encore
été faites, sur les 8,547,285 propriétaires que l'on compte en France, 4,392,500 ne
paient qu'une cote au-dessous de 5 francs, très souvent irrécouvrable et ne jouissent
pas ensemble de 5,1 % du total du revenu foncier. Autant vaut n'en pas parler.

« Puis vient une série de 2,993,450 propriétaires payant une cote de 5 à 30 francs,
soit une moyenne de 13 francs et se partageant 22,5 % du revenu territorial ; ce
qui représente des propriétés tellement petites que ceux qui les possèdent peuvent
souvent accoler à leur titre celui de prolétaire. — Une troisième catégorie compte
1,095,850 propriétaires payant des cotes de 30 a 300 francs, jouissant de 47 % du
revenu total Soit pour chacun d'eux une moyenne de 1730 francs.

« Une quatrième et dernière classe comprend enfin 65, 525 propriétaires payant
des cotes de 300 francs et au-dessus et jouissant à eux seuls de 25,4 % du revenu
foncier, soit pour chacun d'eux une moyenne de 15,700 francs. C'est la grande
propriété. Or, comme les terres qui constituent la grande propriété que forêts,
landes, pacages, etc., rapportent beaucoup moins que les autres, on peut dire que ces
65,525 propriétaires, bien que ne jouissant que du quart du revenu total, possèdent
en réalité plus
de la moitié du territoire. C'est ce qui résulte également d'une étude des plus in-
téressantes sur la statistique internationale de 1873, publiée par M. Toubeau dans
la*Revue positive* de juillet-août de 1882. D'après ce publiciste, près de quarante
millions d'hectares sont entre les mains de propriétaires grands et moyens étrangers
à l'agriculture. Des 10 millions restants 2 millions divisés en grandes fermes de 200
hectares en moyenne chacune, sont cultivés directement par ceux qui les possèdent,
et 4 millions d'hectares se trouvent repartis entre 2 millions environ de paysans…
« Mais c'est au-dessous de 5 hectares, de 2 surtout et même de 1 hectare que le
morcellement s'accentue, se multiplie et qu'il prend ces proportions presque
effrayantes. Les parcelles ne sont plus alors que des loques et des haillons, difficiles,
sinon impossibles à cultiver, et qui appauvrissent ceux qui les possèdent plus qu'ils
les enrichissent. De ces loques sortent, chaque année, par des licitations, quinze à
dix-sept mille hectares, dont les prix de vente ne suffisent pas à couvrir les frais…
« En fait sur nos 50 millions d'hectares, il n'y en a pas plus de 7, y compris 10,000
grandes fermes de 200 hectares chacune et les loques dont je parlais tout à l'heure,
qui appartiennent à ceux qui les font valoir directement. Pour tout le reste, on peut
dire qu'il n'a qu'un seul maître : l'oisif, le rentier, l'étranger.
« Désastreuse pour l'agriculture, cette situation ne l'est pas moins pour la population :
sur les 7 à 8 millions de travailleurs qui peuplent nos campagnes, déduction faite de
11 millions d'enfants et d'invalides, il n'y en a pas plus de 1,751,914 qui cultivent
eux-mêmes et ne cultivent que leurs biens, c'est-à-dire qui possèdent assez pour
vivre, sans être obligés de travailler sur d'autres terres que les leurs. — Pour tout le
reste, fermiers, métayers ou journaliers, fussent-ils même propriétaires de quelques
haillons, on peut dire qu'ils s'appellent du même nom : les *prolétaires* ;
puisque leurs moyens d'existence ne dépendent que du caprice et
de la cupidité du rentier et qu'ils sont obliges d'émigrer, ou de se soumettre à ses

économistes. Pour nous, elle est tout. C'est elle qui fait le village ; le reste, ce ne sont que des accessoires : des champignons parasites s'accrochant à un vieux tronc de chêne.

Eh bien, c'est de ces paysans qu'on vient dire qu'ils sont riches, absolument contents de leur sort, qu'ils ne veulent rien changer, qu'ils tourneront le dos aux socialistes !

Constatons d'abord que chaque fois que nous avons parlé aux paysans en disant toute notre pensée et dans un langage compréhensible, ils ne nous ont pas tourné le dos. Il est vrai que nous ne leur avons pas parlé de nous nommer, soit à la place de député, soit même à celle de garde champêtre ; nous ne leur avons pas fait de longues théories de socialisme soi-disant scientifique ; nous ne leur avons pas parlé non plus d'envoyer leurs fils à Paris, pour y coudoyer les avocats de la Chambre ; encore moins leur avons-nous conseillé de remettre leurs lopins entre les mains d'un État qui distribuerait le sol à qui bon lui semblerait, selon la fantaisie d'une armée d'employés. Si nous eussions dit ces bêtises, en effet, ils nous auraient tourné le dos, et ils auraient eu raison.

Mais, lorsque nous leur avons dit ce que nous entendons par révolution, ils nous ont toujours donné raison ; ils répondaient que nos idées sont précisément les leurs.

Eh bien, voici ce que nous avons dit aux paysans, et ce que nous ne cesserons de leur dire :

« Autrefois, le sol appartenait aux Communes, composées de ceux qui cultivaient la terre eux-mêmes, de leurs bras. Mais, par toutes sortes de fraudes, la force, l'usure, la tromperie, les spéculateurs ont réussi à s'en emparer. Toutes ces terres qui appartiennent

---

volontés.

« Il est impossible d'imaginer un état de choses plus détestable et plus funeste.

« Plus de quarante millions d'hectares, on ne saurait trop le répéter, sont aux mains de personnes étrangères à l'agriculture. « Il en résulte, dit M. Toubeau, qu'une grande partie de cette surface est systématiquement condamnée au chômage, soit total, soit partiel. — Les grands propriétaires, ayant d'autres richesses que leurs domaines et n'étant point dans la nécessité de les faire valoir, usent du droit de les laisser chômer. »

(ED.)

Pierre Kropotkine

maintenant à monsieur un tel et à madame une telle, étaient autrefois terres communales. Aujourd'hui, le paysan en a besoin pour les cultiver et pour se nourrir, lui et sa famille, tandis que le riche ne les cultive pas lui-même et en abuse pour se vautrer dans le luxe. Il faut donc que les paysans, organisés en Communes, reprennent ces terres, pour les mettre à la disposition de ceux qui voudront les cultiver eux-mêmes.

» Les hypothèques sont une iniquité. Pour vous avoir prêté de l'argent, personne n'a le droit de s'approprier la terre, puisqu'elle n'a de valeur que grâce au travail accompli par vos pères lorsqu'ils l'ont défrichée, lorsqu'ils ont bâti les villages, fait les routes, desséché les marais ; elle ne produit que grâce à votre travail. L'International des paysans se fera donc un devoir de brûler les titres d'hypothèques et d'abolir à jamais cette institution odieuse.

» Les impôts qui vous écrasent sont dévorés par des bandes d'employés, non seulement inutiles, mais absolument nuisibles. Donc, supprimez-les. Proclamez votre indépendance absolue, et déclarez que vous savez faire vos affaires bien mieux que les messieurs gantés de Paris.

« Vous faut-il une route ? — eh bien, que les habitants les communes voisines s'entendent entre eux, et ils la feront mieux que le ministère des travaux publics. — Un chemin de fer ? Les communes intéressées d'une région entière le feront encore mieux que les entrepreneurs, qui amassent des millions en faisant de mauvaises routes. — Vous faut-il des écoles ? vous les ferez vous-mêmes tout aussi bien, et mieux, que les messieurs de Paris ? — L'État n'a rien à voir dans tout cela ; écoles, routes, canaux seront mieux faits par vous-mêmes et avec moins de frais.

« Vous faudra-t-il vous défendre contre des envahisseurs étrangers ? Sachez avant tout vous défendre vous-mêmes et ne confiez jamais ce soin à des généraux qui, certainement, vous trahiront. Sachez que jamais une armée n'a su arrêter un envahisseur et que, par contre, le peuple, le paysan, lorsqu'il avait intérêt à conserver son indépendance, a eu raison des armées les plus formidables.

« Vous faudra-t-il des outils, des machines ? Vous vous entendrez avec les ouvriers des villes qui vous les enverront en échange de vos produits, au prix de revient, sans passer par l'intermédiaire d'un patron qui s'enrichit en volant et l'ouvrier qui fait l'outil, et le paysan qui l'achète.

« Ne craignez pas la force du gouvernement. Ces gouvernements, qui semblent si formidables, croulent sous les premiers chocs du peuple insurgé : on en a assez vu dégringoler en quelques heures, et il est à prévoir que dans quelques années, des révolutions vont éclater en Europe et ébranler l'autorité. Profitez de ce moment pour renverser le gouvernement — mais surtout pour faire votre révolution, c'est-à-dire, pour chasser les grands propriétaires et déclarer leurs biens propriété commune, pour démolir les usuriers, abolir les hypothèques et proclamer votre indépendance absolue, tandis que les ouvriers des villes feront le même chose dans les cités. Alors, organisez-vous en vous fédérant librement par communes et par régions. Mais, prenez garde, ne vous laissez pas escamoter la révolution par toutes sortes de gens qui viendront se poser en bienfaiteurs du paysan : faites vous-mêmes, sans attendre rien de personne. »

Voilà ce que nous avons dit aux paysans. Et la seule objection qu'ils nous aient faite ne touchait pas le fond de nos idées, elle concernait seulement la possibilité de les mettre à exécution.

« — Très bien, nous répondait-on ; tout cela serait excellent, si seulement les paysans pouvaient s'entendre entre eux ! »

Eh bien, travaillons à ce qu'ils puissent s'entendre ! Propageons nos idées, semons à pleines mains des écrits qui les exposent, travaillons à établir les liens qui manquent encore entre les villages et, le jour de la Révolution venu, sachons combattre avec eux, pour eux !

Ce jour est beaucoup plus proche qu'on ne le pense généralement.

LE GOUVERNEMENT REPRÉSENTATIF

I

Lorsque nous observons les sociétés humaines dans leurs traits essentiels, en faisant abstraction des manifestations secondaires et temporaires, nous constatons que le régime *politique* auquel elles sont soumises est toujours l'expression du régime *économique* qui existe au sein de la société. L'organisation politique ne change pas au gré des législateurs ; elle peut, il est vrai, changer de nom, elle peut se présenter aujourd'hui sous forme de monarchie, demain sous celle de république, mais elle ne subit pas de modification équivalente ; elle se façonne, elle se fait au régime économique, dont elle est toujours l'expression et, en même temps, la consécration, le maintien.

Si parfois, dans son évolution, le régime politique de tel pays se trouve en retard sur la modification économique qui s'y opère, alors il est brusquement renversé, remanié, remodelé, de manière à s'approprier au régime économique qui s'établit. Mais d'autre part, s'il arrive que, lors d'une révolution, ce régime politique devance la modification économique, il reste à l'état de lettre morte, de formule, inscrite dans les chartes, mais sans application réelle. Ainsi, la déclaration des Droits de l'Homme, quel que fût son rôle dans l'histoire, n'est plus qu'un document historique, et ces beaux mots de *Liberté, Égalité, Fraternité* resteront à l'état de rêve ou de mensonge inscrits sur les murs des églises et des prisons, tant que la liberté et l'égalité ne deviendront pas la base des relations économiques. Le suffrage universel eût été aussi inconcevable dans une société basée sur le servage, que le despotisme dans une société qui aurait pour base ce que l'on nomme la liberté des transactions et qui est plutôt la liberté de l'exploitation.

Les classes ouvrières de l'Europe occidentale l'ont bien compris. Elles savent ou devinent que les sociétés continueront à étouffer dans les institutions politiques existantes, tant que le régime capitaliste d'aujourd'hui ne sera pas renversé. Elles savent que ces institutions, quoique revêtues de beaux noms, sont cependant la corruption et la domination du plus fort érigées en système, l'étouffement de toutes les libertés et de tous progrès ; elles savent que l'unique moyen de secouer ces entraves serait d'établir les relations économiques sur un nouveau système, celui de la propriété collective. Elles savent enfin que pour accomplir une révolution politique profonde et *durable*, il faut accomplir une révolution économique.

Mais, à cause même de la liaison intime qui existe entre le régime politique et le régime économique, il est évident qu'une révolution dans le mode de production et de répartition des produits ne pourrait s'opérer si elle ne se faisait de pair avec une modification profonde de ces institutions qu'on désigne généralement sous le nom d'institutions politiques. L'abolition de la propriété individuelle et de l'exploitation qui en est la conséquence, l'établissement du régime collectiviste ou communiste seraient impossibles si nous voulions conserver nos parlements ou nos rois. Un nouveau régime économique exige un nouveau régime politique, et cette vérité est si bien comprise de tout le monde, qu'en effet, le travail intellectuel qui s'opère aujourd'hui dans les masses populaires s'attache indistinctement aux deux côtés de la question à résoudre. En raisonnant sur l'avenir économique, il étudie aussi l'avenir politique, et à côté des mots *Collectivisme* et *Communisme*, nous entendons prononcer ces mots : *État Ouvrier, Commune libre, Anarchie*, ou bien encore : *Communisme autoritaire ou anarchiste, Commune collectiviste.*

Règle générale. « Voulez-vous étudier avec fruit ? Commencez par immoler un à un les mille préjugés qui vous furent enseignés ! » — Ces paroles, par lesquelles un astronome célèbre commençait ses cours, s'appliquent également à toutes les branches des connaissances humaines : beaucoup plus encore aux sciences sociales qu'aux sciences physiques ; parce que, dès les premiers pas dans le domaine de celles-ci, nous nous trouvons en présence d'une masse de préjugés hérités des temps passés, d'idées absolument fausses, lancées pour mieux tromper le peuple, de sophismes minutieusement élaborés pour fausser le jugement populaire. Nous avons ainsi tout un travail préliminaire à faire pour marcher avec sûreté.

Or, parmi ces préjugés il en est un qui mérite surtout notre attention, parce que non seulement il est la base de toutes nos institutions politiques modernes, mais parce que nous en retrouvons les traces dans presque toutes les théories sociales mises en avant par les réformateurs. C'est celui qui consiste à mettre sa foi en un *gouvernement représentatif*, en un *gouvernement par procuration.*

Pierre Kropotkine

Vers la fin du siècle passé, le peuple français renversait la monarchie, et le dernier des rois absolus expiait sur l'échafaud ses crimes et ceux de ses prédécesseurs.

Il semblait que précisément à cette époque, lorsque tout ce que la révolution fit de bon, de grand, de durable, fut accompli par l'initiative et l'énergie des individus ou des groupes, et grâce à la désorganisation et à la faiblesse du gouvernement central, il semblait, dis-je, qu'à cette époque le peuple ne chercherait pas à rentrer sous le joug d'un nouveau pouvoir, basé sur les mêmes principes que l'ancien, et d'autant plus fort qu'il ne serait pas rongé par les vices du pouvoir déchu.

Loin de là. Sous l'influence de préjugés gouvernementaux et se laissant tromper par l'apparence de liberté et de bien-être que donnaient — disait-on — les constitutions anglaise et américaine, le peuple français s'empressa de se donner une constitution, puis des constitutions, qu'il changea souvent, qu'il varia à l'infini dans les détails, mais qui toutes furent basées sur ce principe : le gouvernement représentatif. Monarchie ou République, peu importe ! le peuple ne se gouverne pas lui-même : il est gouverné par des représentants plus ou moins bien choisis. Il proclamera sa souveraineté, mais s'empressera de l'abdiquer. Il élira, tant bien que mal, des députés qu'il surveillera ou ne surveillera pas, et ce seront ces députés qui se chargeront de régler l'immense diversité des intérêts entremêlés, des relations humaines si compliquées dans leur ensemble, sur toute la surface de la France !

Plus tard, tous les pays de l'Europe continentale font la même évolution. Tous renversent l'un après l'autre leurs monarchies absolues, et tous se lancent dans la voie du parlementarisme. Il n'y a pas jusqu'aux despotismes de l'Orient qui ne suivent la même route : la Bulgarie, la Turquie, la Serbie s'essaient au régime constitutionnel ; en Russie même on cherche à secouer le joug d'une *camarilla* pour le remplacer par le joug tempéré d'une assemblée de délégués.

Et, qui pis est, la France, inaugurant de nouvelles voies, retombe cependant toujours dans les mêmes errements. Le peuple dégoûté par une triste expérience de la monarchie constitutionnelle, la renverse-t-il un jour, il s'empresse le lendemain de réélire une assemblée dont il ne change que le nom et lui confie le soin de le gouverner… quitte à le vendre à un brigand qui appellera l'invasion de l'étranger sur les plaines fertiles de la France.

Vingt ans plus tard, il retombe encore dans la même faute. Voyant la ville de Paris libre, désertée par la troupe et les pouvoirs, il ne cherche pas à expérimenter une nouvelle forme qui faciliterait l'établissement d'un nouveau régime économique. Heureux d'avoir changé le mot d'Empire en celui de République et celui-ci en *Commune*, il s'empresse d'appliquer encore une fois, au sein de la Commune, le système représentatif. Il falsifie l'idée nouvelle par l'héritage vermoulu du passé. Il abdique sa propre initiative entre les mains d'une assemblée de gens élus plus ou moins au hasard, et il leur confie le soin de cette réorganisation complète des relations humaines qui, seule, eût pu donner à la Commune la force et la vie.

Les constitutions périodiquement déchirées en lambeaux s'envolent comme des feuilles mortes entraînées dans la rivière par un vent d'automne ! N'importe, on revient toujours à ses premières amours ; la seizième constitution déchirée, on en refait une dix-septième !

Enfin, même en théorie, nous voyons des réformateurs qui, en matière économique, ne s'arrêtent pas devant un remaniement complet des formes existantes, qui se proposent de bouleverser de fond en comble la production et l'échange et d'abolir le régime capitaliste. Mais dès qu'il s'agit d'exposer — en théorie, bien entendu — leur idéal politique, ils n'osent pas toucher au système représentatif ; sous forme d'État ouvrier ou de Commune libre, ils cherchent toujours à conserver, coûte que coûte, ce gouvernement par procuration. Tout un peuple, toute une race tiennent encore avec acharnement à ce système.

Heureusement, le jour se fait sur ce sujet. Le gouvernement représentatif n'est pas appliqué uniquement en des pays qu'auparavant nous connaissions à peine. Il fonctionne ou a fonctionné sur la grande arène de l'Europe occidentale, dans toutes ses variétés, sous toutes les formes possibles, depuis la monarchie tempérée jusqu'à la Commune révolutionnaire ; et l'on s'aperçoit que, reçu avec de grandes espérances, partout il est devenu un

Pierre Kropotkine

simple instrument d'intrigues, d'enrichissement personnel, ou d'entraves à l'initiative populaire et au développement ultérieur. On s'aperçoit que la religion de la représentation a la même valeur que celles des supériorités naturelles et des personnages royaux. Plus que cela, on commence à comprendre que les vices du gouvernement représentatif ne dépendent pas seulement des inégalités sociales : qu'appliqué dans un milieu où tous les hommes auraient un droit égal au capital et au travail, il produirait les mêmes résultats funestes. Et on peut aisément prévoir le jour où cette institution, née, selon l'heureuse expression de J.-S. Mill, du désir de se garantir contre le bec et les griffes du roi des vautours, cédera la place à une organisation politique née des véritables besoins de l'humanité et de cette conception que la meilleure manière d'être libre, c'est de ne pas être représenté, de ne pas abandonner les choses, toutes les choses, à la Providence ou à des élus, mais de les faire soi-même.

Cette conclusion surgira aussi, nous l'espérons chez le lecteur, lorsque nous aurons étudié les vices intrinsèques du système représentatif, inhérents au système lui-même, quels que soient le nom et l'étendue des groupements humains au sein desquels il est appliqué.

II

« Prémunis par nos mœurs modernes contre les prestiges de la royauté absolue — écrivait Augustin Thierry en 1828 —, il en est d'autres dont nous devons nous garder, ceux de l'ordre légal et du régime représentatif.[1] » Bentham disait à peu près la même chose. Mais, à cette époque, leurs avertissements passèrent inaperçus. On croyait alors au parlementarisme, et on répondait à ces quelques critiques par cet argument, assez plausible en apparence : « Le régime parlementaire n'a pas encore dit son dernier mot ; il ne doit pas être jugé tant qu'il n'aura pas pour base le suffrage universel. »

Depuis, le suffrage universel s'est introduit dans nos mœurs. Après s'y être longtemps opposée, la bourgeoisie a fini par comprendre qu'il ne compromettrait nullement sa domination, et elle s'est

---

1 *Lettres sur l'histoire de France* ; **lettre** xxv.

décidée à l'accepter. Aux États-Unis, le suffrage universel fonctionne déjà depuis près d'un siècle dans les conditions voulues de liberté : il a fait aussi son chemin en France, en Allemagne. Mais le régime représentatif n'a pas changé : il est resté ce qu'il était du temps de Thierry et de Bentham ; le suffrage universel ne l'a pas amélioré, ses vices n'en sont devenus que plus criants. C'est pourquoi aujourd'hui ce ne sont plus seulement des révolutionnaires comme Proudhon qui l'accablent de leur critique ; ce sont déjà les modérés, comme Mill,[1] comme Spencer,[2] qui crient : « Gare au parlementarisme ! » On a pu l'apprécier dans le grand public, et en se basant sur des faits généralement connus et reconnus, on pourrait faire en ce moment des volumes sur ses inconvénients, sûr de trouver écho dans la grande masse des lecteurs. Le gouvernement représentatif a été jugé — et condamné.

Ses partisans — et il en a de bonne foi, s'il n'en a pas de bonne réflexion — ne manquent pas de faire valoir les services qui nous auraient été rendus, selon eux par cette institution. À les entendre, c'est au régime représentatif que nous devons les libertés politiques que nous possédons aujourd'hui, inconnues jadis sous feu la monarchie absolue. Mais, n'est-ce pas prendre la cause pour l'effet que de raisonner ainsi, ou plutôt, l'un des deux effets simultanés pour la cause ?

Au fond, ce n'est pas le régime représentatif qui nous a donné, ni même garanti, les quelques libertés que nous avons conquises depuis un siècle. C'est le grand mouvement de pensée libérale, issu de la Révolution, qui les a arrachées aux gouvernements, en même temps que la représentation nationale ; et c'est encore cet esprit de liberté, de révolte, qui a su les conserver malgré et contre les empiètements continuels des gouvernements et des parlements eux-mêmes. De par lui-même, le gouvernement représentatif ne donne pas de libertés réelles, et il s'accommode admirablement bien du despotisme. Les libertés, il faut les lui arracher, tout aussi bien qu'aux rois absolus ; et une fois arrachées il faut encore les défendre contre le parlement de même que jadis contre un monarque, au jour le jour, pouce par pouce, sans jamais désarmer, ce qui ne réussit que lorsqu'il y a dans le pays une classe

---

1 *La Liberté ; le Gouvernement Représentatif.*
2 *Introduction à l'étude de la Sociologie* ; *Principe de Sociologie* ; **divers** *Essais.*

Pierre Kropotkine

aisée, jalouse de ses libertés et toujours prête à les défendre par l'agitation extra-parlementaire contre le moindre empiètement. Là où cette classe n'existe pas, là où il n'y a pas unité dans la défense, les libertés politiques n'existeront pas, qu'il y ait une représentation nationale ou qu'il n'y en ait pas. La Chambre elle-même devient une antichambre du roi. Témoins les parlements des Balkans, de la Turquie, de l'Autriche.

On aime à citer les libertés anglaises, et on les associe volontiers, sans plus de réflexion, au Parlement. Mais on oublie, par quels procédés, *d'un caractère purement insurrectionnel*, chacune de ces libertés fut arrachée à ce même Parlement. Liberté de la presse, critique de la législation, liberté de réunion, d'association — tout a été extorqué au Parlement par la force, par l'agitation menaçant de se transformer en émeute. C'est en pratiquant les *trades-unions* et la grève contre les édits du Parlement et des pendaisons de 1813, c'est en saccageant, il y a à peine cinquante ans, les manufactures, que les ouvriers anglais ont obtenu le droit de s'associer et de faire grève. C'est en assommant, avec les barres des grilles de Hyde-Park, la police qui en défendait l'accès, que le peuple de Londres, tout récemment encore, a affirmé contre un ministère constitutionnel, son droit de manifester dans la rue et les parcs de la capitale. Ce n'est pas par des joutes parlementaires, c'est par l'agitation extra-parlementaire, c'est en mettant sur pied cent mille hommes qui grognent et hurlent devant les maisons de l'aristocratie ou du ministère, que la bourgeoisie anglaise défend ses libertés. Quant au Parlement, s'il empiète continuellement sur les droits politiques du pays, et il les supprime d'un trait de plume, tout comme un roi, dès qu'il ne trouve pas devant soi une masse prête à s'ameuter. Que sont devenus, en effet, l'inviolabilité du domicile et le secret des lettres, dès que la bourgeoisie a préféré y renoncer, afin d'obtenir du gouvernement un simulacre de protection contre les révolutionnaires ?

Attribuer aux parlements ce qui est dû au progrès général, imaginer qu'il suffira d'une Constitution pour avoir la liberté, c'est pécher contre les règles les plus élémentaires du jugement historique.

D'ailleurs, la question n'est pas là. Il ne s'agit pas de savoir si le régime représentatif n'offre pas quelques avantages sur le règne d'une valetaille exploitant à son profit les caprices d'un maître absolu. S'il s'est introduit en Europe, c'est qu'il correspondait mieux à la phase d'exploitation capitaliste que nous avons traversée au dix-neuvième siècle, mais qui touche à son terme. Il offrait certainement plus de sécurité pour l'entrepreneur industriel et le commerçant auxquels il remettait le pouvoir tombé des mains des seigneurs.

Mais la monarchie, elle aussi, à côté de formidables inconvénients, pouvait offrir quelques avantages sur le règne des seigneurs féodaux. Elle aussi fut un produit nécessaire de son époque. Devons-nous, pour cela, rester à jamais sous l'autorité d'un roi et de ses valets ?

Ce qui nous importe, hommes de la fin du dix-neuvième siècle, c'est de savoir si les vices du gouvernement représentatif ne sont pas aussi criants, aussi insupportables que l'étaient ceux du pouvoir absolu ? Si les obstacles qu'il oppose au développement ultérieur des sociétés ne sont pas, pour notre siècle, aussi gênants que l'étaient les obstacles opposés par la monarchie au siècle passé ? Enfin, si un simple replâtrage représentatif peut suffire pour la nouvelle phase économique dont nous entrevoyons l'avènement ? Voilà ce qu'il s'agit d'étudier, au lieu de discuter à perte de vue sur le rôle historique du régime politique de la bourgeoisie.

Eh bien, une fois que la question est posée en ces termes, il n'y a plus de doute possible sur la réponse.

Certainement, le régime représentatif — ce compromis avec l'ancien régime qui a conservé au gouvernement toutes les attributions de pouvoir absolu, en le soumettant tant bien que mal à un contrôle populaire plus ou moins fictif —, ce système a fait son temps. Il est aujourd'hui un empêchement au progrès. Ses vices ne dépendent pas des hommes, des individus au pouvoir — ils sont inhérents au système, et ils sont si profonds qu'aucune modification du système ne saurait l'approprier aux besoins nouveaux de notre époque. Le système représentatif fut la domination organisée de la bourgeoisie, et ils disparaîtra avec elle. Pour la nouvelle phase

Pierre Kropotkine

économique qui s'annonce, nous devons chercher un nouveau mode d'organisation politique, basé sur un principe tout autre que celui de la représentation. C'est la logique des choses qui l'impose.

Et d'abord, le gouvernement représentatif participe de tous les vices inhérents à toute espèce de gouvernement. Mais loin de les affaiblir, il ne fait que les accentuer, il en crée de nouveaux.

Une des plus profondes paroles de Rousseau sur les gouvernements en général s'applique au gouvernement électif, au même titre qu'à tous les autres. Pour abdiquer ses droits entre les mains d'une assemblée élue, ne faudrait-il pas, en effet, qu'elle fût composée d'anges, d'êtres surhumains ? Et encore ! les griffes et les cornes pousseraient bien vite à ces êtres éthérés, dès qu'ils pourraient gouverner le bétail humain.

Semblable en cela aux despotes, le gouvernement représentatif — qu'il s'appelle Parlement, Convention, Conseil de la Commune, ou qu'il se donne tout autre titre plus ou moins saugrenu, qu'il soit nommé par les préfets d'un Bonaparte ou archi-librement élu par une ville insurgée —, le gouvernement représentatif cherchera toujours à étendre sa législation, à renforcer toujours le pouvoir en s'ingérant dans toute chose, en tuant l'initiative de l'individu et du groupe pour les supplanter par la loi. Sa tendance naturelle, inévitable, sera de prendre l'individu dès son enfance, et de le mener de loi en loi, de menace en punition, du berceau au tombeau sans jamais affranchir cette proie de sa haute surveillance. A-t-on jamais vu une assemblée élue se déclarer incompétente sur n'importe quoi ? Plus elle est révolutionnaire, et plus elle s'empare de tout ce qui n'est pas de sa compétence. Légiférer sur toutes les manifestations de l'activité humaine, s'immiscer jusque dans les moindres détails de la vie de « ses sujets », — c'est l'essence même de l'État, du gouvernement. Créer un gouvernement, constitutionnel ou non, c'est constituer une force qui fatalement cherchera à s'emparer de tout, à réglementer toutes les fonctions de la société, sans reconnaître d'autre frein que celui que nous pourrons lui opposer de temps en temps par l'agitation ou l'insurrection. Le gouvernement parlementaire — il l'a assez prouvé — ne fait pas exception à la règle.

« La mission de l'État — nous a-t-on dit pour mieux nous aveugler — c'est de protéger le faible contre le fort, le pauvre contre le riche, les classes laborieuses contre les classes privilégiées. » Nous savons comment les gouvernements se sont acquittés de cette mission : ils l'ont comprise à rebours. Fidèle à son origine, le gouvernement a toujours été le protecteur du privilège contre ceux qui cherchaient à s'en affranchir. Le gouvernement représentatif en particulier a organisé la défense, avec la connivence du peuple, de tous les privilèges de la bourgeoisie commerçante et industrielle contre l'aristocratie d'une part, contre les exploités de l'autre — modeste, polie, bien élevée envers les uns, féroce contre les autres. C'est pourquoi la moindre des lois protectrices du travail, si anodine qu'elle soit, ne peut être arrachée à un parlement que par l'agitation insurrectionnelle. Qu'on se souvienne seulement des luttes qu'il a fallu soutenir, de l'agitation à laquelle il a fallu se livrer, pour obtenir des parlements anglais, du Conseil fédéral suisse, des Chambres françaises, quelques méchantes lois sur la limitation des heures de travail. Les premières de ce genre, votées en Angleterre, ne furent extorquées qu'en mettant des barils de poudre sous les machines.

D'ailleurs, dans les pays où l'aristocratie n'a pas encore été détrônée par une révolution, seigneurs et bourgeois s'entendent à merveille. — « Tu me reconnaîtras, seigneur, le droit de légiférer, et moi, je monterai la garde autour de ton château » — dit le bourgeois, et il monte cette garde, tant qu'il ne se sent pas menacé.

Il a fallu quarante ans d'une agitation qui, par moments mettait le feu aux campagnes, pour décider le Parlement anglais à garantir au fermier le bénéfice des améliorations, par lui faites sur la terre qu'il tient à bail. Quant à la fameuse « loi agraire » votée pour l'Irlande, il a fallu — Gladstone l'avouait lui-même — que le pays se mît en insurrection générale, qu'il refusât carrément de payer les rentes et se défendît contre les évictions par le « *boycottage* », les incendies, les exécutions des lords, avant de forcer la bourgeoisie à voter cette méchante loi qui fait mine de protéger le pays affamé contre les lords affameurs.

Mais s'il s'agit de protéger les intérêts du capitaliste, menacés par l'insurrection ou même par l'agitation — oh alors, le gouvernement représentatif, organe de domination du capital, devient féroce. Il frappe, et il le fait avec plus de sûreté, plus de lâcheté que n'importe

Pierre Kropotkine

quel despote. La loi contre les socialistes en Allemagne vaut l'édit de Nantes ; et jamais Catherine II après la Jacquerie de Pougatchoff, ni Louis XVI après la guerre des farines, ne firent preuve d'autant de férocité que ces deux « Assemblées nationales » de 1848, et de 1871, dont les membres criaient : *Tuez les loups, les louves et les louveteaux !* et à l'unanimité, moins une voix, félicitaient de leurs massacres les soldats ivres de sang !

La bête anonyme aux six cents têtes a su surpasser les Louis XI et les Jean IV.

Et il en sera de même tant qu'il y aura un gouvernement représentatif, qu'il soit régulièrement élu, ou qu'il s'impose aux lueurs de l'insurrection.

Ou bien l'égalité économique se fera dans la nation, la cité ; et alors les citoyens libres et égaux n'iront plus abdiquer leurs droits entre les mains de quelques-uns ; ils chercheront un nouveau mode d'organisation qui leur permette de gérer eux-mêmes leurs affaires.

Ou bien, il y aura encore une minorité qui dominera les masses sur le terrain économique — un quatrième État composé de bourgeois privilégiés, et alors, gare aux masses ! — Le gouvernement représentatif, élu par cette minorité, agira en conséquence. Il légiférera pour maintenir ses privilèges et il procédera contre les insoumis par la force et le massacre.

Il nous serait impossible d'analyser ici tous les vices du gouvernement représentatif. Ce seraient des volumes à faire. En nous bornant seulement aux plus essentiels, nous sortirions encore des cadres de ces chapitres. Il y en a un, pourtant, qui mérite d'être mentionné.

Chose étrange ! Le gouvernement représentatif avait pour but d'empêcher le gouvernement personnel ; il devait remettre le pouvoir aux mains d'une classe, et non d'une personne. Et cependant il a toujours eu pour tendance de revenir au gouvernement personnel, de se soumettre à un seul homme.

La cause de cette anomalie est bien simple. En effet, après avoir armé le gouvernement de mille et mille attributions qu'on lui reconnaît aujourd'hui ; après lui avoir confié la gestion, en bloc, de toutes les affaires qui intéressent le pays, et donné un budget de quelques milliards, était-il possible de confier à la cohue parlementaire la gérance de ces innombrables affaires ? Il fallut donc nommer un pouvoir exécutif — le ministère — qui fût investi de toutes ces attributions, presque royales. Quelle misérable autorité, en effet, que celle d'un Louis XIV, qui se vante d'être l'État, en comparaison de celle d'un ministère constitutionnel de nos jours !

Il est vrai que la Chambre peut renverser ce ministère, mais pour quoi faire ? — Pour en nommer un autre qui serait investi des mêmes pouvoirs, et qu'elle serait forcée de renverser dans huit jours si elle était conséquente ? Aussi, préfère-t-elle le garder jusqu'à ce que le pays crie trop fort, et alors, elle le renvoie, pour rappeler celui qu'elle avait renversé il y a deux ans. Elle fait ainsi la bascule : Gladstone — Beaconsfield, Beaconsfield — Gladstone, ce qui au fond ne change rien ; le pays est toujours gouverné par un homme, le chef du cabinet.

Mais, quand elle tombe sur un homme habile, qui lui garantit « l'ordre », c'est-à-dire l'exploitation au dedans et des débouchés à l'extérieur — alors elle se soumet à tous ses caprices, elle l'arme toujours de nouveaux pouvoirs. Quel que soit son mépris de la Constitution, quels que soient les scandales de son gouvernement, elle les subit ; si elle le chicane sur des détails, elle lui donne carte blanche dans tout ce qui a de l'importance. Bismarck en est un exemple vivant ; Guizot, Pitt et Palmerston le furent pour les générations précédentes.

Cela se comprend : tout gouvernement a une tendance à devenir personnel ; c'est son origine ; c'est son essence. Que le parlement soit censitaire ou issu du suffrage universel, qu'il soit nommé exclusivement par des travailleurs et composé de travailleurs, il cherchera toujours l'homme auquel il puisse abandonner le soin du gouvernement, auquel il puisse se soumettre. Tant que nous confierons à un petit groupe toutes ces attributions économiques, politiques, militaires, financières, industrielles, etc., dont nous l'armons aujourd'hui, ce petit groupe tendra nécessairement, comme un détachement de soldats en campagne, à se soumettre à un chef unique.

Pierre Kropotkine

Ceci en temps d'accalmie. Mais, que la guerre s'allume sur les frontières, qu'une lutte civile se déchaîne à l'intérieur — et alors, le premier ambitieux venu, le premier aventurier habile, s'emparant de la machine aux mille ramifications que l'on nomme administration, s'imposera à la nation. L'Assemblée ne sera pas plus capable de l'en empêcher que cinq cents hommes pris au hasard dans la rue : au contraire, elle paralysera la résistance. Les deux aventuriers portant de nom de Bonaparte ne sont pas des jeux de hasard. Ils furent la conséquence inévitable de la concentration des pouvoirs. Quant à l'efficacité qu'auraient les parlottes de résister aux coups d'État, la France en sait quelque chose. De nos jours encore, est-ce la Chambre qui sauva la France du coup d'État de Mac-Mahon ? Ce sont — on le sait aujourd'hui — les comités extra-parlementaires. On nous citera encore l'Angleterre ? Mais qu'elle ne se vante pas trop d'avoir conservé intactes ses institutions parlementaires dans le courant du XIXe siècle ! Elle a su éviter, il est vrai, pendant ce siècle, la guerre de classes ; mais tout porte à croire qu'elle l'aura aussi, et il ne faut pas être prophète pour prévoir que le Parlement ne sortira pas intact de cette lutte : et il sombrera d'une manière ou d'une autre, selon la marche de la Révolution.

Et si nous voulons, lors de la prochaine révolution, laisser les portes grand-ouvertes à la réaction, à la monarchie, peut-être, nous n'avons qu'à confier nos affaires à un gouvernement représentatif, à un ministère armé de tous les pouvoirs qu'il possède aujourd'hui. La dictature réactionnaire, d'abord nuancée de rouge, puis bleuissant à mesure qu'elle se sentira mieux en selle, ne se fera pas attendre. Elle aura à sa disposition tous les instruments de domination : elle les trouvera tout prêts à son service.

Source de tant de maux, le régime représentatif ne rend-il pas, du moins, quelques services pour le développement progressif et pacifique des sociétés ? — N'a-t-il pas, peut-être, contribué à la décentralisation du pouvoir qui s'imposait à notre siècle ? — Peut-être, a-t-il su empêcher les guerres ? — Ne saurait-il pas se prêter aux exigences du moment et sacrifier à temps telle institution vieillie, afin d'éviter la guerre civile ? N'offre-t-il pas, du moins, quelques garanties, quelque espoir de progrès, d'amélioration intérieure ?

LE GOUVERNEMENT REPRÉSENTATIF

Quelle ironie amère dans chacune de ces questions et tant d'autres qui surgissent pourtant dès qu'on juge l'institution ! Toute l'histoire de notre siècle est là pour dire le contraire.

Les parlements, fidèles à la tradition royale et à sa transfiguration moderne, le jacobinisme, n'ont fait que concentrer les pouvoirs entre les mains du gouvernement. Fonctionnarisme à outrance — cela devient la caractéristique du gouvernement représentatif. Depuis le commencement de ce siècle on crie décentralisation, autonomie, et on ne fait que centraliser, tuer les derniers vestiges d'autonomie. La Suisse elle-même subit cette influence, et l'Angleterre s'y soumet. Sans la résistance des industriels et des commerçants, nous en serions aujourd'hui à demander à Paris la permission de tuer un bœuf à Brives-la-Gaillarde. Tout tombe peu à peu sous la haute main du gouvernement. Il ne lui manque plus que la gestion de l'industrie et du commerce, de la production et de la consommation, et les démocrates socialistes aveuglés de préjugés autoritaires rêvent déjà le jour où ils pourront régler dans le parlement de Berlin le travail des manufactures et la consommation sur toute la surface de l'Allemagne.

Le régime représentatif, que l'on dit être si pacifique, nous a-t-il préservé des guerres ? Jamais on ne s'est tant exterminé que sous le régime représentatif. Il faut à la bourgeoisie la domination sur les marchés, et cette domination ne s'acquiert qu'aux dépens des autres, par les obus et la mitraille. Il faut la gloire militaire aux avocats et aux journalistes, et il n'y a pas de pires guerroyeurs que les guerriers en chambre.

Les parlements ne se prêtent-ils pas cependant aux exigences du moment ? à la modification des institutions en décadence ? Comme du temps de la Convention il fallait mettre le sabre à la gorge des Conventionnels pour leur extorquer rien que la sanction des faits accomplis, de même aujourd'hui il faut se mettre en pleine insurrection pour arracher aux « représentants du peuple » la moindre des réformes.

Quant à l'amélioration du corps élu, jamais on n'a vu dégradation des parlements comme de nos jours. Comme toute institution en décadence, elle va en empirant. On parlait de la pourriture parlementaire du temps de Louis-Philippe. Parlez-en aujourd'hui

Pierre Kropotkine

aux quelques honnêtes gens égarés dans ces tourbières et ils vous diront : « J'en ai des haut-le-cœur ! » Le parlementarisme n'inspire que le dégoût à ceux qui l'ont vu de près.

Mais, ne pourrait-on pas l'améliorer ? Un élément nouveau, l'élément ouvrier, ne lui infuserait-il pas un sang nouveau ? — Eh bien, analysons la constitution même des Assemblées représentatives, étudions leur fonctionnement, et nous verrons que nourrir ces rêves, c'est aussi naïf que de marier un roi avec une paysanne dans l'espoir de retrouver une génération de bons petits rois !

III

Les vices des Assemblées représentatives ne nous étonneront pas, en effet, si nous réfléchissons, un moment seulement, sur la manière dont elles se recrutent et dont elles fonctionnent.

Faut-il que je fasse ici le tableau, si écœurant, si profondément répugnant, et que nous connaissons tous — le tableau des élections ? Dans la bourgeoise Angleterre et dans la démocratique Suisse, en France comme aux États-Unis, en Allemagne comme dans la République Argentine, cette triste comédie n'est-elle pas partout la même ?

Faut-il raconter comment les agents et les Comités électoraux « forgent », « enlèvent », *canvass* une élection (tout un argot de détrousseurs de poches !), en semant à droite et à gauche des promesses, politiques dans les réunions, personnelles aux individus ; comment ils pénètrent dans les familles, flattant la mère, l'enfant, caressant au besoin le chien asthmatique ou le chat de « l'électeur » ? Comment ils se répandent dans les cafés, convertissent les électeurs et attrapent les plus muets en engageant entre eux des discussions, comme ces compères d'escroquerie qui vous entraînent au jeu « des trois cartes » ? Comment le candidat, après s'être fait désirer, apparaît enfin au milieu de ses « chers électeurs », le sourire bienveillant, le regard modeste, la voix câline — tout comme la vieille mégère, loueuse de chambres à Londres, qui cherche à capter un locataire par son doux sourire et ses regards angéliques ? Faut-il énumérer les programmes menteurs

— tous menteurs — qu'ils soient opportunistes ou socialistes-révolutionnaires, auxquels le candidat lui-même, pour peu qu'il soit intelligent et connaisse la Chambre, ne croit pas plus qu'aux prédictions du « Messager Boiteux » et qu'il défend avec une verve, un roulement de voix, un sentiment, dignes d'un fou ou d'un acteur forain ? Ce n'est pas en vain que la comédie populaire ne se borne plus à faire de Bertrand et de Robert Macaire de simples escrocs, des Tartufe, ou des filouteurs de banque, et qu'elle ajoute à ces excellentes qualités celle de « représentants du peuple », en quête de suffrages et de mouchoirs à empocher.

Faut-il enfin donner ici les frais des élections ? Mais tous les journaux nous renseignent suffisamment à cet égard. Ou bien reproduire la liste de dépenses d'un agent électoral, sur laquelle figurent des gigots de mouton, des gilets de flanelle et de l'eau sédative, envoyés par le candidat compatissant « à ces chersenfants » de ses électeurs. Faut-il rappeler aussi les frais de pommes cuites et d'œufs pourris, « pour confondre le parti adverse », qui pèsent sur les budgets électoraux aux États-Unis, comme les frais de placards calomnieux et de « manœuvres de la dernière heure », qui jouent déjà un rôle si honorable dans nos élections européennes ?

Et quand le gouvernement intervient, avec ses « places », ses cent mille « places » offertes au plus donnant, ses chiffons qui portent le nom de « crachats », ses bureaux de tabac, sa haute protection promise aux lieux de jeu et de vice, sa presse éhontée, ses mouchards, ses escrocs, ses juges et ses agents…

Non, assez ! Laissons cette boue, ne la remuons pas ! Bornons-nous simplement à poser cette question : Y a-t-il une seule passion humaine, la plus vile, la plus abjecte de toutes, qui ne soit pas mise en jeu un jour d'élections ? Fraude, calomnie, platitude, hypocrisie, mensonge, toute la boue qui gît au fond de la bête humaine — voilà le joli spectacle que nous offre un pays dès qu'il est lancé dans la période électorale.

C'est ainsi, et il ne peut pas en être autrement, tant qu'il y aura des élections pour se donner des maîtres. Ne mettez que des travailleurs en présence, rien que des égaux, qui un beau jour se mettent en tête de se donner des gouvernants — et ce sera encore

Pierre Kropotkine

la même chose. On ne distribuera plus de gigots ; on distribuera l'adulation, le mensonge — et les pommes cuites resteront. Que veut-on récolter de mieux quand on met aux enchères ses droits les plus sacrés ?

Que demande-t-on, en effet, aux électeurs ? De trouver un homme auquel on puisse confier le droit de légiférer sur tout ce qu'ils ont de plus sacré : leurs droits, leurs enfants, leur travail ! Et on s'étonnerait que deux ou trois mille Robert Macaire viennent se disputer ces droits royaux ? On cherche un homme auquel on puisse confier, en compagnie de quelques autres, issus de la même loterie, le droit de perdre nos enfants à vingt et un ans ou à dix-neuf ans, si bon lui semble ; de les enfermer pour trois ans, mais aussi pour dix ans s'il aime mieux, dans l'atmosphère putréfiante de la caserne ; de les faire massacrer quand et où il voudra en commençant une guerre que le pays sera forcé de faire, une fois engagée. Il pourra fermer les Universités ou les ouvrir à son gré ; forcer les parents à y envoyer les enfants ou leur en refuser l'entrée. Nouveau Louis XIV, il pourra favoriser une industrie ou bien la tuer s'il le préfère ; sacrifier le Nord pour le Midi ou le Midi pour le Nord ; s'annexer une province ou la céder. Il disposera de quelque chose comme trois milliards par an, qu'il arrachera à la bouche du travailleur. Il aura encore la prérogative royale de nommer le pouvoir exécutif, c'est-à-dire un pouvoir qui, tant qu'il sera d'accord avec la Chambre, pourra être autrement despotique, autrement tyrannique que la feu royauté. Car, si Louis XVI ne commandait qu'à quelques dizaines de mille fonctionnaires, il en commandera des centaines ; et si le roi pouvait voler à la caisse de l'État quelques méchants sacs d'écus, le ministre constitutionnel de nos jours, d'un seul coup de Bourse, empoche « honnêtement » des millions.

Et on s'étonnerait de voir toutes les passions mises en jeu, lorsqu'on cherche un maître qui va être investi d'un pareil pouvoir ! Lorsque l'Espagne mettait son trône vacant aux enchères, s'étonnait-on de voir les flibustiers accourir de toutes parts ? Tant que cette mise en vente des pouvoirs royaux restera, rien ne pourra être réformé : l'élection sera la foire aux vanités et aux consciences.

D'ailleurs, lors même qu'on rognerait tant soit peu le pouvoir des députés, lors même qu'on le fractionnerait en faisant de chaque commune un État au petit pied — tout resterait tel quel.

On comprend encore la délégation, lorsque cent, deux cents hommes qui se rencontrent chaque jour à leur travail, à leurs affaires communes, qui se connaissent à fond les uns les autres, qui ont discuté sous tous ses aspects une affaire quelconque et qui sont arrivés à une décision, choisissent quelqu'un et l'envoient s'entendre avec d'autres délégués du même genre sur cette affaire spéciale. Alors, le choix se fait en pleine connaissance de cause, chacun sait ce qu'il peut confier à son délégué. Ce délégué, d'ailleurs, ne fera qu'exposer devant d'autres délégués les considérations qui ont amené ses commettants à telle conclusion. Ne pouvant rien imposer, il cherchera l'entente, et il reviendra avec une simple proposition que des mandataires pourront accepter ou refuser. C'est même ainsi qu'est née la délégation : lorsque les Communes envoyaient leurs délégués vers d'autres communes, ils n'avaient pas d'autre mandat. C'est encore ainsi que font aujourd'hui les météorologistes, les statisticiens dans leurs congrès internationaux, les délégués des compagnies de chemins de fer et des administrations postales de divers pays.

Mais, que demande-t-on maintenant aux électeurs ? — On demande à dix, vingt mille hommes (à cent mille avec le scrutin de liste), qui ne se connaissent point du tout, qui ne se voient jamais, ne se rencontrent jamais sur aucune affaire commune, à s'entendre sur le choix d'un homme. Encore cet homme ne sera-t-il pas envoyé pour exposer une affaire précise ou défendre une résolution concernant telle affaire spéciale. Non, il doit être bon à tout faire, à légiférer sur n'importe quoi, et sa décision fera loi. Le caractère primitif de la délégation s'est trouvé entièrement travesti, elle est devenue une absurdité.

Cet être omniscient qu'on cherche aujourd'hui n'existe pas. Mais voici un honnête citoyen qui réunit certaines conditions de probité et de bon sens avec un peu d'instruction. Est-ce lui qui sera élu ? Évidemment non. Il y a à peine vingt personnes dans son collège qui connaissent ses excellentes qualités. Il n'a jamais cherché à se faire de la réclame, il méprise les moyens usités de faire du bruit autour de son nom, il ne réunira jamais plus de 200 voix. On ne le portera même pas candidat, et on nommera un avocat ou un journaliste, un beau parleur ou un écrivassier qui apporteront au parlement leurs mœurs du barreau et du journal et iront renforcer le bétail de vote du ministère ou de l'opposition. Ou bien ce sera un négociant, jaloux de se donner le titre de député, et qui ne s'arrêtera pas devant une dépense de 10,000 francs pour acquérir de la notoriété. Et là où les mœurs sont éminemment démocratiques, comme aux États-Unis, là où les comités se constituent facilement et contrebalancent l'influence de la fortune, on nommera le plus mauvais de tous, le politicien de profession, l'être abject devenu aujourd'hui la plaie de la grande République, l'homme qui fait de la politique une industrie et qui la pratique selon les procédés de la grande industrie — réclame, coups de tam-tam, corruption.

Changez le système électoral comme vous voudrez : remplacez le scrutin d'arrondissement par le scrutin de liste, faites les élections à deux degrés comme en Suisse (je parle des réunions préparatoires), modifiez tant que vous pourrez, appliquez le système dans les meilleures conditions d'égalité — taillez et retaillez les collèges —, le vice intrinsèque de l'institution restera. Celui qui saura réunir plus de la moitié des suffrages (sauf de très rares exceptions) chez les partis persécutés, sera toujours l'homme nul, sans convictions — celui qui sait contenter tout le monde.

C'est pourquoi — Spencer l'a déjà remarqué — les parlements sont généralement si mal composés. La Chambre, dit-il dans son *Introduction*, est toujours inférieure à la moyenne du pays, non seulement comme conscience, mais aussi comme intelligence. Un pays intelligent se rapetisse dans sa représentation. Il jurerait d'être représenté par des nigauds qu'il ne choisirait pas mieux. Quant à la probité des députés, nous savons ce qu'elle vaut. Lisez seulement ce qu'en disent les ex-ministres qui les ont connus et appréciés.

Quel dommage qu'il n'y ait pas de trains spéciaux pour que les électeurs puissent voir leur « *Chambre* », à l'œuvre. Ils en auraient bien vite le dégoût. Les anciens soûlaient leurs esclaves pour enseigner à leurs enfants le dégoût de l'ivrognerie. Parisiens, allez donc à la Chambre voir vos représentants pour vous dégoûter du gouvernement représentatif.

À ce ramassis de nullités le peuple abandonne tous ses droits, sauf celui de les destituer de temps en temps et d'en nommer d'autres. Mais comme la nouvelle assemblée, nommée d'après le même système et chargée de la même mission, sera aussi mauvaise que la précédente, la grande masse finit par se désintéresser de la comédie et se borne à quelques replâtrages, en acceptant quelques nouveaux candidats qui parviennent à s'imposer.

Mais si l'élection est déjà empreinte d'un vice constitutionnel, irréformable, que dire de la manière dont l'assemblée s'acquitte de son mandat ? Réfléchissez une minute seulement, et vous verrez aussitôt l'inanité de la tâche que vous lui imposez.

Votre représentant devra émettre une opinion, un vote, sur toute la série, variée à l'infini, de questions qui surgissent dans cette formidable machine — l'État centralisé.

Il devra voter l'impôt sur les chiens et la réforme de l'enseignement universitaire, sans jamais avoir mis les pieds dans l'Université ni su ce qu'est un chien de campagne. Il devra se prononcer sur les avantages du fusil Gras et sur l'emplacement à choisir pour les haras de l'État. Il votera sur le phylloxera, le guano, le tabac, l'enseignement primaire et l'assainissement des villes ; sur la Cochinchine et la Guyane, sur les tuyaux de cheminée et l'Observatoire de Paris. Lui qui n'a vu les soldats qu'à la parade, répartira les corps d'armée, et sans avoir jamais vu un Arabe, il va faire et défaire le Code foncier musulman en Algérie. Il votera le shako ou le képi selon les goûts de son épouse. Il protégera le sucre et sacrifiera le froment. Il tuera la vigne en croyant la protéger ; et il votera le reboisement contre le pâturage et protégera le pâturage contre la forêt. Il sera ferré sur les banques. Il tuera tel canal pour un chemin de fer, sans savoir trop dans quelle partie de la France ils se trouvent l'un et l'autre. Il ajoutera de nouveaux articles au Code pénal, sans l'avoir jamais consulté. Protée omniscient et omnipotent, aujourd'hui militaire, demain éleveur de porcs, tour à tour banquier, académicien, nettoyeur d'égouts, médecin, astronome, fabricant de drogues, corroyeur ou négociant, selon les ordres du jour de la Chambre, il n'hésitera jamais. Habitué dans sa fonction d'avocat, de journaliste ou d'orateur de réunions publiques, à parler de ce qu'il ne connaît pas, il votera sur toutes ces questions, avec cette seule différence que dans son journal il amusait le concierge à son réchaud, qu'aux assises il réveillait à sa voix les juges et les jurés somnolents, et qu'à

Pierre Kropotkine

la Chambre son opinion fera loi pour trente, quarante millions d'habitants.

Et comme il lui est matériellement impossible d'avoir son opinion sur les mille sujets pour lesquels son vote fera loi, il causera cancans avec son voisin, ilpassera son temps à la buvette, il écrira des lettres pour réchauffer l'enthousiasme de ses « chers électeurs », pendant qu'un ministre lira un rapport bourré de chiffres alignés pour la circonstance par son chef de bureau ; et au moment du vote il se prononcera pour ou contre le rapport, selon le signal du chef de son parti.

Aussi une question d'engrais pour les porcs ou d'équipement pour le soldat ne sera-t-elle dans les deux partis du ministère et de l'opposition, qu'une question d'escarmouche parlementaire. Ils ne se demanderont pas si les porcs ont besoin d'engrais, ni si les soldats ne sont pas déjà surchargés comme des chameaux du désert — la seule question qui les intéressera, ce sera de savoir si un vote affirmatif profite à leur parti. La bataille parlementaire se livrera sur le dos du soldat, de l'agriculteur, du travailleur industriel, dans l'intérêt du ministère ou de l'opposition.

Pauvre Proudhon, j'imagine ses déboires lorsqu'il eut la naïveté enfantine, en entrant à l'Assemblée, d'étudier à fond chacune des questions mises à l'ordre du jour. Il apportait à la tribune des chiffres, des idées — on ne l'écoutait même pas. Les questions sont toutes résolues bien avant la séance, par cette considération si simple : est-ce utile, est-ce nuisible à notre parti ? Le pointage des voix est fait ; les soumis sont enregistrés, les insoumis sont sondés, comptés soigneusement. Les discours ne se prononcent que pour la mise en scène : on ne les écoute que s'ils ont valeur artistique ou s'ils prêtent au scandale. Les naïfs s'imaginent que Roumestan a enlevé la Chambre par son éloquence, et Roumestan, après la séance, calcule avec ses amis comment il pourras'acquitter des promesses faites pour enlever le vote. Son éloquence n'était qu'une cantate de circonstance, composée et chantée pour amuser la galerie, pour réchauffer sa popularité par des phrases ronflantes.

« Enlever un vote ! » — Mais qui donc sont ceux qui enlèvent ces votes, dont les bulletins font pencher d'un côté ou de l'autre

LE GOUVERNEMENT REPRÉSENTATIF

la balance parlementaire ? Qui sont ceux qui renversent et refont les ministères et qui dotent le pays d'une politique de réaction ou d'aventures extérieures ? Qui décide entre le ministère et l'opposition ?

— Ceux qu'on a nommés si justement « les crapauds du marais ! » Ceux qui n'ont *aucune* opinion, ceux qui s'assoient toujours entre deux chaises, qui flottent entre les deux partis principaux de la Chambre.

C'est précisément ce groupe — une cinquantaine d'indifférents, de gens sans conviction aucune, qui font la girouette entre les libéraux et les conservateurs, qui se laissent influencer par les promesses, les places, la flatterie ou la panique —, ce petit groupe de nullités, qui en donnant ou refusant ses voix, décide toutes les affaires du pays. Ce sont eux qui font les lois ou les renvoient dans les cartons. Ce sont eux qui supportent ou renversent les ministères et qui changent la direction de la politique. — Une cinquantaine d'indifférents faisant la loi au pays — voilà à quoi se réduit, en première analyse, le régime parlementaire.

Cela est inévitable, quelle que soit la composition du parlement, qu'il soit bourré d'étoiles de première grandeur et d'hommes intègres — la décision appartiendra… aux crapauds du marais ! Rien ne peut y être changé tant que la majorité fera loi.

Après avoir brièvement indiqué les vices constitutionnels des assemblées représentatives, nous devrions maintenant montrer ces assemblées à l'œuvre. Nous devrions montrer, comment toutes, depuis la Convention jusqu'au conseil de la Commune de 1871, depuis le Parlement anglais jusqu'à la Skoupchtchina serbe, sont entachées de nullité ; comment leurs meilleures lois n'ont été — selon l'expression de Buckle — que l'abolition de lois précédentes, comment ces lois ont dû être arrachées par les piques du peuple, par des moyens insurrectionnels. Ce serait une histoire à faire, mais elle dépasserait les cadres de notre revue.[1]

D'ailleurs quiconque sait raisonner sans se laisser égarer par les préjugés de notre éducation vicieuse trouvera lui-même assez

---

1 Le lecteur trouvera dans l'ouvrage récent de Herbert Spencer *l'Individu contre l'État*, un chapitre intitulé *les Péchés des Législateurs*, qui traite ce sujet. — ED.

Pierre Kropotkine

d'exemples dans l'histoire du gouvernement représentatif de nos jours. Et il comprendra que, quel que soit le corps représentatif : qu'il soit composé d'ouvriers ou de bourgeois, qu'il soit même largement ouvert aux socialistes-révolutionnaires — il conservera tous les vices des assemblées représentatives. Ceux-ci ne dépendent pas des individus, ils sont inhérents à l'institution.

Rêver un État ouvrier, gouverné par une assemblée élue, c'est le plus malsain des rêves que nous inspire notre éducation autoritaire.

Comme on ne peut pas avoir un bon roi, ni dans Rienzi, ni dans Alexandre III, de même on ne peut pas avoir un bon parlement. L'avenir socialiste est dans une tout autre direction : il ouvrira à l'humanité des voies nouvelles dans l'ordre politique, comme dans l'ordre économique.

IV

C'est surtout en jetant un coup d'œil sur l'histoire du régime représentatif son origine et la manière dont l'institution s'est dénaturée à mesure que se développait l'État, que nous comprendrons que son temps est fait, son rôle fini, et qu'elle doit céder la place à un nouveau mode d'organisation politique.

Ne remontons pas trop loin ; prenons le douzième siècle et l'affranchissement des Communes.

Au sein de la société féodale se produit un grand mouvement libertaire. Les villes s'affranchissent des seigneurs. Leurs habitants « jurent » la défense mutuelle ; ils se constituent indépendants à l'abri de leurs murailles, ils s'organisent pour la production et l'échange, pour l'industrie et le commerce ; ils créent ces cités qui pendant trois ou quatre siècles serviront de refuge au travail libre aux arts, aux sciences, aux idées — qui jetteront les fondements de cette civilisation dont nous nous glorifions aujourd'hui.

Loin d'être d'origine purement romaine, comme l'ont prétendu Raynouard et Lebas en France (suivis par Guizot et, en partie, par Augustin Thierry), Eichhorn, Gaupp et Savigny en Allemagne ; loin d'être d'origine purement germanique, comme l'affirme l'école brillante des « Germanistes », les communes furent un produit naturel du moyen âge et de l'importance toujours croissante des bourgs comme centres de commerce et d'industrie. C'est pourquoi simultanément, en Italie, dans les Flandres, dans les Gaules, en Germanie, dans le monde Scandinave et dans le monde Slave, où l'influence romaine est nulle et l'influence germanique ne compte presque pas, nous voyons s'affirmer à la même époque, c'est-à-dire, aux onzième et douzième siècles, ces cités indépendantes qui rempliront trois siècles de leur vie mouvementée, et plus tard deviendront les éléments constitutifs des États modernes.

Conjurations de bourgeois qui s'arment pour leur défense et se donnent à l'intérieur une organisation indépendante de leurs seigneurs temporels ou ecclésiastiques, aussi bien que du roi — les cités libres fleurissent bientôt derrière leurs remparts ; et quoiqu'elles cherchent à se substituer au seigneur pour la domination des villages elles inspirent ceux-ci du même souffle de liberté. *Nus sumes homes cum il sunt.* — « Nous sommes des hommes comme eux », chantent bientôt les villageois en faisant un pas de plus vers l'affranchissement des serfs.

« Asiles ouverts à la vie de travail », les cités affranchies se constituent à l'intérieur comme ligues de corporations indépendantes. Chaque corporation a sa juridiction, son administration, sa milice. Chacun est maître de ses affaires non seulement en ce qui concerne son métier ou son commerce, mais dans tout ce que l'État s'attribuera plus tard : instruction, mesures sanitaires, infractions aux coutumes, affaires pénales et civiles, défense militaire. Corps politiques, en même temps qu'industriels ou commerçants, les corporations sont unies entre elles par le forum — le peuple réuni au son du beffroi aux grandes occasions, soit pour juger les différends entre corporations soit pour décider des affaires qui concernent toute la cité, soit pour s'entendre sur les grandes entreprises communales qui demandent le concours de tous les habitants.

Dans la Commune, surtout aux débuts — point de traces encore de gouvernement représentatif. La rue, la section, toute la corporation, toute la cité en bloc, prennent les décisions — non pas à coups de majorité, mais en discutant jusqu'à ce que les partisans d'une des deux opinions en présence finissent par accepter de plein gré, ne serait-ce que comme essai, l'opinion qui rallie le grand nombre.

L'entente existait-elle ? — La réponse est dans leurs œuvres que nous ne cessons d'admirer sans pouvoir les surpasser. Tout ce qui est resté de beau de la fin du moyen âge est l'œuvre de ces cités. Les cathédrales, ces monuments gigantesques qui racontent, taillés dans la pierre, l'histoire, les aspirations des Communes, sont l'œuvre de ces corporations, travaillant par piété, par amour de l'art et de leur cité (ce n'est pas avec les fonds municipaux que les cathédrales de Reims, de Rouen, auraient pu être payées) et rivalisant entre elles pour embellir leurs hôtels de ville, pour élever leurs remparts.

C'est aux Communes affranchies que nous devons la renaissance de l'art, c'est aux corporations de marchands, souvent à tous les habitants de la cité, qui apportaient chacun leur part dans l'équipement d'une caravane ou d'une flotte, que nous devons ce développement de commerce qui amena bientôt les ligues hanséatiques et les découvertes maritimes. C'est aux corporations d'industriels, sottement décriées depuis par l'ignorantisme et l'égoïsme des entrepreneurs d'industrie, que nous devons la création de presque tous les arts industriels dont nous bénéficions aujourd'hui.

Mais la Commune du moyen âge devait périr. Deux ennemis l'attaquaient en même temps : celui du dedans, celui du dehors.

Le commerce, les guerres, la domination égoïste sur les campagnes, travaillaient à accroître l'inégalité au sein de la Commune, à déposséder les uns, à enrichir les autres. Pendant quelque temps, la corporation empêcha le développement du prolétariat au sein de la cité, mais bientôt elle succomba dans une lutte inégale. Le commerce soutenu par le pillage, les guerres continuelles dont l'histoire de l'époque est remplie, enrichissaient les uns appauvrissaient les autres ; la bourgeoisie naissante travaillait à fomenter la discorde, à exagérer les inégalités de fortune. La cité se divisa en riches et pauvres, en « blancs » et « noirs » ; la lutte des classes fit son apparition et avec elle l'État au sein de la commune. À mesure que les pauvres s'appauvrissaient, asservis de plus en plus aux riches par l'usure, la représentation municipale, le gouvernement par procuration, c'est-à-dire le gouvernement des riches, prenait pied dans la commune. Elle se constituait en État représentatif avec caisse municipale, milice louée, condottieri armés, services publics, fonctionnaires. État elle-même, mais État en petit, ne devait-elle pas devenir bientôt la proie de l'État en grand qui se constituait sous les auspices de la royauté ? Minée déjà à l'intérieur, elle fut en effet engloutie par l'ennemi extérieur — le roi.

Pendant que les cités libres florissaient, l'État centralisé se constituait déjà à leurs portes.

Il naquit loin du bruit du *forum*, loin de l'esprit municipal qui inspirait les villes indépendantes. C'est dans une ville nouvelle, à Paris, à Moscou — ramassis de villages —, que se consolida le pouvoir naissant de la royauté. Qu'était le roi jusqu'alors ? Un chef de bande comme les autres. Un chef dont le pouvoir s'étendait à peine sur sa bande de brigands et qui prélevait à peine un tribut sur ceux qui voulaient lui acheter la paix. Tant que ce chef était enfermé dans une ville fière de ses libertés communales, que pouvait-il ? Dès que, de simple défenseur des murailles, il cherchait à devenir maître de la ville, le *forum* le chassait. Il se réfugia donc dans une agglomération naissante, dans une ville nouvelle. Là, puisant la richesse dans le travail des serfs, ne rencontrant point d'obstacles dans la plèbe turbulente, il commença par l'argent, la fraude, l'intrigue et les armes, le lent travail d'agglomération, de centralisation, que les guerres de l'époque, les invasions continuelles ne favorisaient que trop — qu'elles imposaient, dirai-je — simultanément à toutes les nations européennes.

Les Communes, déjà en décadence, déjà États dans leurs murs, lui servirent de point de mire et de modèle. Il ne s'agissait que de les englober peu à peu, de s'en approprier les organes, de les faire servir au développement du pouvoir royal. C'est ce que fit la royauté, avec force ménagements à ses débuts, et de plus en plus brutalement à mesure qu'elle sentait croître ses forces.

Le droit écrit était né, ou plutôt cultivé, dans les chartes des Communes. Il servit de base à l'État. Plus tard, le droit romain vint lui donner sa sanction, en même temps qu'il donnait sa sanction à l'autorité royale. La théorie du pouvoir impérial, déterrée des glossaires romains, fut propagée au bénéfice du roi. L'Église, de son côté, s'empressa de la couvrir de sa bénédiction, et après avoir échoué dans sa tentative de constituer l'Empire universel, elle se rallia autour de celui par l'intermédiaire duquel elle espérait régner un jour sur la terre.

Cinq siècles durant la royauté poursuit ce lent travail d'agglomération, ameutant les serfs et les Communes contre le seigneur, et plus tard écrasant les serfs et les Communes avec l'aide du seigneur, devenu son fidèle serviteur. Elle débute en flattant les Communes, mais elle attend que les luttes intestines lui ouvrent leurs portes, lui livrent leurs caisses qu'elle empochera, et leurs remparts qu'elle hérissera de ses mercenaires. Elle procède cependant vis-à-vis des Communes avec caution : elle leur reconnaît certains privilèges, lors même qu'elle les asservit.

Chef de soldats qui ne lui obéissent qu'autant qu'il leur procure du butin, le roi a toujours été entouré d'un Conseil de ses sous-chefs, qui au quatorzième ou au quinzième siècle font son Conseil de la Noblesse. Plus tard, un Conseil de Clergé vient s'adjoindre à celui-ci. Et à mesure que le roi réussit à mettre la main sur les Communes, il invite à sa cour — surtout aux époques critiques — les représentants de « ses bonnes villes », afin de leur demander des subsides.

C'est ainsi que naquirent les parlements. Mais — notons-le bien — ces corps représentatifs, comme la royauté elle-même, n'avaient qu'un pouvoir fort limité. Ce qu'on leur demandait, c'était seulement un secours pécuniaire pour telle guerre ; et ce secours une fois voté par les délégués, encore fallait-il que la ville le ratifiât. Quant à l'administration intérieure des Communes, la royauté n'avait rien à y voir. — « Telle ville est prête à vous accorder tel subside pour repousser telle invasion. Elle consent à accepter une garnison pour servir de place forte contre l'ennemi », — voilà le mandat net et précis du représentant de l'époque. Quelle différence avec le mandat illimité, comprenant tout au monde, que nous donnons aujourd'hui à nos députés !

Mais la faute était faite. Nourrie par les luttes des riches et des pauvres, la royauté s'était constituée sous le couvert de la défense nationale.

Bientôt, voyant le gaspillage de leurs subsides à la cour royale, les représentants des Communes cherchent à y mettre de l'ordre. Ils s'imposent à la royauté en administrateurs de la caisse nationale ; et en Angleterre, appuyés par l'aristocratie, ils réussissent à se faire accepter comme tels. En France, après le désastre de Poitiers, ils étaient bien près de s'arroger les mêmes droits ; mais Paris soulevé par Étienne Marcel est réduit au silence, en même temps que la Jacquerie, et la royauté sort de la lutte avec une force nouvelle.

Depuis lors, tout contribue à l'affermissement de la royauté, à la centralisation des pouvoirs sous la main du roi. Les subsides se transforment en impôt et la bourgeoisie s'empresse de mettre au service du roi son esprit d'ordre et d'administration. La décadence des Communes qui succombent l'une après l'autre devant le roi ; la faiblesse des paysans réduits de plus en plus au servage — économique sinon personnel ; les théories de droit romain exhumées par les juristes ; les guerres continuelles — source permanente d'autorité ; — tout favorise la consolidation du pouvoir royal. Héritier de l'organisation communale, il s'en empare pour s'ingérer de plus en plus dans la vie de ses sujets — si bien que sous Louis XIV il peut s'écrier : « l'État c'est moi ! »

Depuis lors c'est la décadence, l'avilissement de l'autorité royale, tombant entre les mains des courtisanes, cherchant à se relever sous Louis XVI par les mesures libérales du commencement du règne, mais succombant bientôt sous le poids de ses méfaits.

Que fait la Grande Révolution lorsqu'elle porte sa hache sur l'autorité du roi ?

Ce qui l'a rendue possible, cette Révolution, c'est la désorganisation du pouvoir central, réduit pendant quatre ans à l'impuissance absolue, au rôle de simple enregistreur des faits accomplis ; c'est l'action spontanée des villes et des campagnes arrachant au pouvoir toutes ses attributions, lui refusant l'impôt et l'obéissance.

Mais la bourgeoisie qui tenait le haut du pavé, pouvait-elle s'accommoder de cet état de choses ? Elle voyait que le peuple, après avoir aboli les privilèges des seigneurs, allait s'attaquer à ceux de la bourgeoisie urbaine et villageoise, et elle chercha, elle parvint à le maîtriser. Pour cela elle se fit l'apôtre du gouvernement représentatif et travailla pendant quatre ans avec toute la force d'action et d'organisation qu'on lui connaît, à inculquer à la nation cette idée. Son idéal c'était celui d'Étienne Marcel : un roi qui, en théorie, est investi d'un pouvoir absolu, et en réalité se trouve réduit à zéro par un parlement, composé évidemment des représentants de la bourgeoisie. L'omnipotence de la bourgeoisie par le parlement, sous le couvert de la royauté — voilà son but. Si le peuple lui a imposé la République, c'est à contre-cœur qu'elle l'accepte, et elle s'en débarrasse au plus vite.

Attaquer le pouvoir central, le dépouiller de ses attributions, décentraliser, émietter le pouvoir, c'eût été abandonner au peuple ses affaires, c'eût été courir les risques d'une révolution vraiment populaire. C'est pourquoi la bourgeoisie cherche à renforcer davantage le gouvernement central, à l'investir de pouvoirs que le roi lui-même n'ose pas rêver, à concentrer tout entre ses mains, à lui soumettre tout d'un bout à l'autre de la France — et puis à s'emparer de tout par l'Assemblée Nationale.

Cet idéal du jacobin, c'est encore jusqu'à présent l'idéal de la bourgeoisie de toutes les nations européennes, et le gouvernement représentatif, c'est son arme.

Cet idéal peut-il être le nôtre ? Les travailleurs socialistes peuvent-ils rêver de refaire dans les mêmes termes la révolution bourgeoise ? Peuvent-ils rêver de renforcer, à leur tour, le gouvernement central en lui livrant tout le domaine économique, et confier la gouverne de toutes leurs affaires, politiques, économiques, sociales, au gouvernement représentatif ? Ce qui fut un compromis entre la royauté et la bourgeoisie doit-il être l'idéal du travailleur socialiste ?

Évidemment non.

À une nouvelle phase économique correspond une nouvelle phase politique. Une révolution aussi profonde que celle qui est rêvée par les socialistes ne saurait rentrer dans les moules de la vie politique du passé. Une société nouvelle, basée sur l'égalité des conditions, sur la possession collective des instruments de travail, ne saurait s'accommoder, même pour huit jours, du régime représentatif ni d'aucune des modifications dont on chercherait à électriser ce cadavre.

Ce régime a fait son temps. Sa disparition est aussi inévitable aujourd'hui que le fut au temps jadis son apparition. Il correspond au règne de la bourgeoisie. C'est par ce régime que la bourgeoisie règne depuis un siècle et il disparaîtra avec elle. Quant à nous, si nous voulons la Révolution sociale, nous devons chercher le mode d'organisation politique qui correspondra au nouveau mode d'organisation économique.

Ce mode, d'ailleurs, est tracé d'avance. C'est la formation du simple au composé, de groupes qui se constituent librement pour la satisfaction de tous les besoins multiples des individus dans la société.

Les sociétés modernes marchent déjà dans cette voie. Partout le libre groupement, la libre fédération cherchent à se substituer à l'obéissance passive. Ils comptent déjà par dizaines de millions, ces groupes libres, et de nouveaux surgissent chaque jour. Ils s'étendent et commencent déjà à couvrir toutes les branches de l'activité humaine ; science, arts, industrie, commerce, secours, voire même défense du territoire et assurance contre le vol et les tribunaux — rien ne leur échappe, leur réserve s'étend et finira par embrasser tout ce que le roi, le parlement, s'étaient arrogés autrefois.

L'avenir est au libre groupement des intéressés, et non pas à la centralisation gouvernementale — à la liberté et non pas à l'autorité.

Mais avant d'esquisser l'organisation qui surgirait du libre groupement, nous devons encore attaquer bien des préjugés politiques dont nous sommes tous imbus jusqu'à présent, et c'est ce que nous allons faire dans nos prochaines études.

LA LOI ET L'AUTORITÉ

I

— « Quand l'ignorance est au sein des sociétés et de désordre dans les esprits, les lois deviennent nombreuses. Les hommes attendent tout de la législation, et chaque loi nouvelle étant un nouveau mécompte, *ils sont portés à lui demander sans cesse ce qui ne peut venir que d'eux-mêmes*, de leuréducation, de l'état de *leurs* mœurs. » — Ce n'est pourtant pas un révolutionnaire qui dit cela, pas même un réformateur. C'est un jurisconsulte, Dalloz, l'auteur du recueil des lois françaises, connu sous le nom de « Répertoire de la Législation ». Et cependant ces lignes, quoique écrites par un homme qui était lui-même un législateur et un admirateur des lois, représentent parfaitement l'état anormal de nos sociétés.

Dans les États actuels une loi nouvelle est considérée comme un remède à tous les maux. Au lieu de changer soi-même ce qui est mauvais, on commence par demander une loi qui le change. La route entre deux villages est-elle impraticable, le paysan dit qu'il faudrait une loi sur les routes vicinales. Le garde-champêtre a-t-il insulté quelqu'un, en profitant de la platitude de ceux qui l'entourent de leur respect : — « Il faudrait une loi, dit l'insulté, qui prescrivît aux gardes-champêtres d'être un peu plus polis. » Le commerce, l'agriculture ne marchent pas ? — « C'est une loi protectrice qu'il nous faut ! » ainsi raisonnent le laboureur, l'éleveur de bétail, le spéculateur en blés, il n'y a pas jusqu'au revendeur de loques qui ne demande une loi pour son petit commerce. Le patron baisse-t-il les salaires ou augmente-t-il la journée de travail : — « Il faut une loi qui mette ordre à cela ! » — s'écrient les députés en herbe, au lieu de dire aux ouvriers qu'il y a un autre moyen, bien plus efficace « de mettre ordre à cela » : reprendre au patron ce dont il a dépouillé des générations d'ouvriers. Bref, partout une loi ! une loi sur les rentes, une loi sur les modes, une loi sur les chiens enragés, une loi sur la vertu, une loi pour opposer une digue à tous les vices, à tous les maux qui ne sont que le résultat de l'indolence et de la lâcheté humaine !

Nous sommes tous tellement pervertis par une éducation qui dès le bas-âge cherche à tuer en nous l'esprit de révolte et développe celui de soumission à l'autorité ; nous sommes tellement pervertis par cette existence sous la férule de la Loi qui régente tout : notre naissance, notre éducation, notre développement, notre amour, nos amitiés, que, si cela continue, nous perdrons toute initiative, toute habitude de raisonner par nous-mêmes. Nos sociétés semblent ne plus comprendre que l'on puisse vivre autrement que sous le régime de la loi, élaborée par un gouvernement représentatif et

LA LOI ET L'AUTORITÉ

appliquée par une poignée de gouvernants ; et lors même qu'elles parviennent à s'émanciper de ce joug, leur premier soin est de le reconstituer immédiatement. « L'an I de la Liberté » n'a jamais duré plus d'un jour, car après l'avoir proclamé, le lendemain même on se remettait sous le joug de la Loi, de l'autorité.

En effet, voilà des milliers d'années que ceux qui nous gouvernent ne font que répéter sur tous les tons : « Respect à la loi, obéissance à l'autorité ! » Le père et la mère élèvent les enfants dans ce sentiment. L'école les raffermit, elle en prouve la nécessité en inculquant aux enfants des bribes de fausse science, habilement assorties : de l'obéissance à la loi elle fait un culte ; elle marie le dieu et la loi des maîtres en une seule et même divinité. Le héros de l'histoire qu'elle fabriquée, c'est celui qui obéit à la loi, qui la protège contre les révoltés.

Plus tard, lorsque l'enfant entre dans la vie publique, la société et la littérature, frappant chaque jour, à chaque instant, comme la goutte d'eau creusant la pierre, continuent à nous inculquer le même préjugé. Les livres d'histoire, de science politique, d'économie sociale regorgent de ce respect à la loi ; on a même mis les sciences physiques à contribution et, en introduisant dans ces sciences d'observation un langage faux, emprunté à la théologie et à l'autoritarisme, on parvient habilement à nous brouiller l'intelligence, toujours pour maintenir le respect de la loi. Le journal fait la même besogne : il n'y a pas d'article dans les journaux qui ne prêche l'obéissance à la loi, lors même qu'à la troisième page, ils constatent chaque jour l'imbécillité de la loi et montrent comment elle est traînée dans toutes les boues, dans toutes les fanges par ceux qui sont préposés à son maintien. Le servilisme devant la loi est devenu une vertu et je doute même qu'il y ait eu un seul révolutionnaire qui n'ait débuté dans son jeune âge par être défenseur de la loi contre ce qu'on nomme généralement « les abus », conséquence inévitable de la loi même.

L'art fait chorus avec la soi-disant science. Le héros du sculpteur, du peintre et du musicien couvre la Loi de son bouclier et, les yeux enflammés et les narines ouvertes, il est prêt à frapper de son glaive quiconque oserait y toucher. On lui élève des temples, on lui

Pierre Kropotkine

nomme des grands prêtres, auxquels les révolutionnaires hésitent à toucher, et si la Révolution elle-même vient balayer une ancienne institution, c'est encore par une Loi qu'elle essaie de consacrer son œuvre.

Ce ramassis de règles de conduite, que nous ont légué l'esclavage, le servage, le féodalisme, la royauté et qu'on appelle Loi, a remplacé ces monstres de pierre devant lesquels on immolait les victimes humaines, et que n'osait même effleurer l'homme asservi, de peur d'être tué par les foudres du ciel.

C'est depuis l'avènement de la bourgeoisie, — depuis la grande révolution française, — qu'on a surtout réussi à établir ce culte. Sous l'ancien régime, lorsqu'on était tenu d'obéir au bon plaisir du roi et de ses valets, on parlait peu de lois, si ce n'est Montesquieu, Rousseau, Voltaire, pour les opposer au caprice royal. Mais pendant et après la révolution, les avocats, arrivés au pouvoir, ont fait de leur mieux pour affermir ce principe, sur lequel ils devaient établir leur règne. La bourgeoisie l'accepta d'emblée comme son ancre de salut, pour mettre une digue au torrent populaire. La prêtraille s'empressa de la sanctifier, pour sauver la barque qui sombrait dans les vagues du torrent. Le peuple enfin l'accepta comme un progrès sur l'arbitraire et la violence du passé.

Il faut se transposer en imagination au dix-huitième siècle pour le comprendre. Il faut avoir saigné le sang de son cœur au récit des atrocités qui se commettaient à cette époque par les nobles tout-puissants sur les hommes et les femmes du peuple, pour comprendre quelle influence magique ces mots : « Égalité devant la loi, obéissance à la loi, sans distinction de naissance ou de fortune » devaient exercer, il y a un siècle, sur l'esprit du manant. Lui, qu'on avait traité jusqu'alors plus cruellement qu'un animal, lui qui n'avait jamais eu aucun droit et n'avait jamais obtenu la justice contre les actes les plus révoltants du noble, à moins de se venger en le tuant et en se faisant pendre, — il se voyait reconnu par cette maxime, du moins en théorie, du moins quant à ses droits personnels, l'égal de son seigneur. Quelle que fût cette loi, elle promettait d'atteindre également le seigneur et le manant, elle proclamait l'égalité, devant le juge, du pauvre et du riche. Cette promesse était un mensonge, nous le savons aujourd'hui : mais à cette époque, elle était un progrès, un hommage rendu à la vérité. C'est pourquoi, lorsque les sauveurs de la bourgeoisie menacée, les Robespierre et les Danton, se basant sur les écrits des philosophes de la bourgeoisie, les Rousseau et les Voltaire, proclamèrent « le respect de la loi, égale pour tous » — le peuple, dont l'élan révolutionnaire s'épuisait déjà en face d'un ennemi de plus en plus solidement organisé, accepta le compromis. Il plia le cou sous le joug de la Loi, pour se sauver de l'arbitraire du seigneur.

Depuis, la bourgeoisie n'a cessé d'exploiter cette maxime qui, avec cet autre principe, le gouvernement représentatif, résume la philosophie du siècle de la bourgeoisie, le dix-neuvième siècle. Elle l'a prêché dans les écoles, elle l'a propagé dans ses écrits, elle a créé sa science et ses arts avec cet objectif, elle l'a fourré partout, comme la dévote anglaise qui vous glisse sous la porte ses traités religieux. Et elle a si bien fait, qu'aujourd'hui, nous voyons se produire ce fait exécrable : au jour même du réveil de l'esprit frondeur, les hommes, voulant être libres, commencent par demander à leurs maîtres, de vouloir bien les protéger en modifiant les lois crées par ces mêmes maîtres.

Mais les temps et les esprits ont cependant changé depuis un siècle. On trouve partout des révoltés qui ne veulent plus obéir à la loi, sans savoir d'où elle vient, quelle en est l'utilité, d'où vient l'obligation de lui obéir et le respect dont on l'entoure. La révolution qui s'approche est une « Révolution » et non une simple émeute, par cela même que les révoltés de nos jours soumettent à leur critique toutes les bases de la société, vénérées jusqu'à présent, et avant tout, ce fétiche, — la Loi.

Ils analysent son origine et il y trouvent, soit un dieu, — produit des terreurs du sauvage, stupide, mesquin et méchant comme les prêtres qui se réclament de son origine surnaturelle, — soit le sang, la conquête par le fer et le feu. Ils étudient son caractère et il y trouvent pour trait distinctif l'immobilité, remplaçant le développement continu de l'humanité, la tendance à immobiliser ce qui devrait se développer et se modifier chaque jour. Ils demandent comment la loi se maintient, et ils voient les atrocités du byzantinisme et

Pierre Kropotkine

les cruautés de l'inquisition, les tortures du moyen-âge, les chairs vivantes coupées en lanières par le fouet du bourreau, les chaînes, la massue, la hache au service de la loi ; les sombres souterrains des prisons, les souffrances, les pleurs et les malédictions. Aujourd'hui — toujours la hache, la corde, le chassepot, et les prisons ; d'une part, l'abrutissement du prisonnier, réduit à l'état de bête en cage, l'avilissement de son être moral, et, d'autre part, le juge dépouillé de tous les sentiments qui font la meilleure partie de la nature humaine, vivant comme un visionnaire dans un monde de fictions juridiques, appliquant avec volupté la guillotine, sanglante ou sèche, sans que lui, ce fou froidement méchant, se doute seulement de l'abîme de dégradation dans lequel il est tombé vis-à-vis de ceux qu'il condamne.

Nous voyons une race de faiseurs de lois légiférant sans savoir sur quoi ils légifèrent, votant aujourd'hui une loi sur l'assainissement des villes, sans avoir la moindre notion d'hygiène, demain, réglementant l'armement des troupes, sans même connaître un fusil, faisant des lois sur l'enseignement et l'éducation sans avoir jamais su donner un enseignement quelconque ou une éducation honnête à leurs enfants, légiférant à tort et à travers, mais n'oubliant jamais l'amende qui frappera les va-nu-pieds, la prison, les galères qui frapperont des hommes mille fois moins immoraux qu'ils ne le sont eux-mêmes, ces législateurs ! — Nous voyons enfin le geôlier qui marche vers la perte de tout sentiment humain, le gendarme dressé en chien de piste, le mouchard se méprisant lui-même, la délation transformée en vertu, la corruption érigée en système ; tous les vices, tous les mauvais côtés de la nature humaine, favorisés, cultivés pour le triomphe de la Loi.

Nous voyons cela, et c'est pour cela qu'au lieu de répéter niaisement la vieille formule : « Respect à la loi ! », nous crions : « Mépris de la loi et de ses attributs ! » Ce mot lâche : « Obéissance à la loi ! » nous le remplaçons par : « Révolte contre toutes les lois ! » Que l'on compare seulement les méfaits accomplis au nom de chaque loi, avec ce qu'elle a pu produire de bon, qu'on pèse le bien et le mal, — et l'on verra si nous avons raison.

II

LA LOI ET L'AUTORITÉ

La loi est un produit relativement moderne ; car l'humanité a vécu des siècles et des siècles sans avoir aucune loi écrite, ni même simplement gravée en symboles, sur des pierres, à l'entrée des temples. À cette époque, les relations des hommes entre eux étaient réglées par de simples coutumes, par des habitudes, des usages, que la constante répétition rendait vénérables et que chacun acquérait dès son enfance, comme il apprenait à se procurer sa nourriture par la chasse, l'élevage de bestiaux ou l'agriculture.

Toutes les sociétés humaines ont passé par cette phase primitive, et jusqu'à présent encore une grande partie de l'humanité n'a point de lois écrites. Les peuplades ont des mœurs, des coutumes, — un « droit coutumier », comme disent les juristes, — elles ont des habitudes sociables, et cela suffit pour maintenir les bons rapports entre les membres du village, de la tribu, de la communauté. Il en est de même chez nous, civilisés ; il suffit de sortir de nos grandes villes pour voir que les relations mutuelles des habitants sont réglées, non d'après la loi écrite des législateurs, mais d'après les coutumes anciennes, généralement acceptées. Les paysans de la Russie, de l'Italie, de l'Espagne, et même d'une bonne partie de la France et de l'Angleterre, n'ont aucune idée de la loi écrite. Celle-ci vient s'immiscer dans leur vie, seulement pour régler leurs rapports avec l'État ; quant aux rapports entre eux, quelquefois très compliqués, ils les règlent simplement d'après les anciennes coutumes. Autrefois, c'était le cas pour toute l'humanité.

Lorsqu'on analyse les coutumes des peuples primitifs, on y remarque deux courants bien distincts.

Puisque l'homme ne vit pas solitaire, il s'élabore en lui des sentiments, des habitudes utiles à la conservation de la société et à la propagation de la race. Sans les sentiments sociables, sans les pratiques de solidarité, la vie en commun eût été absolument impossible. Ce n'est pas la loi qui les établit, ils sont antérieurs à toutes lois. Ce n'est pas non plus la religion qui les prescrit, ils sont antérieurs à toute religion, ils se retrouvent chez tous les animaux qui vivent en société. Ils se développent d'eux-mêmes, par la force même des choses, comme ces habitudes que l'homme a nommé instincts chez les animaux : ils proviennent d'une évolution utile, nécessaire même pour maintenir la société dans la lutte pour l'existence qu'elle doit soutenir. Les sauvages finissent par ne plus se manger entre eux, parce qu'ils trouvent qu'il est beaucoup plus avantageux de s'adonner à une culture quelconque, au lieu de se procurer une fois par an le plaisir de se nourrir de la chair d'un vieux parent. Au sein des tribus absolument indépendantes et ne connaissant ni lois, ni chefs, dont maint voyageur nous a dépeint les mœurs, les membres d'une même tribu cessent de se donner des coups de couteau, à à chaque dispute, parce que l'habitude de vivre en société a fini par développer en eux un certain sentiment de fraternité et de solidarité ; ils préfèrent s'adresser à des tiers pour vider leurs différents. L'hospitalité des peuples primitifs, le respect de la vie humaine, le sentiment de réciprocité, la compassion pour les faibles, la bravoure, jusqu'au sacrifice de soi-même dans l'intérêt d'autrui, que l'on apprend d'abord à pratiquer envers les enfants et les amis, et plus tard à l'égard des membres de la communauté, — toutes ces qualités se développent chez l'homme antérieurement aux lois, indépendamment de toute religion, comme chez tous les animaux sociables. Ces sentiments et ces pratiques sont le résultat inévitable de la vie en société. Sans être inhérentes à l'homme (ainsi que disent les prêtres et les métaphysiciens), ces qualités sont la conséquence de la vie en commun.

Mais, à côté de ces coutumes, nécessaires pour la vie des sociétés et pour la conservation de la race, il se produit dans les associations humaines, d'autres désirs, d'autres passions, et partant, d'autres habitudes, d'autres coutumes. Le désir de dominer les autres et de leur imposer sa volonté ; le désir de s'emparer des produits du travail d'une tribu voisine ; le désir de subjuguer d'autres hommes, afin de s'entourer des jouissances sans rien produire soi-même, tandis que des esclaves produisent le nécessaire et procurent à leur maître tous les plaisirs et toutes les voluptés, — ces désirs personnels, égoïstes, créent un autre courant d'habitudes et de coutumes. Le prêtre, d'une part, — ce charlatan qui exploite la superstition et qui, après s'être affranchi lui-même de la peur du diable, la propage parmi les autres ; le guerrier, d'autre part, ce rodomont qui pousse à l'invasion et au pillage du voisin pour en revenir chargé de butin et suivi d'esclaves, — tous deux, la main dans la main, parviennent à imposer aux sociétés primitives des coutumes avantageuses pour eux, et qui tendent à perpétuer leur domination sur les masses. Profitant de l'indolence, de la peur, de l'inertie des foules, et grâce à la répétition constante des mêmes actes, ils arrivent à établir le point d'appui de leur domination.

Pour cela, ils exploitent d'abord l'esprit de routine qui est si développé chez l'homme et qui atteint un degré si frappant chez les enfants, les peuples sauvages, aussi bien que chez les animaux. L'homme, surtout lorsqu'il est superstitieux, a toujours peur de changer quoi que ce soit à ce qui existe ; généralement il vénère ce qui est antique. — « Nos pères ont fait ainsi ; ils ont vécu tant bien que mal, ils vous ont élevé, ils n'ont pas été malheureux, faites de même ! » disent les vieillards aux jeunes gens, dès que ceux-ci veulent changer quelque chose. L'inconnu les effraie, ils préfèrent se cramponner au passé, lors même que ce passé représente la misère, l'oppression, l'esclavage. On peut même dire que plus l'homme est malheureux, plus il craint de changer quoi que ce soit, de peur de devenir encore plus malheureux ; il faut qu'un rayon d'espoir et quelque peu de bien-être pénètrent dans sa triste cabane, pour qu'il commence à vouloir mieux, à critiquer son ancienne manière de vivre, à désirer un changement. Tant que cet espoir ne l'a pas pénétré, tant qu'il ne s'est pas affranchi de la tutelle de ceux qui utilisent ses superstitions et ses craintes, il préfère rester dans la même situation. Si les jeunes veulent changer quelque chose, les vieux poussent un cri d'alarme contre les novateurs. Tel sauvage se fera plutôt tuer que de transgresser la coutume de son pays, car dès l'enfance on lui a dit que la moindre infraction aux coutumes établies lui porterait malheur, causerait la ruine de toute la tribu. Et aujourd'hui encore, combien de politiciens, d'économistes et de soi-disant révolutionnaires agissent sous la même impression, en se cramponnant à un passé qui s'en va ! Combien n'ont d'autre souci que de chercher des précédents ! Combien de fougueux novateurs sont les simples copistes des révolutions antérieures !

Cet esprit de routine qui puise son origine dans la superstition, dans l'indolence et dans la lâcheté, fit de tout temps la force des oppresseurs ; dans les sociétés humaines primitives, il fut habilement exploité par les prêtres et les chefs militaires, perpétuant

Pierre Kropotkine

les coutumes avantageuses pour eux seuls, qu'ils réussissent à imposer aux tribus.

Tant que cet esprit de conservatisme, habilement exploité, suffisait pour assurer l'empiètement des chefs sur la liberté des individus ; tant que les seules inégalités entre les hommes étaient les inégalités naturelles et qu'elles n'étaient pas encore décuplées et centuplées par la concentration du pouvoir et des richesses, — il n'y avait aucun besoin de loi et de l'appareil formidable des tribunaux et des peines toujours croissantes pour l'imposer.

Mais lorsque la société eut commencé à se scinder de plus en plus en deux classes hostiles, — l'une qui cherche à établir sa domination et l'autre qui s'efforce de s'y soustraire, la lutte s'engagea. Le vainqueur d'aujourd'hui s'empresse d'immobiliser le fait accompli, il cherche à le rendre indiscutable, à le transformer en institution sainte et vénérable, par tout ce que les vaincus peuvent respecter. La loi fait son apparition, sanctionnée par le prêtre et ayant à son service la massue du guerrier. Elle travaille à immobiliser les coutumes avantageuses à la minorité dominatrice, et l'Autorité militaire se charge de lui assurer l'obéissance. Le guerrier trouve en même temps dans cette nouvelle fonction un nouvel instrument pour assurer son pouvoir ; il n'a plus à son service une simple force brutale : il est le défenseur de la Loi.

Mais, si la Loi ne présentait qu'un assemblage de prescriptions avantageuses aux seuls dominateurs, elle aurait de la peine à se faire accepter, à se faire obéir. Eh bien, le législateur confond dans un seul et même code les deux courants de coutumes dont nous venons de parler : les maximes qui représentent les principes de moralité et de solidarité élaborés par la vie en commun, et les ordres qui doivent à jamais consacrer l'inégalité. Les coutumes qui sont absolument nécessaires à l'existence même de la société, sont habilement mêlées dans le Code aux pratiques imposées par les dominateurs, et prétendent au même respect de la foule. — « Ne tue pas ! » dit le Code et« Paye la dîme au prêtre ! » s'empresse-t-il d'ajouter. « Ne vole pas ! » dit le Code et aussitôt après : « Celui qui ne paiera pas l'impôt aura le bras coupé ! ».

Voilà la Loi, et ce double caractère, elle l'a conservé

LA LOI ET L'AUTORITÉ

jusqu'aujourd'hui. Son origine, — c'est le désir des dominateurs d'immobiliser les coutumes qu'ils avaient imposées à leur avantage. Son caractère, c'est le mélange habile des coutumes utiles à la société, — coutumes qui n'ont pas besoin de lois pour être respectées, — avec ces autres coutumes qui ne présentent d'avantages que pour les dominateurs, qui sont nuisibles aux masses et ne sont maintenues que par la crainte des supplices.

Pas plus que le capital individuel, né de la fraude et de la violence et développé sous les auspices de l'autorité, la Loi n'a donc aucun titre au respect des hommes. Née de la violence et de la superstition, établie dans l'intérêt du prêtre, du conquérant et du riche exploiteur, elle devra être abolie en entier le jour où le peuple voudra briser ses chaînes.

Nous nous en convaincrons encore mieux, en analysant dans le chapitre suivant le développement ultérieur de la Loi sous les auspices de la religion, de l'autorité et du régime parlementaire actuel.

III

Nous avons vu comment la Loi est née des coutumes et des usages établis, et comment elle représentait dès le début un mélange habile de coutumes sociables, nécessaires à la préservation de la race humaine, avec d'autres coutumes, imposées par ceux qui profitaient des superstitions populaires pour consolider leur droit du plus fort. Ce double caractère de la Loi détermine son développement ultérieur chez les peuples de plus en plus policés. Mais, tandis que le noyau de coutumes sociables inscrites dans la Loi ne subit qu'une modification très faible et très lente dans le cours des siècles, — c'est l'autre partie des lois qui se développe, tout à l'avantage des classes dominantes, tout au détriment des classes opprimées. C'est à peine si, de temps en temps, les classes dominantes se laissent arracher une loi quelconque qui représente, ou semble représenter, une certaine garantie pour les déshérités. Mais alors cette loi ne fait qu'abroger une loi précédente, faite à l'avantage des classes dominatrices. « Les meilleures lois, disait Burkle, furent celles qui abrogèrent des lois précédentes. » Mais,

Pierre Kropotkine

quels efforts terribles n'a-t-il pas fallu dépenser, quels flots de sang n'a-t-il pas fallu verser chaque fois qu'il s'agissait d'abroger une de ces institutions qui servent à tenir le peuple dans les fers. Pour abolir les derniers vestiges du servage et des droits féodaux et pour briser la puissance de la camarilla royale, il a fallu que la France passât par quatre ans de révolution et par vingt ans de guerres. Pour abroger la moindre des lois iniques qui nous sont léguées par le passé, il faut des dizaines d'années de lutte, et pour la plupart, elles ne disparaissent que dans les périodes révolutionnaires.

Les socialistes ont déjà fait maintes fois l'histoire de la genèse du Capital. Ils ont raconté comment il est né des guerres et du butin, de l'esclavage, du servage, de la fraude et de l'exploitation moderne. Ils ont montré comment il s'est nourri du sang de l'ouvrier et comment peu à peu il a conquis le monde entier. Ils ont encore à faire la même histoire, concernant la genèse et le développement de la Loi. Heureusement, l'esprit populaire, prenant, comme toujours, les devants sur les hommes de cabinet, fait déjà la philosophie de cette histoire et il en plante les jalons essentiels.

Faite pour garantir les fruits du pillage, de l'accaparement et de l'exploitation, la Loi a suivi les mêmes phases de développement que le Capital : frère et sœur jumeaux, ils ont marché la main dans la main, se nourrissant l'un et l'autre des souffrances et des misères de l'humanité. Leur histoire a été presque la même dans tous les pays d'Europe. Ce ne sont que les détails qui diffèrent : le fond reste le même ; et, jeter un coup d'œil sur le développement de la Loi en France, ou en Allemagne, c'est connaître dans ses traits essentiels ses phases de développement dans la plupart des nations européennes.

À ses origines, la Loi était le pacte ou contrat national. Au Champ de Mai, les légions et le peuple agréaient le contrat ; le Champ de Mai des Communes primitives de la Suisse est encore un souvenir de cette époque, malgré toute l'altération qu'il a subie par l'immixtion de la civilisation bourgeoise et centralisatrice. Certes, ce contrat n'était pas toujours librement consenti ; le fort et le riche imposaient déjà leur volonté à cette époque. Mais du moins, ils rencontraient un obstacle à leurs tentatives d'envahissement dans la masse populaire qui souvent leur faisait aussi sentir sa force.

Mais, à mesure que l'Église d'une part et le seigneur de l'autre réussissent à asservir le peuple, le droit de légiférer échappe des mains de la nation pour passer aux privilégiés. L'Église étend ses pouvoirs ; soutenue par les richesses qui s'accumulent dans ses coffres, elle se mêle de plus en plus dans la vie privée et, sous prétexte de sauver les âmes, elle s'empare du travail de ses serfs, elle prélève l'impôt sur toutes les classes, elle étend sa juridiction ; elle multiplie les délits et les peines et s'enrichit en proportion des délits commis, puisque c'est dans ses coffres-forts que s'écoule le produit des amendes. Les lois n'ont plus trait aux intérêts nationaux : « on les croirait plutôt émanées d'un Concile de fanatiques religieux que de législateurs », — observe un historien du droit français.

En même temps, à mesure que le seigneur, de son côtés, étend ses pouvoirs sur les laboureurs des champs et les artisans des villes, c'est lui qui devient aussi juge et législateur. Au dixième siècle, il existe des monuments de droit public, ce ne sont que des traités qui règlent les obligations, les corvées et les tributs des serfs et des vassaux du seigneur. Les législateurs à cette époque, c'est une poignée de brigands, se multipliant et s'organisant pour le brigandage qu'ils exercent contre un peuple devenu de plus en plus pacifique à mesure qu'il se livre à l'agriculture. Ils exploitent à leur avantage le sentiment de justice inhérent aux peuples ; ils posent en justiciers, se donnent de l'application même des principes de justice une source de revenus, et fomentent les lois qui serviront à maintenir leur domination.

Plus tard ces lois rassemblées par les légistes et classifiées, servent de fondement à nos codes modernes. Et on parlera encore de respecter ces codes, — héritage du prêtre et du baron ?

La première révolution, la révolution des Communes, ne réussit à abolir qu'une partie de ces lois ; car les chartes des communes affranchies ne sont pour la plupart qu'un compromis entre la législation seigneuriale ou épiscopale et les nouvelles relations, créées au sein de la Commune libre. Et cependant, quelle différence entre ces lois et nos lois actuelles ! La Commune ne se permet pas d'emprisonner et de guillotiner les citoyens pour une raison d'État :

Pierre Kropotkine

elle se borne à expulser celui qui a comploté avec les ennemis de la Commune, et à raser sa maison. Pour la plupart des prétendus « crimes et délits », elle se borne à imposer des amendes ; on voit même, dans les Communes du douzième siècle, ce principe si juste, mais oublié aujourd'hui, que c'est toute la Commune qui répond pour les méfaits commis par chacun de ses membres. Les sociétés d'alors, considérant le crime comme un accident, ou comme un malheur — c'est encore jusqu'à présent la conception du paysan russe — et n'admettant pas le principe de vengeance personnelle, prêchée par la Bible, comprenaient que la faute pour chaque méfait retombe sur la société entière. Il a fallu toute l'influence de l'Église byzantine, qui importait en Occident la cruauté raffinée des despotes de l'Orient, pour introduire dans les mœurs des Gaulois et des Germains la peine de mort et les supplices horribles qu'on infligea plus tard à ceux qu'on considérait comme criminels ; il a fallu toute l'influence du code civil romain, — produit de la pourriture de la Rome impériale, — pour introduire ces notions de propriété foncière illimitée qui vinrent renverser les coutumes communalistes des peuples primitifs.

On sait que les Communes libres n'ont pu se maintenir : elles devinrent la proie de la royauté. Et à mesure que la royauté acquérait une force nouvelle, le droit de la législation passait de plus en plus dans les mains d'une coterie de courtisans. L'appel à la nation n'est fait que pour sanctionner les impôts demandés par le roi. Des parlements, appelés à deux siècles d'intervalle, selon le bon plaisir et les caprices de la Cour, des « Conseils extraordinaires », des « séances de notables », où les ministres écoutent à peine les « doléances » des sujets du roi, — voilà les législateurs. Et plus tard encore, lorsque les pouvoirs sont concentrés dans une seule personne qui dit : « l'État, c'est Moi », — c'est « dans le secret des Conseils du prince », selon la fantaisie d'un ministre ou d'un roi imbécile, que se fabriquent les édits, auxquels les sujets sont tenus d'obéir sous peine de mort. Toutes les garanties judiciaires sont abolies ; la nation est serve du pouvoir royal et d'une poignée de courtisans ; les peines les plus terribles : la roue, le bûcher, l'écorchement, les tortures en tout genre, — produits de la fantaisie malade de moines et fous enragés qui cherchent leurs délices dans les souffrances des suppliciés, — voilà les progrès qui font leur apparition à cette époque.

C'est à la grande révolution que revient l'honneur d'avoir commencé la démolition de cet échafaudage de lois qui nous a été légué par la féodalité et la royauté. Mais, après avoir démoli quelques parties du vieil édifice, la Révolution remit le pouvoir de légiférer entre les mains de la bourgeoisie qui, à son tour, commença à élever tout un nouvel échafaudage de lois destinées à maintenir et à perpétuer sa domination sur les masses. Dans ses parlements, elle légifère à perte de vue, et des montagnes de paperasses s'accumulent avec une rapidité effroyable. Mais que sont au fond toutes ces lois ?

La plus grande partie n'a qu'un but : celui de protéger la propriété individuelle, c'est-à-dire, les richesses acquises au moyen de l'exploitation de l'homme par l'homme, d'ouvrir de nouveaux champs d'exploitation au capital, de sanctionner les nouvelles formes que l'exploitation revêt sans cesse à mesure que le Capital accapare de nouvelles branches de la vie humaine : chemins de fer, télégraphes, lumière électrique, industrie chimique, expression de la pensée humaine par la littérature et la science, etc. Le reste des lois, au fond, a toujours le même but, c'est-à-dire le maintien de la machine gouvernementale qui sert à assurer au Capital l'exploitation et l'accaparement des richesses produites. Magistrature, police, armée, instruction publique, finances, tout sert le même dieu : le Capital ; tout cela n'a qu'un but : celui de protéger et de faciliter l'exploitation du travailleur par le capitaliste. Analysez toutes les lois faites depuis cent ans, — vous n'y trouverez pas autre chose. La protection des personnes, que l'on veut représenter comme la vraie mission de la Loi, n'y occupe qu'une place presque imperceptible ; car, dans nos sociétés actuelles, les attaques contre les personnes, dictées directement par la haine et la brutalité, tendent à disparaître. Si l'on tue quelqu'un, aujourd'hui, c'est pour piller et rarement par vengeance personnelle. Et si ce genre de crimes et délits va toujours en diminuant, ce n'est certainement pas à la législation que nous le devons : c'est au développement humanitaire de nos sociétés, à nos habitudes de plus en plus sociables, et non pas aux prescriptions de nos lois. Qu'on abroge demain toutes les lois concernant la protection des personnes, qu'on cesse demain toute poursuite pour attentats contre les personnes,

Pierre Kropotkine

et le nombre d'attentats dictés par la vengeance personnelle ou par la brutalité n'augmentera pas d'un seul.

On nous objectera, peut-être, qu'on a fait depuis cinquante ans bon nombre de lois libérales. Mais qu'on analyse ces lois, et l'on verra que toutes ces lois libérales ne sont que l'abrogation de lois qui nous ont été léguées par la barbarie des siècles précédents. Toutes les lois libérales, tout le programme radical, se résument en ces mots : abolition de lois devenues gênantes pour la bourgeoisie elle-même, et retour aux libertés des communes du douzième siècle, étendues à tous les citoyens. L'abolition de la peine de mort, le jury pour tous les « crimes » (le jury, plus libéral qu'aujourd'hui, existait au douzième siècle), la magistrature élue, le droit de mise en accusation des fonctionnaires, l'abolition des armées permanentes, la liberté de réunion, la liberté d'enseignement, etc., tout cela qu'on nous dit être une invention du libéralisme moderne, n'est qu'un retour aux libertés qui existaient avant que l'Église et le Roi eussent étendu leur main sur l'humanité.

La protection de l'exploitation — directe par les lois sur la propriété, et indirecte par le maintien de l'État, — voilà donc l'essence et la matière de nos codes modernes et la préoccupation de nos engins coûteux de législation. Il est temps, cependant, de ne plus nous payer de phrases et de nous rendre compte de ce qu'ils sont en réalité. La loi que l'on présenta au début comme un recueil de coutumes utiles à la préservation de la société, n'est plus qu'un instrument pour le maintien de l'exploitation et la domination des riches oisifs sur les masses laborieuses. Sa mission civilisatrice est nulle aujourd'hui, elle n'a qu'une mission : le maintien de l'exploitation.

Voilà ce que nous dit l'histoire du développement de la Loi. Est-ce à ce titre que nous sommes appelés à la respecter ? — Certainement non. Pas plus que Capital, produit du brigandage, elle n'a droit à notre respect. Et le premier devoir des révolutionnaires du vingtième siècle sera de faire un auto-da-fé de toutes les lois existantes, comme ils le feront des titres de propriété.

IV

Si on étudie les millions de lois qui régissent l'humanité, on s'aperçoit aisément qu'elles peuvent être subdivisées en trois catégories : protection de la propriété, protection du gouvernement, protection des personnes. Et, en analysant ces trois catégories, on en arrive à l'égard de chacune d'elles à cette conclusion logique et nécessaire : *Inutilité et nuisibilité de la Loi.*

Pour la protection de la propriété, les socialistes savent ce qu'il en est. Les lois sur la propriété ne sont pas faites pour garantir à l'individu ou à la société la jouissance des produits de leur travail. Elles sont faites, au contraire, pour dérober au producteur une partie de ce qu'il produit et pour assurer à quelques-uns la part des produits qu'ils ont dérobés, soit aux producteurs, soit à la société entière. Lorsque la loi établit les droits de Monsieur un tel sur une maison, par exemple, elle établit son droit, non pas sur une cabane qu'il aurait bâtie lui-même, ou sur une cabane qu'il aurait élevée avec le secours de quelques amis, — personne ne lui aurait disputé ce droit s'il en était ainsi. La loi, au contraire, établit ses droits sur une maison qui *n'est pas* le produit de son travail, d'abord, parce qu'il l'a fait bâtir par d'autres, auxquels il a n'a pas payé toute la valeur de leur travail, et ensuite — parce que cette maison représente une valeur sociale qu'il n'a pu produire à lui seul : la loi établit ses droits sur une portion de ce qui appartient à tout le monde et à personne en particulier. La même maison, bâtie au milieu de la Sibérie, n'aurait pas la valeur qu'elle a dans une grande ville, et cette valeur-ci provient, — on le sait — du travail de toute une cinquantaine de générations qui ont bâti la ville, qui l'ont embellie, pourvue d'eau et de gaz, de beaux boulevards, d'universités, de théâtres et de magasins, de chemins de fer et de routes rayonnant dans toutes les directions. En reconnaissant donc les droits de Monsieur un tel sur une maison à Paris, à Londres, à Rouen, la loi lui approprie — injustement — une certaine part de produits du travail de l'humanité entière. Et c'est précisément parce que cette appropriation est une injustice criante (toutes les autres formes de propriété ont le même caractère), qu'il a fallu tout un arsenal de lois et toute une armée de soldats, de policiers et de juges, pour le maintenir contre le bon sens et le sentiment de justice inhérent à l'humanité.

Pierre Kropotkine

Eh bien, la moitié de nos lois, — les codes civils de tout pays, — n'ont d'autre but que celui de maintenir cette appropriation, ce monopole, au profit de quelques-uns, contre l'humanité entière. Les trois quarts des affaires jugées par les tribunaux ne sont que des querelles surgissant entre monopoleurs : deux voleurs se disputant le butin. Et une bonne partie de nos lois criminelles ont encore le même but, puisqu'elles ont pour objectif de maintenir l'ouvrier dans une position subordonnée à celle du patron, afin d'assurer à celui-ci l'exploitation de celui-là.

Quant à garantir au producteur les produits de son travail, il n'y a même pas de lois qui s'en chargent. Cela est si simple et si naturel, si bien dans les mœurs et dans les habitudes de l'humanité, que la Loi n'y a même pas songé. Le brigandage ouvert, les armes à la main, n'est plus de notre siècle : un travailleur ne vient jamais non plus disputer à un autre travailleur les produits de son travail ; s'il y a malentendu entre eux, ils le vident sans avoir recours à la Loi, en s'adressant à un tiers, et si quelqu'un vient exiger d'un autre une certaine part de ce qu'il a produit, ce n'est que le propriétaire, venant prélever sa part du lion. Quant à l'humanité en général, elle respecte partout le droit de chacun sur ce qu'il a produit, sans qu'il y ait pour cela besoin de lois spéciales.

Toutes ces lois sur la propriété, qui font les gros volumes des codes et la joie de nos avocats, n'ayant ainsi d'autre but que celui de protéger l'appropriation injuste des produits du travail de l'humanité par certains monopoleurs, n'ont aucune raison d'être, et les socialistes-révolutionnaires sont bien décidés à les faire disparaître le jour de la Révolution. Nous pouvons, en effet, avec pleine justice, faire un auto-da-fé complet de *toutes* les lois qui sont en rapport avec les ci-nommés « droits de propriété », de tous les titres de propriété, de toutes les archives, — bref, de tout ce qui a trait à cette institution, qui sera bientôt considérée comme tache humiliante dans l'histoire de l'humanité, au même titre que l'esclavage et le servage des siècles passés.

Ce que nous venons de dire sur les lois concernant la propriété s'applique complètement à cette seconde catégorie de loi, — les lois servant à maintenir le gouvernement, ou les lois constitutionnelles.

C'est encore tout un arsenal de lois, de décrets, d'ordonnances, d'avis, etc., servant à protéger les diverses formes de gouvernement représentatif, — par délégation ou par usurpation, — sous lesquelles se débattent encore les sociétés humaines. Nous savons fort bien, — les anarchistes l'ont assez souvent démontré par la critique qu'ils ont faite sans cesse des diverses formes de gouvernement, — que la mission de tous les gouvernements monarchiques, constitutionnels et républicains, est de protéger et de maintenir par la force les privilèges des classes possédantes : aristocratie, prêtraille et bourgeoisie. Un bon tiers de nos lois, — les lois « fondamentales », lois sur les impôts, sur les douanes, sur l'organisation des ministères et de leurs chancelleries, sur l'armée, la police, l'église, etc., — et il y en a bien quelques dizaines de mille dans chaque pays, — n'ont d'autre but que celui de maintenir, de rhabiller et de développer la machine gouvernementale, qui sert, à son tour, presque entièrement à protéger les privilèges des classes possédantes. Qu'on analyse toutes ces lois, qu'on les observe en action au jour le jour, et l'on s'apercevra qu'il n'y en a pas une bonne à conserver, en commençant par celles qui livrent les communes, pieds et mains liées, au curé, aux gros bourgeois de l'endroit et au sous-préfet, et en finissant par cette fameuse constitution (la 19e ou la 20^{e}depuis 1789), qui nous donne une Chambre de crétins et de boursicoteurs préparant la dictature de quelque aventurier quelconque, si ce n'est le gouvernement d'une tête de chou couronnée.

Bref, à l'égard de ces lois, il ne peut y avoir de doute. Non seulement les anarchistes, mais aussi bien les bourgeois plus ou moins révolutionnaires, sont d'accord en ceci, que le seul usage que l'on puisse faire de toutes les lois concernant l'organisation du gouvernement, — c'est d'en allumer un feu de joie.

Reste la troisième catégorie de lois, la plus importante, puisque c'est à elle que s'attachent le plus de préjugés : les lois concernant la protection des personnes, la punition et la prévention des « crimes ». En effet, cette catégorie est la plus importante, parce que si la Loi jouit d'une certaine considération, c'est qu'on croit ce genre de lois absolument indispensables pour la sécurité de l'individu dans la société. Ce sont ces lois qui se sont développées autour du noyau de coutumes utiles aux sociétés humaines et qui furent exploitées par les dominateurs pour sanctionner leur domination. L'autorité des chefs de tribus, des familles riches des communes et du roi s'appuyait sur les fonctions de juges qu'ils exerçaient ; et jusqu'à présent encore, chaque fois que l'on parle de la nécessité du gouvernement, c'est sa fonction de juge suprême que l'on sous-entend. — « Sans gouvernement, les hommes s'égorgeraient entre eux ! » dit le raisonneur de village. — « Le but final de tout gouvernement est de donner douze honnêtes jurés à chaque inculpé », — disait Burke.

Eh bien, malgré tous les préjugés existant à ce sujet, il est bien temps que les anarchistes disent hautement que cette catégorie de lois est aussi inutile et aussi nuisible que les précédentes.

D'abord, quant aux ci-nommés « crimes », aux attentats contre les personnes, il est connu que les deux tiers et souvent même les trois quarts de tous les « crimes » sont inspirés par le désir de s'emparer des richesses appartenant à quelqu'un. Cette catégorie immense de ci-nommés « crimes et délits » disparaîtra lorsque la propriété aura cessé d'exister.

— « Mais, nous dira-t-on, il y aura toujours des brutes qui attenteront à la vie des citoyens, qui porteront un coup de couteau à chaque querelle, qui vengeront la moindre offense par un meurtre, s'il n'y a pas de lois pour les restreindre et des punitions pour les retenir ! » — Voilà le refrain qu'on nous chante dès que nous mettons en doute le droit de punir de la société. Là-dessus, il y a cependant une chose bien établie aujourd'hui : La sévérité des punitions ne diminue pas le nombre des « crimes ». Pendez, écartelez, si vous voulez, les assassins, le nombre d'assassinats ne diminuera pas d'un seul. Par contre, abolissez la peine de mort, et il n'y aura pas un seul assassinat de plus. Les statisticiens et les légistes savent que jamais diminution de sévérité dans le code pénal n'amena une augmentation d'attentats contre la vie des citoyens. D'autre part, que la récolte soit bonne, que le pain soit bon marché, que le temps soit beau, — et le nombre des assassinats diminuera aussitôt. Il est prouvé par la statistique, que le nombre des crimes augmente et diminue toujours en proportion du prix des denrées et du beau ou mauvais temps. Non pas que tous les assassinats soient inspirés par la faim. Point du tout ; mais lorsque la récolte est bonne et les denrées à un prix accessible, les hommes, plus gais, moins misérables que de coutume, ne se laissent pas aller aux sombres passions et ne vont pas plonger un couteau dans le sein d'un de leurs semblables pour des motifs futiles.

En outre, il est connu aussi que la peur de la punition n'a jamais arrêté un seul assassin. Celui qui va tuer son voisin par vengeance ou par misère ne raisonne pas trop sur les conséquences, et il n'y a pas d'assassin qui n'ait la ferme conviction d'échapper aux poursuites. D'ailleurs, que chacun raisonne lui-même sur ce sujet, qu'il analyse les crimes et les peines, leurs motifs et leurs conséquences, et s'il sait raisonner sans se laisser influencer par les idées préconçues, il arrivera nécessairement à cette conclusion :

« Sans parler d'une société où l'homme recevra une meilleure éducation, où le développement de toutes ses facultés et la possibilité d'en user lui procurera tant de jouissances qu'il ne cherchera pas à les perdre par un assassinat, — sans parler de la société future, même dans notre société, même avec ces tristes produits de la misère que nous voyons aujourd'hui dans les cabarets des grandes cités, — le jour où *aucune punition* ne serait infligée aux assassins, le nombre d'assassinats n'augmenterait pas d'un seul cas ; il est fort probable qu'il diminuerait au contraire de tous les cas qui sont dûs aujourd'hui aux récidivistes, abrutis dans les prisons. »

On nous parle toujours des bienfaits de la loi et des effets salutaires des peines. Mais a-t-on jamais essayé de faire la balance entre ces bienfaits qu'on attribue à la Loi et aux peines, et l'effet dégradant de ces peines sur l'humanité ? Qu'on fasse seulement l'addition de toutes les mauvaises passions réveillées dans chez les spectateurs par les punitions atroces qu'on infligeait dans nos rues. Qui donc a choyé et développé les instincts de cruauté dans l'homme (instincts inconnus aux animaux, l'homme étant devenu l'animal le plus cruel de la terre), si ce n'est le roi, le juge et le prêtre armés de la loi, qui faisaient arracher la chair par lambeaux, verser de la poix brûlante dans les plaies, disloquer les membres, broyer les os, scier les hommes en deux, pour maintenir leur autorité ? Que l'on calcule seulement tout le torrent de dépravation versé dans les sociétés humaines par la délation, favorisée par les juges

Pierre Kropotkine

et payée par les écus sonnants du gouvernement, sous prétexte d'aider à la découverte des crimes. Que l'on aille en prison et que l'on étudie là ce que devient l'homme, privé de liberté, enfermé avec d'autres dépravés qui se pénètrent de toute la corruption et de tous les vices qui suintent de nos prisons actuelles ; et que l'on se souvienne seulement que plus on les réforme, plus détestables elles sont, tous nos pénitenciers modernes et modèles étant cent fois plus corrupteurs que les donjons du moyen-âge. Que l'on considère enfin quelle corruption, quelle dépravation de l'esprit est maintenue dans l'humanité par ces idées *d'obéissance*— essence de la loi, — de châtiment, d'autorité ayant le droit de punir, de juger en dehors de la conscience ; par ces fonctions de bourreaux, de geôliers, de dénonciateurs, — bref, par tous cet immense appareil de la Loi et de l'Autorité. Que l'on considère tout cela, et on sera certainement d'accord avec nous, lorsque nous dirons que la Loi et la pénalité sont des abominations qui doivent cesser d'exister.

D'ailleurs, les peuples non-policés et, partant moins imbus de préjugés autoritaires, ont parfaitement compris que celui que l'on nomme un « criminel », est tout bonnement un malheureux ; qu'il ne s'agit pas de le faire fouetter, de l'enchaîner ou de le faire mourir sur l'échafaud ou en prison, mais qu'il faut le soulager par les soins les plus fraternels, par un traitement égalitaire, par la pratique de la vie entre honnêtes gens. Et nous espérons que dans la prochaine révolution éclatera ce cri :

« Brûlons les guillotines, démolissons les prisons, chassons le juge, le policier, le délateur — race immonde s'il en fût jamais sur la terre, — traitons en frère celui qui aura été porté par la passion à faire du mal à son semblable ; par-dessus tout ôtons aux grands criminels, à ces produits ignobles de l'oisiveté bourgeoise, la possibilité d'étaler leurs vices sous des formes séduisantes ; — et soyons sûrs que nous n'aurons plus que très peu de crimes à signaler dans notre société. Ce qui maintient le crime (outre l'oisiveté), c'est la Loi et l'Autorité : la loi sur la propriété, la loi sur le gouvernement, la loi sur les peines et délits, et l'Autorité qui se charge de faire ces lois et de les appliquer. »

Plus de lois, plus de juges ! La Liberté, l'Égalité et la pratique de la Solidarité sont la seule digue efficace que nous puissions opposer aux instincts anti-sociables de certains d'entre nous.

LA LOI ET L'AUTORITÉ

LE GOUVERNEMENT RÉVOLUTIONNAIRE

I

Que les gouvernements actuels doivent être abolis, afin que la liberté, l'égalité et la fraternité ne soient plus de vains mots et deviennent des réalités vivantes ; que toutes les formes de gouvernement essayées jusqu'à nos jours n'aient été qu'autant de formes d'oppression et doivent être remplacées par une nouvelle forme de groupement, à cet égard, tous ceux qui ont un cerveau et un tempérament tant soit peu révolutionnaire sont parfaitement d'accord. À vrai dire, il ne faut même pas être bien novateur pour arriver à cette conclusion ; les vices des gouvernements actuels et l'impossibilité de les réformer sont trop frappants pour ne pas sauter aux yeux de tout observateur raisonnable. Et quant à renverser les gouvernements, on sait généralement qu'à certaines époques cela se fait sans beaucoup de difficultés. Il y a des moments où les gouvernements s'écroulent presque d'eux-mêmes, comme des châteaux de cartes, sous le souffle du peuple révolté. On l'a bien vu en 1848 et en 1870 ; on le reverra bientôt.

Renverser un gouvernement, — c'est tout pour un révolutionnaire bourgeois. Pour nous, ce n'est que le commencement de la Révolution Sociale. La machine de l'État une fois détraquée, la hiérarchie des fonctionnaires tombée en désorganisation et ne sachant plus dans quel sens il faut marcher, les soldats ayant perdu confiance en leurs chefs, — bref, l'armée des défenseurs du Capital une fois mise en déroute, — c'est alors que se dresse devant nous la grande œuvre de démolition des institutions qui servent à perpétuer l'esclavage économique et politique. La possibilité d'agir librement est acquise — que vont faire les révolutionnaires ?

À cette question, il n'y a que les anarchistes qui répondent : — « Pas de gouvernement, l'anarchie ! » Tous les autres disent : — « Un gouvernement révolutionnaire ! » Ils ne diffèrent que sur la forme à donner à ce gouvernement élu par le suffrage universel, dans l'État ou dans la Commune ; les autres se prononcent pour la dictature révolutionnaire.

Pierre Kropotkine

Un « gouvernement révolutionnaire ! » Voilà deux mots qui sonnent bien étrangement à l'oreille de ceux qui se rendent compte de ce que doit signifier la Révolution Sociale et de ce que signifie un gouvernement. Deux mots qui se contredisent, se détruisent l'un l'autre. On a bien vu, en effet, des gouvernements despotiques — c'est l'essence de tout gouvernement d'être pour la réaction contre la révolution et de tendre nécessairement au despotisme ; — mais on n'a jamais vu un gouvernement révolutionnaire, et pour cause. C'est que la révolution — synonyme de « désordre », de bouleversement, de renversement en quelques jours des institutions séculaires, de démolition violente des formes établies de la propriété, de destruction des castes, de transformation rapide des idées admises sur la moralité, ou plutôt sur l'hypocrisie qui en tient la place, de liberté individuelle et d'action spontanée — est précisément l'opposé, la négation du gouvernement, celui-ci étant synonyme de « l'ordre établi », du conservatisme, du maintien des institutions existantes, la négation de l'initiative et de l'action individuelle. Et néanmoins, nous entendons continuellement parler de ce merle blanc, comme si un « gouvernement révolutionnaire » était la chose la plus simple du monde, aussi commune et aussi connue de chacun que la royauté, l'empire ou la papauté !

Que les soi-disant révolutionnaires bourgeois prêchent cette idée — cela se comprend. Nous savons ce qu'ils entendent par Révolution. C'est tout bonnement un replâtrage de la république bourgeoise ; c'est la prise de possession par les soi-disant républicains, des emplois lucratifs, réservés aujourd'hui aux bonapartistes ou aux royalistes. C'est tout au plus le divorce de l'Église ou de l'État, remplacé par le concubinage des deux, la séquestration des biens du clergé au profit de l'État et surtout des futurs administrateurs de ces biens, peut-être encore le *referendum*, ou quelque autre machine du même genre... Mais, que des révolutionnaires socialistes se fassent les apôtres de cette idée — nous ne pouvons l'expliquer qu'en supposant de deux choses l'une. Ou bien, ceux qui l'acceptent sont imbus de préjugés bourgeois qu'ils ont puisés, sans s'en rendre compte, dans la littérature et surtout dans l'histoire faite à l'usage de la bourgeoisie par les bourgeois ; et, pénétrés encore de l'esprit deservilisme, produit des siècles d'esclavage, ils ne peuvent pas même s'imaginer libres. Ou

LE GOUVERNEMENT RÉVOLUTIONNAIRE

bien, ils ne veulent point de cette Révolution dont ils ont toujours le nom sur les lèvres : ils se contenteraient d'un simple replâtrage des institutions actuelles, à condition qu'on les portât au pouvoir, quitte à voir plus tard ce qu'il faudra faire pour tranquilliser « la bête », c'est-à-dire, le peuple. Ils n'en veulent aux gouvernants du jour que pour prendre leur place. Avec ceux-ci, nous n'avons pas à raisonner. Nous ne parlerons donc qu'à ceux qui se trompent sincèrement.

Commençons par la première des deux formes de « gouvernement révolutionnaire » qu'on préconise — le gouvernement élu.

Le pouvoir royal ou autre est renversé, l'armée des défenseurs du Capital est en déroute ; partout la fermentation, la discussion de la chose publique, le désir de marcher de l'avant. Les idées nouvelles surgissent, la nécessité de changements sérieux est comprise, — il faut agir, il faut commencer sans pitié l'œuvre de démolition, afin de déblayer le terrain pour la vie nouvelle. Mais, que nous propose-t-on de faire ? — De convoquer le peuple pour les élections, d'élire de suite un gouvernement, de lui confier l'œuvre que nous tous, que chacun de nous devrait faire de sa propre initiative !

C'est ce que fit Paris, après le 18 mars 1871. — « Je me souviendrai toujours — nous disait un ami — de ces beaux moments de la délivrance. J'étais descendu de ma haute chambre du quartier latin pour entrer dans cet immense club en plein vent qui remplissait les boulevards d'une extrémité à l'autre de Paris. Tous discutaient sur la chose publique ; toute préoccupation personnelle était oubliée : il ne s'agissait plus d'acheter ni de vendre ; tous étaient prêts à se lancer corps et âme vers l'avenir. Des bourgeois même, emportés par l'ardeur universelle voyaient avec bonheur s'ouvrir le monde nouveau. « S'il faut faire la révolution sociale, et bien ! faisons-là : mettons tout en commun ; nous sommes prêts ! » Les éléments de la révolution étaient là : il ne s'agissait plus que de les mettre en œuvre. En rentrant le soir dans ma chambre, je me disais : « Que l'humanité est belle ! On ne la connaît pas, on l'a toujours calomniée ! » Puis vinrent les élections, les membres de la Commune furent nommés — et la puissance de dévouement, le zèle pour l'action s'éteignirent peu à peu. Chacun se remit à la

Pierre Kropotkine

besogne accoutumée en se disant : « Maintenant, nous avons un gouvernement honnête, laissons-le faire. »…. On sait ce qui s'en suivit.

Au lieu d'agir de soi-même, au lieu de marcher de l'avant, au lieu de se lancer hardiment vers un nouvel ordre de choses, le peuple, confiant en ses gouvernants, s'en remet à eux du soin de prendre l'initiative. Voilà la première conséquence — résultat fatal des élections. Que feront donc ces gouvernants investis de la confiance de tous ?

Jamais élections ne furent plus libres que celles de mars 1871. Les adversaires de la Commune l'ont eux-mêmes reconnu. Jamais la grande masse des électeurs n'était plus imbue du désir d'envoyer au pouvoir les meilleurs hommes, des hommes de l'avenir, des révolutionnaires. Et c'est ce qu'elle fit. Tous les révolutionnaires de renom furent élus par des majorités formidables ; jacobins, blanquistes, internationaux, les trois fractions révolutionnaires se trouvèrent représentées au Conseil de la Commune. L'élection ne pouvait donner un meilleur gouvernement.

On en connaît le résultat. Enfermés à l'Hôtel-de-Ville, avec mission de procéder dans les formes établies par les gouvernements précédents, ces révolutionnaires ardents, ces réformateurs se trouvèrent frappés d'incapacité, de stérilité. Avec toute leur bonne volonté et leur courage, ils n'ont pas même su organiser la défense de Paris. Il est vrai qu'aujourd'hui on s'en prend pour cela aux hommes, aux individus ; mais ce ne sont pas les individus qui furent la cause de cet échec — c'est le système appliqué.

En effet, le suffrage universel, lorsqu'il est libre, peut donner, tout au plus, une assemblée représentant la *moyenne* des opinions qui circulent en ce moment dans la masse ; et cette moyenne, au début de la révolution, n'a généralement qu'une idée vague, fort vague, de l'œuvre à accomplir, sans se rendre compte de la manière dont il faut s'y prendre. Ah, si le gros de la nation, de la Commune, pouvait s'entendre, avant le mouvement, sur ce qu'il y aurait à faire dès que le gouvernement serait renversé ! Si ce rêve des utopistes de cabinet pouvait être réalisé, nous n'aurions même jamais eu de révolutions sanglantes : la volonté du gros de la nation étant

LE GOUVERNEMENT RÉVOLUTIONNAIRE

exprimée, le reste s'y serait soumis de bonne grâce. Mais ce n'est pas ainsi que se passent les choses. La révolution éclate bien avant qu'une entente générale ait pu s'établir, et ceux qui ont une idée nette de ce qu'il y aurait à faire au lendemain du mouvement ne sont à ce moment-là qu'une petite minorité. La grande masse du peuple n'a encore qu'une idée générale du but qu'elle voudrait voir réaliser, sans trop savoir comment marcher vers ce but, sans trop avoir de confiance dans la marche à suivre. La solution pratique ne se trouvera, ne se précisera que lorsque le changement aura déjà commencé : elle sera le produit de la révolution elle-même, du peuple en action, — ou bien elle ne sera rien, le cerveau de quelques individus étant absolument incapable de trouver ces solutions qui ne peuvent naître que de la vie populaire.

C'est cette situation qui se reflète dans le corps élu par le suffrage, lors même qu'il n'aurait pas tous les vices inhérents aux gouvernements représentatifs en général. Les quelques hommes qui représentent l'idée révolutionnaire de l'époque se trouvent noyés parmi les représentants des écoles révolutionnaires du passé ou de l'ordre de choses existant. Ces hommes, qui seraient si nécessaires au milieu du peuple, et précisément dans ces journées de révolution, pour semer largement leurs idées, pour mettre les masses en mouvement, pour démolir les institutions du passé, — se trouvent cloués là, dans une salle, discutant à perte de vue, pour arracher des concessions aux modérés, pour convertir des ennemis, tandis qu'il n'y a qu'un seul moyen de les amener à l'idée nouvelle, — c'est de la mettre à exécution. Le gouvernement se change en parlement, avec tous les vices des parlements bourgeois. Loin d'être un gouvernement « révolutionnaire », il devient le plus grand obstacle à la révolution, et pour cesser de piétiner sur place, le peuple se voit forcé de le renvoyer, de destituer ceux qu'hier encore il acclamait comme ses élus. Mais, ce n'est plus si facile. Le nouveau gouvernement, qui s'est empressé d'organiser toute une autre échelle administrative pour étendre sa domination et se faire obéir, n'entend pas céder la place aussi légèrement. Jaloux de maintenir son pouvoir, il s'y cramponne avec toute l'énergie d'une institution qui n'a pas encore eu le temps de tomber en décomposition sénile. Il est décidé à opposer la force à la force ; et

Pierre Kropotkine

pour le déloger, il n'y a qu'un moyen, celui de prendre les armes, de refaire une révolution, afin de renvoyer ceux en qui on avait mis tout son espoir

Et voilà la révolution divisée ! Après avoir perdu un temps précieux en atermoiements, elle va perdre ses forces en divisions intestines entre les amis du jeune gouvernement et ceux qui ont vu la nécessité de s'en défaire ! Et tout cela pour ne pas avoir compris qu'une vie nouvelle demande des formes nouvelles ; que ce n'est pas en se cramponnant aux anciennes formes qu'on opère une révolution ! Tout cela pour n'avoir pas compris l'incompatibilité de révolution et de gouvernement, pour ne pas avoir entrevu que l'un, — sous quelque forme qu'il se présente, — est toujours la *négation* de l'autre, et que, en dehors de l'anarchie, il n'y a pas de révolution.

Il en est de même pour cette autre forme de « gouvernement révolutionnaire » que l'on vous vante — la dictature révolutionnaire.

II

Les dangers auxquels s'expose la Révolution si elle se laisse maîtriser par un gouvernement élu, sont si évidents que toute une école de révolutionnaires renonce complètement à cette idée. Ils comprennent qu'il est impossible à un peuple insurgé de se donner, par la voie des élections, un gouvernement qui ne représente pas le passé, et qui ne soit pas un boulet attaché aux pieds du peuple, surtout lorsqu'il s'agit d'accomplir cette immense régénération économique, politique et morale que nous comprenons par Révolution sociale. Ils renoncent donc à l'idée d'un gouvernement « légal », du moins pour la période qui est une révolte contre la légalité, et ils préconisent la « dictature révolutionnaire ».

« — Le parti, — disent-ils, — qui aura renversé le gouvernement se substituera de force à sa place. Il s'emparera du pouvoir et procédera d'une façon révolutionnaire. Il prendra les mesures nécessaires pour assurer le succès du soulèvement ; il démolira les vieilles institutions ; il organisera la défense du territoire. Quant à ceux qui ne voudront pas reconnaître son autorité, — la guillotine ; à ceux, peuple ou bourgeois, qui refuseront d'obéir aux ordres

LE GOUVERNEMENT RÉVOLUTIONNAIRE

qu'il lancera pour régler la marche de la révolution — encore la guillotine ! » Voilà comment raisonnent les Robespierre en herbe — ceux qui n'ont retenu de la grande épopée du siècle passé que son époque de déclin, ceux qui n'y ont appris que les discours des procureurs de la république.

Pour nous, anarchistes, la dictature d'un individu ou d'un parti, — au fond, c'est la même chose, — est jugée définitivement. Nous savons qu'une révolution sociale ne se dirige pas par l'esprit d'un seul homme ou d'un groupe. Nous savons que révolution et gouvernement sont incompatibles ; l'un doit tuer l'autre, peu importe le nom qu'on donne au gouvernement : dictature, royauté, ou parlement. Nous savons que ce qui fait la force et la vérité de notre parti gît dans sa formule fondamentale : — « Rien ne se fait de bon et de durable que par la libre initiative du peuple, et tout pouvoir tend à la tuer » ; c'est pourquoi les meilleurs d'entre nous, si leurs idées ne devaient plus passer par le creuset du peuple pour être mises à exécution, et s'ils devenaient maîtres de cet engin formidable — le gouvernement — qui leur permît d'en agir à leur fantaisie, deviendraient dans huit jours bons à poignarder. Nous savons où mène chaque dictature, même la mieux intentionnée, — à la mort de la révolution. Et nous savons enfin que cette idée de dictature n'est toujours qu'un produit malsain de ce fétichisme gouvernemental qui, de pair avec le fétichisme religieux, a toujours perpétué l'esclavage.

Mais aujourd'hui ce n'est pas aux anarchistes que nous nous adressons. Nous parlons à ceux des révolutionnaires gouvernementalistes qui, égarés par les préjugés de leur éducation, se trompent sincèrement et ne demandent pas mieux que de discuter. Nous leur parlerons donc en nous mettant à leur point de vue.

Et d'abord, une observation générale. — Ceux qui prêchent la dictature ne s'aperçoivent généralement pas qu'en soutenant ce préjugé, ils ne font que préparer le terrain à ceux qui les égorgeront plus tard. Il y a cependant un mot de Robespierre dont ses admirateurs feraient bien de se souvenir. Lui, il ne niait

Pierre Kropotkine

pas la dictature en principe. Mais… — « Garde-t'en bien » — répondit-il brusquement à Mandar lorsque celui-ci lui en parla, — « *Brissot serait dictateur !* » Oui, Brissot, le malin Girondin, ennemi acharné des tendances égalitaires du peuple, défenseur enragé de la propriété (qu'il avait jadis qualifiée de vol), Brissot, qui eût tranquillement écroué à l'Abbaye Hébert, Marat, et tous les modérantistes jacobins !

Mais, cette parole date de 1792 ! À cette époque, la France était depuis trois ans en révolution ! De fait, la royauté n'existait plus : il ne restait qu'à lui porter le coup de grâce ; en fait, le régime féodal était aboli déjà. Et cependant, même à cette époque, où la révolution roulait librement ses vagues, c'est encore le contre-révolutionnaire Brissot qui avait toutes les chances d'être acclamé dictateur ! Et qu'eût-ce été auparavant, en 1789 ? — C'est Mirabeau qui eût été reconnu chef du pouvoir ! L'homme qui faisait un marché avec le roi pour lui vendre son éloquence, — voilà qui eût été porté au pouvoir à cette époque, si le peuple insurgé n'avait imposé sa souveraineté, appuyée sur les piques, et s'il n'avait procédé par *les faits accomplis* de la Jacquerie, en rendant illusoire tout pouvoir constitué à Paris ou dans les départements.

Mais, le préjugé gouvernemental aveugle si bien ceux qui parlent de dictature, qu'il préfèrent préparer la dictature d'un nouveau Brissot ou d'un Napoléon, que de renoncer à l'idée de donner un autre maître aux hommes qui brisent leurs chaînes !

Les sociétés secrètes du temps de la Restauration et de Louis-Philippe ont puissamment contribué à maintenir ce préjugé de dictature. Les bourgeois républicains de l'époque, soutenus par les travailleurs, ont fait une longue série de conspirations pour renverser la royauté et proclamer la République. Ne se rendant pas compte de la transformation profonde qui devait s'opérer en France, même pour qu'un régime républicain bourgeois pût s'établir, ils s'imaginaient qu'au moyen d'une vaste conspiration, ils renverseraient un jour la royauté, s'empareraient du pouvoir et proclameraient la République. Pendant près de trente ans, ces sociétés secrètes n'ont cessé de travailler avec un dévouement sans bornes, une persévérance et un courage héroïques. Si la République est sortie tout naturellement de l'insurrection de février 1848, c'est grâce à ces sociétés, c'est grâce à la propagande par le fait qu'elles firent pendant trente ans. Sans leurs nobles efforts, jusqu'à présent encore la République eût été impossible.

Leur but était donc de s'emparer eux-mêmes du pouvoir, de s'installer en dictature républicaine. Mais, comme de raison, jamais ils n'y sont parvenus. Comme toujours, de par la force inévitable des choses, ce n'est pas une conspiration qui renversa la royauté. Les conspirateurs avaient préparé la déchéance. Ils avaient largement semé l'idée républicaine ; leurs martyrs en avaient fait l'idéal du peuple. Mais, la dernière poussée, celle qui renversa définitivement le roi de la bourgeoisie, fut bien plus vaste et plus forte que celle qui pouvait venir d'une société secrète ; elle vint de la masse populaire.

Le résultat est connu. Le parti qui avait préparé la chute de la royauté se trouva écarté des marches de l'Hôtel-de-Ville. D'autres, trop prudents pour courir les chances de la conspiration, mais plus connus, plus modérés aussi, guettant le moment de s'emparer du pouvoir, prirent la place que les conspirateurs pensaient conquérir au bruit de la canonnade. Des publicistes, des avocats, de beaux parleurs qui travaillaient à se faire un nom pendant que les vrais républicains forgeaient les armes ou expiraient au bagne, s'emparèrent du pouvoir. Les uns, déjà célèbres, furent acclamés par les badauds ; les autres se poussèrent eux-mêmes, et furent acceptés parce que leur nom ne représentait rien, sinon un programme d'accommodement avec tout le monde.

Qu'on ne vienne pas nous dire que c'était manque d'esprit pratique de la part du parti d'action ; que d'autres pourront faire mieux… — Non, mille fois non ! C'est une loi, comme celle du mouvement des astres, que le parti d'action reste en dehors, tandis que les intrigants et les parleurs s'emparent du pouvoir. Ils sont plus connus dans la grande masse qui fait la dernière poussée. Ils réunissent plus de suffrages, car, avec ou sans bulletins, par acclamation ou par l'intermédiaire des urnes, au fond c'est toujours un genre d'élection tacite qui se fait en ce moment par acclamation. Ils sont acclamés par tout le monde, surtout par les ennemis de la révolution qui préfèrent pousser en avant les nullités, et l'acclamation reconnaît ainsi pour chefs ceux qui, au fond, sont des ennemis du mouvement ou des indifférents.

L'homme qui plus que tout autre fut l'incarnation de ce système de conspiration, l'homme qui paya par une vie en prison son dévouement à ce système, lança à la veille de sa mort ces mots qui sont tout un programme : *Ni Dieu ni Maître !*

III

S'imaginer que le gouvernement puisse être renversé par une société secrète, et que cette société puisse s'implanter à sa place, — c'est une erreur dans laquelle sont tombées toutes les organisations révolutionnaires nées au sein de la bourgeoisie républicaine depuis 1820. Mais d'autres faits abondent pour mettre cette erreur en évidence. Quel dévouement, quelle abnégation, quelle persévérance n'a-t-on pas vu déployer par les sociétés secrètes républicaines de la Jeune Italie — et cependant tout ce travail immense, tous ces sacrifices faits par la jeunesse italienne, devant lesquels pâlissent même ceux de la jeunesse révolutionnaire russe, tous ces cadavres entassés dans les casemates des forteresses autrichiennes et sous le couteau et les balles du bourreau, — tout cela eut pour héritiers les malins de la bourgeoisie et la royauté.

Il en est de même en Russie. Il est rare de trouver dans l'histoire une organisation secrète qui ait obtenue, avec aussi peu de moyens, des résultats aussi immenses que ceux atteints par la jeunesse russe, qui ait fait preuve d'une énergie et d'une action aussi puissante que le Comité Exécutif. Il a ébranlé ce colosse qui semblait invulnérable — le tsarisme ; et il a rendu le gouvernement autocrate désormais impossible en Russie. Et cependant, bien naïfs sont ceux qui s'imagineraient que le Comité Exécutif deviendra maître du pouvoir le jour où la couronne d'Alexandre III sera traînée dans la boue. D'autres, — les prudents qui travaillaient à se faire un nom pendant que les révolutionnaires creusaient leurs mines, ou périssaient en Sibérie, — d'autres, — les intrigants, les parleurs, les avocats, les littérateurs qui versent de temps en temps une larme bien vite essuyée sur la tombe des héros et posent pour amis du peuple, — voilà ceux qui viendront prendre la place vacante du gouvernement et crieront *Arrière !* aux « inconnus » qui auront préparé la révolution.

C'est inévitable, c'est fatal, et il ne peut pas en être autrement. Car ce ne sont pas les sociétés secrètes, ni même les organisations révolutionnaires, qui portent le coup de grâce aux gouvernements. Leur fonction, leur mission historique, c'est de préparer les esprits à la révolution. Et lorsque les esprits sont préparés, — les circonstances extérieures aidant, — la dernière poussée vient, non pas du groupe initiateur, mais de la masse restée en dehors des ramifications de la société. Le 31 août, Paris reste muet aux appels de Blanqui. Quatre jours plus tard, il proclame la déchéance du gouvernement ; mais alors, ce ne sont plus les Blanquistes qui sont les initiateurs du mouvement : c'est le peuple, les millions, qui détrônent le Décembriseur, et acclament les farceurs dont les noms ont résonné depuis deux ans à leurs oreilles. Lorsque la révolution est prête à éclater, lorsque le mouvement se sent dans l'air, lorsque le succès est déjà devenu *certain*, alors mille hommes nouveaux, sur lesquels l'organisation secrète n'a jamais exercé une influence directe, viennent se joindre au mouvement, comme des oiseaux de proie arrivés sur le champ de bataille pour se partager la dépouille des victimes. Ceux-ci aident à faire la dernière poussée, et ce n'est pas dans les rangs des conspirateurs sincères et irréconciliables, c'est parmi les pantins à balançoire qu'ils vont prendre leurs chefs, — tant ils sont inspirés de l'idée qu'un chef est nécessaire.

Les conspirateurs qui maintiennent le préjugé de la dictature travaillent donc inconsciemment à faire monter au pouvoir leurs propres ennemis.

Mais, si ce que nous venons de dire est vrai par rapport aux révolutions ou plutôt aux émeutes politiques, — cela est bien plus vrai encore par rapport à la révolution que nous voulons, — la Révolution Sociale. Laisser s'établir un Gouvernement quelconque, un pouvoir fort et obéi, — c'est enrayer la marche de la révolution dès le début. Le bien que ce gouvernement pourrait faire est nul, et le mal — immense.

Pierre Kropotkine

En effet, de quoi s'agit-il, que comprenons-nous par Révolution ?
— Ce n'est pas un simple changement de gouvernants. C'est
la prise de possession par le peuple de toute la richesse sociale.
C'est l'abolition de tous les pouvoirs qui n'ont cessé d'entraver le
développement de l'humanité. Mais, est-ce par des décrets émanant
d'un gouvernement que cette immense révolution économique
peut être accomplie ? Nous avons vu, au siècle passé, le dictateur
révolutionnaire polonais Kosciusko décréter l'abolition du servage
personnel ; — le servage continua d'exister quatre-vingts ans
après ce décret.[1] Nous avons vu la Convention, l'omnipotente
Convention, la terrible Convention, comme disent ses admirateurs,
— décréter le partage *par tête* de toutes les terres communales
reprises aux seigneurs. Comme tant d'autres, ce décret resta lettre
morte, parce que, pour le mettre en exécution, il eût fallu que les
prolétaires des campagnes fissent toute une nouvelle révolution,
et que les révolutions ne se font pas à coup de décrets. Pour que
la prise de possession de la richesse sociale par le peuple devienne
un fait accompli, il faut que le peuple se sente les coudées franches,
qu'il secoue la servitude à laquelle il n'est que trop habitué, qu'il
agisse de sa tête, qu'il marche de l'avant sans attendre les ordres de
personne. Or, c'est précisément ce qu'empêchera la dictature, lors
même qu'elle serait la mieux intentionnée du monde, et en même
temps elle sera incapable d'avancer d'un seul pouce la révolution.

Mais si le gouvernement, — fût-il même un idéal de gouvernement
révolutionnaire, — ne crée pas une force nouvelle et ne présente
aucun avantage pour le travail de démolition que nous avons
à accomplir, — encore moins avons-nous à compter sur lui
pour l'œuvre de réorganisation qui doit suivre la démolition. Le
changement économique qui résultera de la Révolution Sociale
sera si immense et si profond, il devra altérer tellement toutes
les relations basées aujourd'hui sur la propriété et l'échange, —
qu'il est impossible, à un ou à quelques individus d'élaborer les
formes sociales qui doivent naître dans la société future. Cette
élaboration des formes sociales nouvelles ne peut se faire que par

---

1 Proclamation du 7 mai 1794, promulguée le 30 mai. — Si ce décret avait été mis
à exécution, c'était, de fait, l'abolition du servage personnel et de la justice patrimo-
niale.

LE GOUVERNEMENT RÉVOLUTIONNAIRE

le travail collectif des masses. Pour satisfaire à l'immense variété des conditions et des besoins qui naîtront le jour où la propriété individuelle sera démolie, il faut la souplesse de l'esprit collectif du pays. Toute autorité extérieure ne sera qu'une entrave, qu'un empêchement à ce travail organique qui doit s'accomplir et, partant, une source de discorde et de haines.

Mais il est bien temps d'abandonner cette illusion, tant de fois démentie et tant de fois payée si cher, d'un gouvernement *révolutionnaire*. Il est temps de se dire une fois pour toutes et d'admettre cet axiome politique qu'*un gouvernement ne peut pas être* révolutionnaire. On nous parle de la Convention ; mais n'oublions pas que les quelques mesures d'un caractère tant soit peu révolutionnaire prises par la Convention, furent la sanction de faits accomplis par le peuple qui à ce moment marchait par-dessus la tête de tous les gouvernements. Comme l'a dit Victor Hugo dans son style imagé, Danton poussait Robespierre, Marat surveillait et poussait Danton, et Marat lui-même était poussé par Cimourdain, — cette personnification des clubs des « enragés » et des révoltés. Comme tous les gouvernements qui la précédèrent et la suivirent, la Convention ne fut qu'un boulet aux pieds du peuple.

Les faits que nous enseigne l'histoire sont si concluants sous ce rapport ; l'impossibilité d'un gouvernement révolutionnaire et la nocivité de ce qu'on désigne sous ce nom sont si évidents, qu'il semblerait difficile de s'expliquer l'acharnement qu'une certaine école se nommant socialiste met à maintenir l'idée d'un gouvernement. Mais l'explication est bien simple. C'est que, tout socialistes qu'ils se disent, les adeptes de cette école ont une tout autre conception que la nôtre de la révolution qu'il nous incombe d'accomplir. Pour eux, — comme pour tous les radicaux bourgeois, — la Révolution Sociale, c'est plutôt une affaire de l'avenir à laquelle il n'y a pas à songer aujourd'hui. Ce qu'ils rêvent au fond de leur cœur, sans oser l'avouer, c'est tout autre chose. C'est l'installation d'un gouvernement pareil à celui de la Suisse ou des États-Unis, faisant quelques tentatives d'appropriation à l'État de ce qu'ils appellent ingénieusement « services publics ». C'est quelque chose qui tient de l'idéal de Bismarck et de celui du tailleur qui arrive à la présidence des États-Unis. C'est un compromis, fait d'avance, entre

Pierre Kropotkine

les aspirations socialistes des masses et les appétits des bourgeois. Ils voudraient bien l'expropriation complète, mais ils ne se sentent pas le courage de la tenter, ils la renvoient au siècle prochain et, avant la bataille, ils entrent déjà en négociation avec l'ennemi.

Pour nous, qui comprenons que le moment approche de porter à la bourgeoisie un coup mortel ; que le moment n'est pas loin où le peuple pourra mettre la main sur toute la richesse sociale et réduire la classe des exploiteurs à l'impuissance ; pour nous, dis-je, il ne peut y avoir d'hésitation. Nous nous lancerons corps et âme dans la Révolution *sociale* et, comme dans cette voie un gouvernement, quel que soit le bonnet dont il se coiffe, est un obstacle, nous réduirons à l'impuissance et balayerons les ambitieux à mesure qu'ils viendront s'imposer pour gouverner nos destinées.

Assez de gouvernements, place au peuple, à l'anarchie !

TOUS SOCIALISTES !

Depuis que l'idée socialiste a commencé de pénétrer au sein des masses ouvrières, il se produit un fait des plus intéressants. Les pires ennemis du socialisme ayant compris que le meilleur moyen de maîtriser le socialisme est de se faire passer pour ses adhérents, s'empressent de se déclarer socialistes. Parlez à un de ces gros bourgeois qui exploitent sans miséricorde l'ouvrier, l'ouvrière et l'enfant. Parlez-lui des inégalités scandaleuses des fortunes, des crises et de la misère qu'elles engendrent ; parlez-lui de la nécessité de modifier le régime de la propriété afin d'améliorer la situation des ouvriers ; et, si le bourgeois est intelligent, s'il cherche à « parvenir » en politique, et surtout si vous êtes son électeur, il s'empressera de vous dire :

« Parbleu ! mais moi aussi je suis socialiste comme vous ! — Question sociale, caisses d'épargne, législation sur le travail ; — je suis parfaitement d'accord pour tout cela ! Seulement, vous savez ? Ne bouleversons pas tout en un jour, marchons à la douce ! » — Et il vous quitte pour aller soutirer « à la douce » quelques sous de plus « à ses ouvriers » en prévision des pertes que l'agitation socialiste pourra lui occasionner un jour.

Autrefois il vous aurait tourné le dos. Aujourd'hui il cherche à vous faire croire qu'il partage vos idées, pour vous égorger plus facilement le jour où il en aura l'occasion.

Ce fait s'est produit surtout aux dernières élections en France.[1] Il suffisait que dans une réunion électorale on soulevât la question du socialisme, pour que celui qui briguait les suffrages s'empressât de se déclarer, lui aussi, partisan du socialisme, — *du vrai socialisme*, — bien entendu, du socialisme des escamoteurs.

Les deux tiers des délégués ont fait comprendre aux électeurs qu'ils entendaient s'occuper à la Chambre de la question sociale. M. Clemenceau s'est déclaré socialiste, et M. Gambetta eût été bien près de le faire ; s'il n'avait pas visé le suprême bonheur de toucher un jour la main à quelque Majesté, il n'aurait pas manqué de se déclarer franchement socialiste. Bismarck, lui, n'hésite pas : il se déclare plus socialiste que n'importe qui, le socialiste par excellence ; et en Angleterre, il n'est pas rare d'entendre dire que si lord Beaconsfield avait vécu, il aurait, certainement, « résolu la question sociale ». Il n'y a pas jusqu'aux porteurs de frocs et de soutanes qui ne se mettent de la partie. Le prédicateur de la Cour de Berlin prêche le socialisme, et en France les noirs publient une revue dans laquelle ils déclarent posséder le vrai socialisme. Il paraît même (au dire des journaux anglais) que le tsar, — depuis qu'il a fait déposer sur sa table (à écrire, bien entendu) un morceau de pain noir fait d'herbe et d'un peu de farine, pour lui rappeler constamment quelle est la nourriture des paysans russes, — s'est imaginé qu'il possède aussi le vrai socialisme ; il n'attend, paraît-il, que la bénédiction de Bismarck et des patriarches d'Antioche et de Constantinople pour commencer à appliquer ses doctrines socialistes.

Bref, tous socialistes ! Agioteurs qui spéculent sur le prix du pain pour acheter des bijoux à leurs femmes ; patrons qui font mourir les ouvrières de phtisie et les enfants d'inanition ; potentats qui emprisonnent à Berlin et pendent à Pétersbourg ; gendarmes qui perquisitionnent, — tous, s'ils fouillent nos papiers, s'il emprisonnent et pendent des socialistes, s'ils massacrent les ouvrières et leurs enfants, s'ils tripotent en politique et en finance, — ils ne le font que pour accélérer le triomphe du vrai socialisme !

---

1 Écrit en septembre 1881.

Pierre Kropotkine

Eh bien ! il se trouve encore des socialistes assez naïfs pour éclater en chants de triomphe à la vue de ce spectacle. — « Monsieur un tel s'est déclaré socialiste ; M. Gambetta a reconnu l'existence de la question sociale ! Nouvelle preuve que l'idée gagne du terrain », — s'empressent-ils d'annoncer dans leurs journaux. Comme si nous avions besoin de la sanction de qui que ce soit pour savoir que l'idée socialiste gagne du terrain au sein du peuple !

Quant à nous, ce spectacle nous afflige au lieu de nous réjouir. Il nous prouve, d'une part, que la bourgeoisie complote pour escamoter le socialisme, absolument comme elle escamotait jadis l'idée républicaine ; et d'autre part, il nous prouve que ceux qui jadis furent considérés comme socialistes lâchent aujourd'hui le socialisme, en renonçant à son idée-mère, et passent dans le camp de la bourgeoisie, tout en conservant, pour masquer leur volte-face, l'étiquette de socialistes.

Quelle fut, en effet, l'idée distinctive, l'idée-mère du socialisme ?

— L'idée de la nécessité d'abolir le salariat, d'abolir la propriété individuelle du sol, des maisons, des matières premières, des instruments de travail, du capital social en un mot. Quiconque ne reconnaissait pas cette idée fondamentale, quiconque ne la mettait pas en pratique dans sa vie privée en renonçant à l'exploitation d'autrui, — n'était pas reconnu socialiste.

— « Admettez-vous la nécessité d'abolir la propriété individuelle ? — Admettez-vous la nécessité d'exproprier, au profit de tous, les détenteurs actuels du capital social ? — Sentez-vous le besoin de vivre conformément à ces principes ? » Voilà ce qu'on demandait autrefois au nouveau venu, avant de lui tendre la main comme à un socialiste.

Il est évident qu'en vous posant ces questions, on ne vous demandait pas si vous reconnaissiez la nécessité d'abolir la propriété individuelle dans deux cents ans ou dans deux mille ans ! On ne se pose pas des questions oiseuses sur ce qu'il sera bon de faire dans deux cents ans ! Lorsqu'on parlait d'abolition de la propriété individuelle, on en reconnaissait la nécessité dès aujourd'hui, et il était convenu qu'il fallait en faire la tentative lors même de la *prochaine* révolution. — « La prochaine révolution »

— disaient les socialistes il y a dix ans (et ceux qui sont restés socialistes le disent encore) — « la prochaine révolution ne doit plus être un simple changement de gouvernement, suivi de quelques améliorations de la machine gouvernementale : *elle doit être la Révolution Sociale.* »

Cette conviction sur la nécessité de se préparer pour l'expropriation lors de la *prochaine* révolution, constituait l'idée-mère du socialiste ; c'est cela qui le distinguait de tous ceux qui admettent aussi la nécessité de quelques améliorations dans le sort de l'ouvrier, qui vont parfois jusqu'à convenir que le communisme est l'idéal de la société future, mais qui n'admettent certainement pas qu'on cherche à réaliser le communisme du jour au lendemain.

Professant ces idées, le socialiste était sûr de ne pas être confondu avec ses ennemis. Il était sûr que le nom de socialiste ne serait pas escamoté par ceux qui veulent tout bonnement le maintien de l'exploitation actuelle.

Tout cela a changé aujourd'hui.

D'une part il se constituait au sein de la bourgeoisie un noyau d'aventuriers qui comprenaient que sans endosser l'étiquette socialiste ils ne parviendraient jamais à escalader les marches du pouvoir. Il leur fallait donc trouver un moyen de se faire accepter par le parti, sans en adopter les principes. D'autre part, ceux qui ont compris que le moyen le plus facile de maîtriser le socialisme, c'est d'entrer dans ses rangs, de corrompre ses principes, de faire dévier son action, faisaient une poussée dans le même sens.

Malheureusement il s'est trouvé des socialistes, des socialistes d'autrefois, désireux de grouper autour d'eux le plus de monde possible, pourvu que les nouveaux venus acceptent l'*étiquette* de socialistes, qui se sont empressés d'ouvrir largement les portes et de faciliter l'entrée aux soi-disant convertis. Ils ont renoncé eux-mêmes à l'idée-mère du socialisme, et, sous leurs auspices, il se constitue aujourd'hui une nouvelle espèce de soi-disant socialistes n'ayant conservé de l'ancien parti que le nom.

Semblables à ce colonel de gendarmerie russe qui disait à un de nos amis que, lui aussi, il trouvait l'idéal communiste admirable, mais que cet idéal ne pouvant être réalisé avant 200 peut-être 500

Pierre Kropotkine

ans, il fallait en attendant mettre notre ami sous les verrous, pour le punir de la propagande communiste qu'il avait faite ; semblables, dis-je, à ce colonel de gendarmerie, ils déclarent que l'abolition de la propriété individuelle et l'expropriation doivent être renvoyées à un avenir lointain ; que tout cela, c'est du roman, de l'utopie qu'il faut s'occuper, en attendant, de réformes réalisables, et que ceux qui tiennent à l'idée d'expropriation sont leurs pires ennemis — « Préparons, disent-ils, le terrain, non pas pour exproprier le sol mais pour nous emparer de la machinegouvernementale, au moyen de laquelle nous améliorerons plus tard, peu à peu, le sort des ouvriers. Préparons, pour la prochaine révolution, non pas la conquête des usines, mais la conquête des municipalités. »

Comme si la bourgeoisie, restant détenteur du capital, pouvait leur laisser faire des expériences de socialisme, lors même qu'ils réussiraient à s'emparer du pouvoir ! Comme si la conquête des municipalités était possible sans la conquête des usines !

Les conséquences de cette volte-face se font déjà sentir.

Maintenant, lorsque vous avez affaire à un de ces nouveaux socialistes, vous ne savez plus si c'est à un monsieur semblable au colonel de gendarmerie russe que vous parlez, ou à un socialiste pour tout de bon. Puisqu'il suffit d'admettre qu'un jour — dans mille ans, peut-être — la propriété pourra devenir collective, et qu'en attendant il faut voter pour quelqu'un qui demandera à la Chambre de réduire les heures de travail, — la différence entre le socialisme dudit colonel de gendarmerie et celle du néo-socialiste devient imperceptible : Tous socialistes ! L'ouvrier qui n'a pas le temps de suivre une trentaine de journaux à la fois, ne saura plus où sont ses alliés et où sont ses ennemis, les socialistes et les escamoteurs de l'idée socialiste. Et, le jour de la Révolution venu, il devra subir de rudes épreuves et de terribles saignées, avant qu'il ait reconnu amis et ennemis.

L'ESPRIT DE RÉVOLTE

I[1]

---

1 La manière de concevoir la grande Révolution française, adoptée dans ces ar-

ticles, diffère de la version officielle. Je dois donc quelques mots à mes lecteurs pour la justifier. Pour les historiens admirateurs de la bourgeoisie, le grand drame s'est noué principalement dans les grandes villes, et surtout sur l'arène parlementaire. Le peuple des campagnes se soulève bien pour quelques mois, après que Partis lui en a donné le signal par la prise de la Bastille, il brûle quelques châteaux, et puis tout est dit. Si, plus tard, il y a encore quelques émeutes, dont on cherche à atténuer l'importance, ce ne sont plus que des « brigands », certainement soudoyés par la contre-révolution, qui fomentent le désordre ; les honnêtes républicains, les patriotes, pouvaient-ils vouloir le désordre après que « les grands principes de 1789 » eurent été proclamés et la Révolution mise en si bon train par la Constituante, la Législative et la Convention !

Suivant nous, au contraire, les soulèvements des paysans dans les campagnes et des va-nu-pieds dans les villes commencent à s'accentuer dès 1788. Ils deviennent plus nombreux dans les campagnes et se précisent (pour l'abolition des droits féodaux) dès les premiers mois de 1789 ; ils continuent jusqu'en 1793. Si la bourgeoisie paie d'audace en mai-juillet 1789, si le 4 août l'aristocratie fait la comédie du « sacrifice de ses droits sur l'autel de la patrie » — c'est que depuis février la France paysanne est déjà en insurrection : elle ne paie plus les redevances, elle s'ameute contre les seigneurs ; ceux qu'on appelle « la canaille des grandes villes » sont déjà en ébullition. L'insurrection de Paris du 11 au 14 juillet 1789, celles de Strasbourg et des autres grandes villes, ne sont point ces émeutes bien peignées dont on nous parle, ce ne sont pas des protestations contre la chute de Necker : ce sont de vrais soulèvements des va-nu-pieds contre les riches en général —, soulèvements dont la bourgeoisie s'empare, qu'elle endigue, qu'elle dirige, pour faire tomber le pouvoir royal.

Ce que l'on voit, en 1789, dans les campagnes et les villes, se continue pendant les quatre années que dure la Révolution. Jacqueries à plusieurs reprises dans les villages, soulèvements continuels dans les cités.

Pour s'en convaincre, il suffirait de consulter, par exemple, le rapport de Grégoire, présenté au nom du Comité féodal, en février ou janvier 1790. On y voit déjà l'extension de la Jacquerie à cette époque. Et pour comprendre comment la Jacquerie devait inévitablement continuer afin d'abolir *le rachat* des redevances féodales et d'obtenir le retour aux Communes des terres accaparées par les seigneurs, il suffirait encore de mentionner le décret du 18 juin 1790 — décret qui ordonnait encore le maintien de certaines « dîmes

tant ecclésiastiques qu'inféodées », ainsi que le paiement, « jusqu'au rachat, des champarts, terrages, agriers et autres redevances payables en nature », et qui défendait en même temps « à toutes personnes d'apporter aucun trouble aux perceptions des dîmes, parts, etc., soit par des écrits, *soit par des discours*, soit par des menaces, à peine d'être punis comme perturbateurs du repos public ». Ce décret, promulgué dix mois après la fameuse nuit du 4 août, presque un an après la prise de la Bastille, montre assez ce que le paysan aurait gagné si la Jacquerie n'avait pas continué.

C'est pourquoi M. Taine, quel que soit le flot d'injures qu'il déverse sur le peuple — probablement pour payer un tribut au style académique —, est bien près de la vérité lorsqu'il parle de cinq ou six Jacqueries qui se suivent pendant la Révolution. Au fond, l'insurrection des paysans a duré plus de quatre ans — depuis 1788 jusqu'en

Pierre Kropotkine

   Dans la vie des sociétés, il est des époques où la Révolution
1793 —, jusqu'à ce que la Convention, reconnaissant enfin les faits accomplis et
revenant sur les décrets précédents concernant les droits féodaux et les terres communales, ordonnât le retour aux Communes des terres accaparées par les seigneurs ;
au profit de tous les paysans, propriétaires et prolétaires, et abolît définitivement,
non seulement les droits féodaux mais aussi le rachat de ces droits, imposé par la
Constituante. Comme toutes les Jacqueries, d'ailleurs, celle-ci n'est point universelle ni continue. Elle s'éteint, puis elle reprend ; elle meurt dans un endroit pour
renaître dans un autre ; elle change de place, comme pendant la guerre des paysans
du seizième siècle.

Sans cette insurrection, appuyée par les insurrections dans les villes, la Révolution se-
rait incompréhensible : elle eût été impossible. Le grand historien du XVIIIe siècle,
Schlosser, avait fort bien entrevu cette difficulté. — « Comment se pouvait-il que
Robespierre eût pu tenir ainsi la France ? » disait-il un jour à l'abbé Grégoire, à quoi
Grégoire répondit par ces mots qui résument si

bien la situation : — « Robespierre ! s'écria-t-il — mais chaque village avait son
Robespierre ! » Il eût dit mieux encore s'il avait dit : « son Marat, son club des enragés ! »

Cela seul rendit possible le renversement du pouvoir absolu. Pendant que les paysans s'insurgeaient, poursuivant leur but ; pendant que les sans-culottes des villes,
cherchant à tâtons un nouvel avenir, renversaient les pouvoirs établis, empêchant
ainsi la constitution d'un pouvoir fort — la bourgeoisie put greffer sur la révolution
populaire sa révolution, qui lui permit de renverser la royauté et de s'emparer du
pouvoir gouvernemental pour son compte. Ceux qui se rebiffent à l'idée que leurs
devanciers bourgeois ont fait leur révolution en s'appuyant sur ces misérables qu'ils
insultent aujourd'hui feraient mieux de consulter les *sources* de l'histoire au lieu de
se borner aux reproductions, plus ou moins assaisonnées d'épisodes, de l'*Histoire
Parlementaire* de Buchez et Roux et du *Moniteur*. Ils verraient comment leurs ancêtres, si corrects dans l'histoire officielle, ne reculaient pas devant l'envoi de pamphlets incendiaires dans les campagnes « sous le sceau de l'Assemblée nationale », et
comment ils allaient chercher des alliés pour leurs manifestations dans les caboulots
mal famés de la banlieue. M. Taine, non plus, n'a pas bonne grâce d'insulter ces
« jacobins » (pour lui, tous les révolutionnaires sont des jacobins !) qui venaient faire
les élections à coup de trique ; c'est à eux précisément qu'il doit de ne plus être un
sujet de S. M. le Roy.

Quant aux insurrections qui précédèrent la révolution et se succédèrent pendant la
première année, le peu que j'ai pu en dire dans cet espace restreint est le résultat d'un
travail d'ensemble que j'avais poursuivi en 1877 et 1878 au British Museum et à la
Bibliothèque nationale, travail que je n'ai pas encore terminé, et où je me proposais
d'exposer les origines de la Révolution et d'autres mouvements en Europe. Ceux qui
voudraient se livrer à cette étude — de la plus haute importance — feraient bien de
consulter (outre les ouvrages connus de MM. Raudot, Doniol, Leymarie, Bonne-
mère, Hippeau, et Babeau, etc., qui traitent de la situation en général avant la révolution) les mémoires et les histoires locales, comme celles de M. Combes sur la ville de
Castres, de Sommier pour le Jura, de Vic et Vaissele, continuée par du Mège, pour le
Languedoc, de du Châtelier pour la Bretagne, de Clerc pour la Franche-Comté, de

devient une impérieuse nécessité, où elle s'impose d'une manière absolue. Des idées nouvelles germent de partout, elles cherchent à se faire jour, à trouver une application dans la vie, mais elles se heurtent continuellement à la force d'inertie de ceux qui ont intérêt à maintenir l'ancien régime, elles étouffent dans l'atmosphère suffocante des anciens préjugés et des traditions. Les idées reçues sur la constitution des États, sur les lois d'équilibre social, sur les relations politiques et économiques des citoyens entre eux, ne tiennent plus devant la critique sévère qui les sape chaque jour, à chaque occasion, dans le salon comme dans le cabaret, dans les ouvrages du philosophe comme dans la conversation quotidienne. Les institutions politiques, économiques et sociales tombent en ruine ; édifice devenu inhabitable, il gêne, il empêche le développement des germes qui se produisent dans ses murs lézardés et naissent autour de lui.

Un besoin de vie nouvelle se fait sentir. Le code de moralité établi, celui qui gouverne la plupart des hommes dans leur vie quotidienne ne paraît plus suffisant. On s'aperçoit que telle chose, considérée auparavant comme équitable, n'est qu'une criante injustice : la moralité d'hier est reconnue aujourd'hui comme étant d'une immoralité révoltante. Le conflit entre les idées nouvelles et

---

Strobel, continuée par Engelhardt, pour l'Alsace, et surtout de M. Heitz (*Contre-révolution* et *Sociétés politiques*), de Leymarie pour le Limousin, de Montdésir pour le Limousin et le Quercy, de Lafont pour le Midi, etc. Cependant, qu'ils ne comptent pas pouvoir reconstituer avec ces documents seuls une histoire complète des émeutes qui précédèrent la Révolution. Pour le faire, il n'y a qu'un moyen, celui de s'adresser aux archives ou, malgré l'extermination des papiers féodaux, ordonnée par la Convention, on finira certainement par trouver des faits très importants. Je mentionnerai entre autres la liasse spécialement consacrée à ces émeutes qui se trouve aux Archives nationales, et dont nous devons la connaissance à un professeur russe, M. Karéeff, auteur d'un ouvrage sur les paysans français avant la Révolution. C'est probablement cette liasse et d'autres documents trouvés aux Archives qui ont permis a M. Taine de dire avec beaucoup de raison, que trois cents émeutes, au moins, eurent lieu en France *avant* la prise de la Bastille, et de mentionner — malheureusement en une seule ligne — les sociétés secrètes qui existaient parmi les paysans avant la Révolution et à son début.

Quant aux moyens d'agitation employés par la bourgeoisie à Paris au commencement de la Révolution et pudiquement répudiés aujourd'hui, je me suis surtout laissé guider par l'excellent ouvrage de M. Félix Rocquain, l'*Esprit révolutionnaire avant la Révolution* que je ne saurais trop recommander à ceux qui cherchent les *faits*, et non des conclusions formulées d'avance.

Pierre Kropotkine

les vieilles traditions éclate dans toutes les classes de la société, dans tous les milieux, jusque dans le sein de la famille. Le fils entre en lutte avec son père : il trouve révoltant ce que son père trouvait tout naturel durant toute sa vie ; la fille se révolte contre les principes que sa mère lui transmettait comme le fruit d'une longue expérience. La conscience populaire s'insurge chaque jour contre les scandales qui se produisent au sein de la classe des privilégiés et des oisifs, contre les crimes qui se commettent au nom du droit du plus fort, ou pour maintenir les privilèges. Ceux qui veulent le triomphe de la justice ; ceux qui veulent mettre en pratique les idées nouvelles, sont bien forcés de reconnaître que la réalisation de leurs idées généreuses, humanitaires, régénératrices, ne peut avoir lieu dans la société, telle qu'elle est constituée : ils comprennent la nécessité d'une tourmente révolutionnaire qui balaie toute cette moisissure, vivifie de son souffle les cœurs engourdis et apporte à l'humanité le dévouement, l'abnégation, l'héroïsme, sans lesquels une société s'avilit, se dégrade, se décompose.

Aux époques de course effrénée vers l'enrichissement, de spéculations fiévreuses et de crises, de ruine subite de grandes industries et d'épanouissement éphémère d'autres branches de production, de fortunes scandaleuses amassées en quelques années et dissipées de même, on conçoit que les institutions économiques, présidant à la production et à l'échange, soient loin de donner à la société le bien-être qu'elles sont censées lui garantir ; elles amènent précisément un résultat contraire. Au lieu de l'ordre, elles engendrent le chaos, au lieu du bien-être, la misère, l'insécurité du lendemain ; au lieu de l'harmonie des intérêts, la guerre, une guerre perpétuelle de l'exploiteur contre le producteur, des exploiteurs et des producteurs entre eux. On voit la société se scinder de plus en plus en deux camps hostiles et se subdiviser en même temps en milliers de petits groupes se faisant une guerre acharnée. Lasse de ces guerres, lasse des misères qu'elles engendrent, la société se lance à la recherche d'une nouvelle organisation ; elle demande à grands cris un remaniement complet du régime de la propriété, de la production, de l'échange et de toutes les relations économiques qui en découlent.

La machine gouvernementale, chargée de maintenir l'ordre existant, fonctionne encore. Mais, à chaque tour de ses rouages détraqués, elle se butte et s'arrête. Son fonctionnement devient de plus en plus difficile, et le mécontentement excité par ses défauts, va toujours croissant. Chaque jour fait surgir de nouvelles exigences. — « Réformez ceci, réformez cela ! » crie-t-on de tous côtés. — « Guerre, finance, impôts, tribunaux, police, tout est à remanier, à réorganiser, à établir sur de nouvelles bases », disent les réformateurs. Et cependant, tous comprennent qu'il est impossible de refaire, de remanier quoi que ce soit, puisque tout se tient ; tout serait à refaire à la fois ; et comment refaire, lorsque la société est divisée en deux camps ouvertement hostiles ? Satisfaire les mécontents, serait en créer de nouveaux.

Incapables de se lancer dans la voie des réformes, puisque ce serait s'engager dans la Révolution ; en même temps, trop impuissants pour se jeter avec franchise dans la réaction, les gouvernements s'appliquent aux demi-mesures, qui peuvent ne satisfaire personne et ne font que susciter de nouveaux mécontentements. Les médiocrités qui se chargent à ces époques transitoires de mener la barque gouvernementale, ne songent plus d'ailleurs qu'à une seule chose : s'enrichir, en prévision de la débâcle prochaine. Attaqués de tous côtés, ils se défendent maladroitement, ils louvoient, ils font sottise sur sottise, et ils réussissent bientôt à trancher la dernière corde de salut ; ils noient le prestige gouvernemental dans le ridicule de leur incapacité.

À ces époques, la Révolution s'impose. Elle devient une nécessité sociale ; la situation est une situation révolutionnaire.

Lorsque nous étudions chez nos meilleurs historiens la genèse et le développement des grandes secousses révolutionnaires, nous trouvons ordinairement sous ce titre : « Les Causes de la Révolution », un tableau saisissant de la situation à la veille des événements. La misère du peuple, l'insécurité générale, les mesures vexatoires du gouvernement, les scandales odieux qui étalent les grands vices de la société, les idées nouvelles cherchant à se faire jour et se heurtant contre l'incapacité des suppôts de l'ancien régime, rien n'y manque. En contemplant ce tableau, on arrive à la conviction que la Révolution était inévitable en effet, qu'il n'y avait pas d'autre issue que la voie des faits insurrectionnels.

Pierre Kropotkine

Prenons pour exemple la situation d'avant 1789, telle que nous la montrent les historiens. Vous croyez entendre le paysan se plaindre de la gabelle, de la dîme, des redevances féodales, et vouer dans son cœur une haine implacable au seigneur, au moine, à l'accapareur, à l'intendant. Il vous semble voir les bourgeois se plaindre d'avoir perdu leurs libertés municipales et accabler le roi sous le poids de leurs malédictions. Vous entendez le peuple blâmer la reine, se révolter au récit de ce que font les ministres, et se dire à chaque instant que les impôts sont intolérables et les redevances exorbitantes, que les récoltes sont mauvaises et l'hiver trop rigoureux, que les vivres sont trop chers et les accapareurs trop voraces, que les avocats de village dévorent la moisson du paysan, et que le garde champêtre veut jouer au roitelet, que la poste même est mal organisée et les employés trop paresseux… Bref, rien ne marche, tous se plaignent. « Cela ne peut plus durer, ça finira mal ! » se dit-on de tous les côtés.

Mais, de ces raisonnements paisibles à l'insurrection, à la révolte, il y a tout un abîme, — celui qui sépare, chez la plus grande partie de l'humanité, *le raisonnement* de *l'acte, la pensée* de la *volonté,* du besoin d'agir. Comment donc cet abîme a-t-il été franchi ? Comment ces hommes qui, hier encore, se plaignaient tout tranquillement de leur sort, en fumant leurs pipes, et qui, un moment après, saluaient humblement ce même garde champêtre et ce gendarme dont ils venaient de dire du mal, — comment, quelques jours plus tard, ces mêmes hommes ont-ils pu saisir leurs faulx et leurs bâtons ferrés et sont-ils allés attaquer dans son château le seigneur, hier encore si terrible ? Par quel enchantement, ces hommes que leurs femmes traitaient avec raison de lâches se sont-ils transformés aujourd'hui en héros, qui marchent sous les balles et sous la mitraille à la conquête de leurs droits ? Comment ces *paroles,* tant de fois prononcées jadis et qui se perdaient dans l'air comme le vain son des cloches, se sont-elles enfin transformées en *actes* ?

La réponse est facile.

— C'est *l'action,* l'action continue, renouvelée sans cesse, des minorités, qui opère cette transformation. Le courage, le dévouement, l'esprit de sacrifice, sont aussi contagieux que la poltronnerie, la soumission et la panique.

Quelles formes prendra l'agitation ? — Mais toutes les formes, les plus variées, qui lui seront dictées par les circonstances, les moyens, les tempéraments. Tantôt lugubre, tantôt railleuse, mais toujours audacieuse ; tantôt collective, tantôt purement individuelle, elle ne néglige aucun des moyens qu'elle a sous la main, aucune circonstance de la vie publique, pour tenir toujours l'esprit en éveil, pour propager et formuler le mécontentement, pour exciter la haine contre les exploiteurs, ridiculiser les gouvernants, démontrer leur faiblesse, et surtout, et toujours, réveiller l'audace, l'esprit de révolte, en prêchant d'exemple.

II

Lorsqu'une situation révolutionnaire se produit dans un pays, sans que l'esprit de révolte soit encore assez éveillé dans les masses pour se traduire par des manifestations tumultueuses dans la rue, ou par des émeutes et des soulèvements, — c'est par l'*action* que les minorités parviennent à réveiller ce sentiment d'indépendance et ce souffle d'audace sans lesquels aucune révolution ne saurait s'accomplir.

Hommes de cœur qui ne se contentent pas de paroles, mais qui cherchent à les mettre à exécution, caractères intègres, pour qui l'acte fait un avec l'idée, pour qui la prison, l'exil et la mort sont préférables à une vie restant en désaccord avec leurs principes ; hommes intrépides qui savent qu'il faut oser pour réussir, — ce sont les sentinelles perdues qui engagent le combat, bien avant que les masses soient assez excitées pour lever ouvertement le drapeau de l'insurrection et marcher, les armes à la main, à la conquête de leurs droits.

Au milieu des plaintes, des causeries, des discussions théoriques, un acte de révolte, individuel ou collectif, se produit, résumant les aspirations dominantes. Il se peut qu'au premier abord la masse soit indifférente. Tout en admirant le courage de l'individu ou du groupe initiateur, il se peut qu'elle veuille suivre d'abord les sages, les prudents, qui s'empressent de taxer cet acte de « folie » et de dire que « les fous, les têtes brûlées vont tout compromettre. » Ils

Pierre Kropotkine

avaient si bien calculé, ces sages et ces prudents, que leur parti, en poursuivant lentement son œuvre, parviendrait dans cent ans, dans deux cents ans, trois cents ans peut-être, à conquérir le monde entier, — et voilà que l'imprévu s'en mêle ; l'imprévu, bien entendu, c'est ce qui n'a pas été prévu par eux, les sages et les prudents. Quiconque connaît un bout d'histoire et possède un cerveau tant soit peu ordonné, sait parfaitement d'avance qu'une propagande théorique de la Révolution se traduire nécessairement par des actes, bien avant que les théoriciens aient décidé que le moment d'agir est venu ; néanmoins, les sages théoriciens se fâchent contre les fous, les excommunient, les vouent à l'anathème. Mais les fous trouvent des sympathies, la masse du peuple applaudit en secret à leur audace et ils trouvent des imitateurs. À mesure que les premiers d'entre eux vont peupler les geôles et les bagnes, d'autres viennent continuer leur œuvre ; les actes de protestation illégale, de révolte et de vengeance se multiplient.

L'indifférence est désormais impossible. Ceux qui, au début, ne se demandaient même pas ce que veulent les « fous », sont forcés de s'en occuper, de discuter leurs idées, de prendre parti pour ou contre. Par les faits qui s'imposent à l'attention générale, l'idée nouvelle s'infiltre dans les cerveaux et conquiert des prosélytes. Tel acte fait en quelques jours plus de propagande que des milliers de brochures.

Surtout, il réveille l'esprit de révolte, il fait germer l'audace. — L'ancien régime, armé de policiers, de magistrats, de gendarmes et de soldats, semblait inébranlable, comme ce vieux fort de la Bastille qui, lui aussi, paraissait imprenable aux yeux du peuple désarmé, accouru sous ses hautes murailles, garnies de canons prêts à faire feu. Mais on s'aperçoit bientôt que le régime établi n'a pas la force qu'on lui supposait. Tel acte audacieux a suffi pour bouleverser pendant quelques jours la machine gouvernementale, pour ébranler le colosse ; telle émeute a mis sens dessus-dessous toute une province, et la troupe, toujours si imposante, a reculé devant une poignée de paysans, armés de pierres et de bâtons ; le peuple s'aperçoit que le monstre n'est pas aussi terrible qu'on le croyait, il commence à entrevoir qu'il suffira de quelques efforts énergiques pour le terrasser. L'espoir naît dans les cœurs, et souvenons-nous que si l'exaspération pousse souvent aux émeutes, c'est toujours l'espoir, l'espoir de vaincre, qui fait les révolutions.

Le gouvernement résiste ; il sévit avec fureur. Mais, si jadis la répression tuait l'énergie des opprimés, maintenant, aux époques d'effervescence, elle produit l'effet contraire. Elle provoque de nouveaux faits de révolte, individuelle et collective ; elle pousse les révoltés à l'héroïsme, et de proche en proche ces actes gagnent de nouvelles couches, se généralisent, se développent. Le parti révolutionnaire se renforce d'éléments qui jusqu'alors lui étaient hostiles, ou qui croupissaient dans l'indifférence. La désagrégation gagne le gouvernement, les classes dirigeantes, les privilégiés : les uns poussent à la résistance à outrance, les autres se prononcent pour les concessions, d'autres encore vont jusqu'à se déclarer prêts à renoncer pour le moment à leurs privilèges, afin d'apaiser l'esprit de révolte, quitte à le maîtriser plus tard. La cohésion du gouvernement et des privilégiés est rompue.

Les classes dirigeantes peuvent essayer encore de recourir à une réaction furieuse. Mais ce n'est plus le moment ; la lutte n'en devient que plus aiguë, et la Révolution qui s'annonce n'en sera que plus sanglante. D'autre part, la moindre des concessions de la part des classes dirigeantes, puisqu'elle arrive trop tard, puisqu'elle est arrachée par la lutte, ne fait que réveiller davantage l'esprit révolutionnaire. Le peuple qui, auparavant, se serait contenté de cette concession, s'aperçoit que l'ennemi fléchit : il prévoit la victoire, il sent croître son audace, et ces mêmes hommes qui jadis, écrasés par la misère, se contentaient de soupirer en cachette, relèvent maintenant la tête et marchent fièrement à la conquête d'un meilleur avenir.

Enfin, la révolution éclate, d'autant plus violente que la lutte précédente a été plus acharnée.

La direction que prendra la révolution dépend certainement de toute la somme des circonstances variées qui ont déterminé l'arrivée du cataclysme. Mais elle peut être prévue à l'avance, d'après la force d'action révolutionnaire déployée dans la période préparatoire par les divers partis avancés.

Tel parti aura mieux élaboré les théories qu'il préconise et le programme qu'il cherche à réaliser, il l'aura beaucoup propagé par la parole et la plume. Mais il n'a pas suffisamment affirmé ses aspirations au grand jour, dans la rue, par des actes qui soient *la réalisation de la pensée qui lui est propre* ; il a peu agi, ou bien, il n'a pas agi contre ceux qui sont ses principaux ennemis, il n'a pas frappé les institutions qu'il vise à démolir ; il a eu la puissance théorique, mais il n'a pas eu la puissance d'action ; il a peu contribué à réveiller l'esprit de révolte, ou il a négligé de le diriger contre ce qu'il cherchera surtout à frapper lors de la révolution. Eh bien, ce parti est moins connu ; ses affirmations n'ont pas été affirmées continuellement, chaque jour, par des actes dont le retentissement atteint les cabanes les plus isolées, ne se sont pas suffisamment infiltrées dans la masse du peuple ; elles n'ont pas passé par le creuset de la foule et de la rue et n'ont pas trouvé leur énoncé simple, qui se résume en un seul mot devenu populaire.

Les écrivains les plus zélés du parti sont connus par leurs lecteurs pour des penseurs de mérite, mais ils n'ont ni la réputation, ni les capacités de l'homme d'action, et le jour où la foule descendra dans la rue, elle suivra plutôt les conseils de ceux qui ont, peut-être, des idées théoriques moins nettes et des aspirations moins larges, mais qu'elle connaît mieux parce qu'elle les a vu agir.

Le parti qui a le plus fait d'agitation révolutionnaire, qui a le plus manifesté de vie et d'audace, ce parti sera le plus écouté le jour où il faudra agir, où il faudra marcher de l'avant pour accomplir la révolution. Celui qui n'a pas eu l'audace de s'affirmer par des actes révolutionnaires dans la période préparatoire, celui qui n'a pas eu une force d'impulsion assez puissante pour inspirer aux individus et aux groupes le sentiment d'abnégation, le désir irrésistible de mettre leurs idées en pratique — si ce désir avait existé, il se serait traduit par des actes, bien avant que la foule tout entière fût descendue dans la rue, — celui qui n'a pas su rendre son drapeau populaire et palpables ses aspirations et compréhensibles, — ce parti n'aura qu'une maigre chance de réaliser la moindre part de son programme. Il sera débordé par les partis d'action.

Voilà ce que nous enseigne l'histoire des périodes qui précédèrent les grandes révolutions. La bourgeoisie révolutionnaire l'a parfaitement compris : elle ne négligeait aucun moyen d'agitation pour réveiller l'esprit de révolte, lorsqu'elle cherchait à démolir le régime monarchique ; le paysan français du siècle passé le comprenait aussi instinctivement lorsqu'il s'agitait pour l'abolition des droits féodaux, et l'Internationale agissait d'accord avec ces mêmes principes, lorsqu'elle cherchait à réveiller l'esprit de révolte au sein des travailleurs des villes, et à le diriger contre l'ennemi naturel du salarié, — l'accapareur des instruments de travail et des matières premières.

III

Une étude serait à faire, — intéressante au plus haut degré, attrayante, et surtout instructive, — une étude sur les divers moyens d'agitation auxquels lesrévolutionnaires ont eu recours à diverses époques, pour accélérer l'éclosion de la révolution, pour donner aux masses la conscience des événements qui se préparaient, pour mieux désigner au peuple ses principaux ennemis, pour réveiller l'audace et l'esprit de révolte. Nous savons tous très bien *pourquoi* telle révolution est devenue nécessaire, mais ce n'est que par instinct et par tâtonnements que nous parvenons à deviner *comment* les révolutions ont germé.

L'état-major prussien a publié dernièrement un ouvrage à l'usage de l'armée, sur l'art de vaincre les insurrections populaires, et il enseigne, dans cet ouvrage, comment on désorganise une émeute, comment on démoralise, comment on éparpille ses forces. Aujourd'hui, on veut porter des coups sûrs, égorger le peuple selon toutes les règles. Eh bien, l'étude dont nous parlons serait une réponse à cette publication et à tant d'autres qui traitent le même sujet, quelquefois avec moins de cynisme. Elle montrerait comment on désorganise un gouvernement, comment s'éparpillent ses forces, comment on relève le moral d'un peuple, affaissé, déprimé par la misère et l'oppression qu'il asubies.

Jusqu'à présent, pareille étude n'a pas été faite. Les historiens nous ont bien raconté les grandes étapes, par lesquelles l'humanité a marché vers son affranchissement, mais il ont peu prêté d'attention aux périodes qui *précédèrent*les révolutions. Absorbés par les grands drames qu'ils essayent d'esquisser, ils glissent d'une main rapide sur le prologue, et c'est ce prologue surtout qui nous

Pierre Kropotkine

intéresse.

Et cependant, quel tableau plus saisissant, plus sublime et plus beau que celui des efforts qui furent faits par les précurseurs des révolutions ! Quelle série incessante d'efforts de la part des paysans et des hommes d'action de la bourgeoisie avant 1789 ; quelle lutte persévérante de la part des républicains, depuis la restauration des Bourbons en 1815, jusqu'à leur chute en 1830 ; quelle activité de la part des sociétés secrètes pendant le règne du gros bourgeois Louis-Philippe ! Quel tableau poignant que celui des conspirations faites par les Italiens pour secouer le joug de l'Autriche, de leurs tentatives héroïques, des souffrances inénarrables de leurs martyrs ! Quelle tragédie, lugubre et grandiose, que celle qui raconterait toutes les péripéties du travail secret entrepris par la jeunesse russe contre le gouvernement et le régime foncier et capitaliste, depuis 1880 jusqu'à nos jours ! Que de nobles figures surgiraient devant le socialiste moderne à la lecture de ces drames ; que de dévouement et d'abnégation sublimes et, en même temps, quelle instruction révolutionnaire, non plus théorique, mais pratique, dont la génération actuelle devrait faire son profit !

Ce n'est pas le lieu d'entreprendre une pareille étude. Nous devons donc nous borner à choisir quelques exemples, afin de montrer comment s'y prenaient nos pères pour faire de l'agitation révolutionnaire, et quel genre de conclusions peuvent être tirées des études en question.

Nous jetterons un coup d'œil sur une de ces périodes, sur celle qui précéda 1789 et, laissant de côté l'analyse des circonstances qui ont créé vers la fin du siècle passé une situation révolutionnaire, nous nous bornerons à relever quelques procédés d'agitation, employés par nos devanciers.

Deux grands faits se dégagent comme résultat de la Révolution de 1789-1793. D'une part, l'abolition de l'autocratie royale, et l'avènement de la bourgeoisie au pouvoir ; d'autre part, l'abolition définitive du servage et des redevances féodales dans les campagnes. Les deux sont intimement liés entre eux, l'un sans l'autre n'aurait pu réussir. Et ces deux courants se retrouvent déjà dans l'agitation

L'ESPRIT DE RÉVOLTE

qui précéda la révolution : l'agitation contre la royauté au sein de la bourgeoisie, l'agitation contre les droits des seigneurs au sein des paysans.

Jetons un coup d'œil sur les deux.

Le journal, à cette époque, n'avait pas l'importance qu'il a acquise aujourd'hui, c'est la brochure, le pamphlet, la feuille de trois ou quatre pages qui en tenaient lieu. En conséquence, le pamphlet, la brochure pullulent. La brochure met à la portée de la grande masse les idées des philosophes et économistes, précurseurs de la révolution ; le pamphlet et la feuille volante font de l'agitation, en attaquant les trois ennemis principaux : le roi et sa cour, l'aristocratie, le clergé. Ils ne font pas de théories, c'est par la dérision qu'ils procèdent.

Des milliers de feuilles volantes racontent les vices de la cour et surtout de la reine, ridiculisent cette cour, la dépouillent de ses décors trompeurs, la mettent à nu avec tous ses vices, sa dissipation, sa perversité, sa stupidité. Les amours royaux, les scandales de la cour, les dépenses folles, le *Pacte de Famine* — cette alliance des puissants avec les accapareurs de blé pour s'enrichir en affamant le peuple, — voilà le sujet de des pamphlets. Les folliculaires toujours sur la brèche et ne négligent aucune circonstance de la vie publique pour frapper l'ennemi. Pourvu qu'on parle en public de quelque fait, — le pamphlet et la feuille volante sont là pour le traiter sans gêne, à leur manière. Ils se prêtent mieux que le journal à ce genre d'agitation. Le journal est toute une entreprise, et l'on y regarde de près avant de le faire sombrer ; sa chute embarrasse souvent tout un parti. Le pamphlet et la feuille ne compromettent que l'auteur et l'imprimeur, — allez cherchez l'un et l'autre !…

Il est évident que les auteurs de ces écrits commencent, avant tout, par s'émanciper de la censure ; car, si on n'avait pas encore inventé ce joli petit instrument du jésuitisme contemporain, le procès de presse qui annihile toute liberté de l'écrivain révolutionnaire, — on avait, pour mettre en prison les auteurs et les imprimeurs, « la lettre de cachet », brutale, il est vrai, mais franche en tout cas.

C'est pourquoi les auteurs impriment leurs pamphlets, soit à Amsterdam, soit n'importe où, — « *à cent lieues de la Bastille, sous l'arbre de la Liberté* ». Aussi ne se gênent-ils pas pour frapper dur, et vilipender le roi, la reine et ses amants, les grands de la cour, les aristos. Avec la presse clandestine, la police avait beau perquisitionner chez les libraires, arrêter les colporteurs, — les auteurs inconnus échappaient aux poursuites et continuaient leur œuvre.

La chanson, — celle qui est trop franche pour être imprimée, mais qui fait le tour de la France en se transmettant de mémoire, — a toujours été un des moyens de propagande des plus efficaces. Elle tombait sur les autorités établies, elle bafouait les têtes couronnées, elle semait jusqu'au foyer de la famille le mépris de la royauté, la haine contre le clergé et l'aristocratie, l'espérance de voir bientôt venir le jour de la révolution.

Mais c'est surtout au placard que les agitateurs avaient recours. Le placard fait plus parler de lui, il fait plus d'agitation qu'un pamphlet ou une brochure. Aussi les placards, imprimés ou écrits à la main, paraissent chaque fois qu'il se produit un fait qui intéresse la masse du public. Arrachés aujourd'hui, ils reparaissent demain, faisant enrager les gouvernants et leurs sbires. « Nous avons manqué votre aïeul, nous ne vous manquerons pas ! » lit aujourd'hui le roi sur une feuille collée aux murs de son palais. Demain, c'est la reine qui pleure de rage en lisant comment on affiche sur les murs les détails de sa vie honteuse. C'est alors que se préparait déjà cette haine, vouée plus tard par le peuple à la femme qui aurait froidement exterminé Paris, pour rester reine et autocrate.

Les courtisans se proposent-ils de fêter la naissance du dauphin, les placards menacent de mettre le feu aux quatre coins de la ville, et ils sèment ainsi la panique, en préparant les esprits à quelque chose d'extraordinaire. Ou bien, ils annoncent qu'au jour des réjouissances, « *le roi et la reine seront conduits sous bonne escorte en Place de Grève, puis iront à l'Hôtel-de-Ville confesser leurs crimes, et monteront sur un échafaud pour y être brûlés vifs* ». — Le roi convoque-t-il l'Assemblée des Notables, immédiatement les placards annoncent que « la nouvelle troupe de comédiens, levée par le sieur de Calonne (premier ministre), commencera les représentations le 29 de ce mois et donnera un ballet allégorique intitulé Le *Tonneau des Danaïdes*. » Ou bien, devenant de plus en plus méchant, le placard pénètre jusque dans la loge de la reine, en lui annonçant que les tyrans vont bientôt être exécutés.

Mais c'est surtout contre les accapareurs de blé, contre les fermiers généraux, les intendants, que l'on fait usage des placards. Chaque fois qu'il y a effervescence dans le peuple, les placards annoncent la Saint-Barthélémy des intendants et des fermiers généraux. Tel marchand de blé, tel fabricant, tel intendant sont-ils détestés du peuple, — les placards les condamnent à mort « au nom du Conseil du peuple », au nom du « Parlement populaire » etc., et plus tard, lorsque l'occasion se présentera de faire une émeute, c'est contre ces exploiteurs, dont les noms ont été si souvent prononcés dans les placards, que se portera la fureur populaire.

Si l'on pouvait seulement réunir tous les innombrables placards qui furent affichés pendant les dix, quinze années qui précédèrent la Révolution, on comprendrait quel rôle immense ce genre d'agitation a joué, pour préparer la secousse révolutionnaire. Jovial et railleur au début, de plus en plus menaçant à mesure que l'on approche du dénouement, il est toujours alerte, toujours prêt à répondre à chaque fait de la politique courante et aux dispositions d'esprit des masses ; il excite la colère, le mépris, il nomme les vrais ennemis du peuple, il réveille au sein des paysans, des ouvriers et de la bourgeoisie la haine contre leurs ennemis, il annonce l'approche du jour de la libération et de la vengeance.

Pendre ou écarteler en effigie était un usage très répandu au siècle passé. Aussi était-ce un des moyens d'agitation les plus populaires. Chaque fois qu'il y avait effervescence des esprits, il se formait des attroupements qui portaient une poupée, représentant l'ennemi du moment, et pendaient, brûlaient ou écartelaient cette poupée. — « Enfantillage ! » diront les jeunes vieillards qui se croient si raisonnables. Eh bien, l'assaut du domicile de Réveillon pendant les élections de 1789, l'exécution de Foulon et de Bertier, qui changèrent complètement le caractère de la Révolution qu'on attendait, — n'ont été que l'accomplissement réel de ce qui avait été préparé de longue date, par l'exécution des poupées de paille.

Voici quelques exemples sur mille.

Le peuple de Paris n'aimait pas Maupéou, un des ministres

bien chers à Louis XVI. Eh bien, on s'attroupe un jour ; des voix crient dans la foule : « Arrêt du Parlement qui condamne le sieur Maupéou, chancelier de France, a être brûlé vif et ses cendres jetées au vent ! » Après quoi, en effet, la foule marche vers la statue de Henri IV avec une poupée du chancelier, revêtue de tous ses insignes, et la poupée est brûlée aux acclamations de la foule. Un autre jour, on accroche à la lanterne la poupée de l'abbé Terray en costume ecclésiastique et en gants blancs. À Rouen, on écartèle en effigie le même Maupéou, et lorsque la gendarmerie empêche un attroupement de se former, on se borne à pendre par les pieds un simulacre de l'accapareur, du blé s'échappant en pluie du nez, de la bouche et des oreilles.

Toute une propagande dans cette poupée ! et une propagande bien autrement efficace pour se faire écouter, que la propagande abstraite, qui ne parle qu'au petit nombre des convaincus.

L'essentiel, pour préparer les émeutes qui précédèrent la grande révolution, c'était que le peuple s'habituât à descendre dans la rue, à manifester ses opinions sur la place publique, qu'il s'habituât à braver la police, la troupe, la cavalerie. C'est pourquoi les révolutionnaires de l'époque ne négligèrent aucun des moyens pour attirer la foule dans les rues, pour provoquer les attroupements.

Chaque circonstance de la vie publique à Paris et dans les provinces était utilisée de cette manière. L'opinion publique a-t-elle obtenu du roi le renvoi d'un ministre détesté, ce sont des réjouissances, des illuminations à n'en plus finir. Pour attirer le monde, on brûle des pétards, on lance des fusées « en telle quantité qu'à certains endroits on marchait sur le carton ». Et si l'argent manque pour en acheter, on arrête les passants bien mis et on leur demande, — « poliment mais avec fermeté, disent les contemporains, — quelques sous pour divertir le peuple ». Puis, lorsque la masse est bien compacte, des orateurs prennent la parole pour expliquer et commenter les événements, et des clubs s'organisent en plein air. Et, si la cavalerie ou la troupe arrivent pour disperser la foule, elles hésitent à employer la violence contre des hommes et des femmes paisibles, tandis que les fusées qui éclatent devant les chevaux et les fantassins, aux acclamations et aux rires du public, arrêtent la

L'ESPRIT DE RÉVOLTE

fougue de ceux qui s'avancent trop au milieu du peuple.

Dans les villes de province, ce sont quelquefois des ramoneurs qui s'en vont dans les rues, en parodiant le lit de justice du roi ; tous éclatent de rire en voyant l'homme à la face barbouillée parodiant le roi ou sa femme. Des acrobates, des jongleurs réunissent sur la place des milliers de spectateurs, tout en décochant, au milieu de récits drôlatiques, leurs flèches à l'adresse des puissants et des riches. Un attroupement se forme, les propos deviennent de plus en plus menaçants, et alors, gare au puissant dont la voiture ferait apparition sur le lieu de la scène : il sera certainement malmené par la foule.

Que l'esprit travaille seulement dans cette voie, — que d'occasions les hommes intelligents ne trouveront-ils pas pour provoquer des attroupements, de rieurs, d'abord, puis d'hommes prêts à agir, surtout si l'effervescence a été préparée d'avance par la situation et par les actes des hommes d'action.

Tout cela étant donné : d'une part, la situation révolutionnaire, le mécontentement général, et d'autre part, les placards, les pamphlets, les chansons, les exécutions en effigie, tout cela enhardissait la population et bientôt les attroupements devinrent de plus en plus menaçants. Aujourd'hui, c'est l'archevêque de Paris qui est assailli dans un carrefour ; demain, c'est un duc ou un comte qui a failli être jeté à l'eau ; un autre jour, la foule s'est amusée à huer sur leur passage les membres du gouvernement, etc. ; les faits de révolte varient à l'infini, en attendant le jour où il suffira d'une étincelle pour que l'attroupement se transforme en émeute, et l'émeute en révolution.

— « C'est la lie du peuple, ce sont les scélérats, les fainéants qui se sont ameutés », — disent aujourd'hui nos historiens prudhommesques. — Eh bien, oui, en effet, ce n'est pas parmi la gent aisée que les révolutionnaires bourgeois cherchaient des alliés. Puisque celle-ci se bornait à récriminer dans les salons, c'est bien dans les caboulots mal famés de la banlieue qu'ils allaient chercher des camarades armés de gourdins, lorsqu'il s'agissait de huer Monseigneur l'archevêque de Paris, — n'en déplaise aux Prud'hommes qui nient ces faits aujourd'hui.

Pierre Kropotkine

IV

Si l'action s'était bornée à attaquer les hommes et les institutions du gouvernement, sans toucher aux institutions économiques, la grande Révolution eût-elle jamais été ce qu'elle fût en réalité, c'est-à-dire un soulèvement général de la masse populaire, — paysans et ouvriers, contre les classes privilégiées ? La Révolution eût-elle duré quatre ans ? eût-elle remué la France jusqu'aux entrailles ? eût-elle trouvé ce souffle invincible qui lui a donné la force de résister aux « rois conjurés ? »

Certainement non ! Que les historiens chantent tant qu'ils voudront les gloires des « messieurs du Tiers », de la Constituante ou de la Convention, — nous savons ce qu'il en est. Nous savons que la Révolution n'eût abouti qu'à une limitation microscopiquement constitutionnelle du pouvoir royal, sans toucher au régime féodal, si la France paysanne ne se fût soulevée et n'eût maintenu, — quatre années durant, l'anarchie, — l'action révolutionnaire spontanée des groupes et des individus, affranchis de toute tutelle gouvernementale. Nous savons que le paysan serait resté la bête de somme du seigneur, si la jacquerie n'eût sévi depuis 1788 jusqu'à 1793, — jusqu'à l'époque où la Convention fut forcée de consacrer par une loi ce que les paysans venaient d'accomplir en fait : l'abolition sans rachat de toutes les redevances féodales et la restitution aux Communes des biens qui leur avaient été jadis volés par les riches sous l'ancien régime. Vainement on eût attendu la justice des Assemblées, si les va-nu-pieds et les sans-culottes n'avaient jeté dans la bascule parlementaire le poids de leurs gourdins et de leurs piques !

Mais ce n'est ni par l'agitation dirigée contre les ministres, ni par l'affichage dans Paris des placards dirigés contre la reine, que le soulèvement des petits villages pouvait être préparé. Ce soulèvement, résultat de la situation générale du pays, fut préparé aussi par l'agitation faite au sein du peuple, des hommes qui en sortaient et et qui s'attaquaient à ces ennemis immédiats : le seigneur, le prêtre-propriétaire, l'accapareur de blé, le gros bourgeois.

Ce genre d'agitation est bien moins connu que le précédent. L'histoire de Paris est faite, celle du village n'a jamais été commencée sérieusement : l'histoire ignore le paysan ; et cependant, le peu que nous en savons suffit déjà pour nous en donner une idée.

Le pamphlet, la feuille volante, ne pénétrait pas dans le village : le paysan à cette époque ne lisait presque pas. Eh bien, c'est par l'image imprimée, souvent barbouillée à la main, simple et compréhensible, que se faisait la propagande. Quelques mots tracés à côté d'images grossièrement faites, répandues dans les villages, — et tout un roman se forgeait dans l'imagination populaire, concernant le roi, la reine, le comte d'Artois, Madame de Lamballe, le pacte de famine, les seigneurs, « vampires suçant le sang du peuple » ; il courait les villages et préparait les esprits.

Là, c'était un placard fait à la main, affiché sur un arbre, qui excitait à la révolte, promettant l'approche des temps meilleurs et racontant les émeutes qui avaient éclaté dans d'autres provinces, à l'autre bout de la France.

Sous le nom des « Jacques », il se constituait des groupes secrets dans les villages, soit pour mettre le feu à la grange du seigneur, soit pour détruire sesrécoltes ou son gibier, soit pour l'exécuter ; et, que de fois ne trouvait-on pas dans le château un cadavre percé d'un couteau, qui portait cette inscription : *De la part des Jacques !*

Un lourd équipage descendait le long d'une côte ravinée, amenant le seigneur dans son domaine. Mais deux passants, aidés du postillon, le garrottaient et le roulaient au fond du ravin, et dans sa poche on trouvait un papier disant : *De la part des Jacques !* et ainsi de suite.

Ou bien, un jour, au croisement de deux routes, on apercevait une potence portant cette inscription : *Si le seigneur ose percevoir les redevances, il sera pendu à cette potence. Quiconque osera les payer au seigneur, aura le même sort !* et le paysan ne payait plus sans y être contraint par la maréchaussée, heureux au fond d'avoir trouvé un prétexte pour ne rien payer. Il sentait qu'il y avait une force occulte qui le soutenait, il s'habituait à l'idée de ne rien payer, de se révolter contre le seigneur, et bientôt, en effet, il ne payait plus et il arrachait au seigneur, par la menace, la renonciation à toutes les redevances.

Pierre Kropotkine

Continuellement, on voyait dans les villages des placards annonçant que désormais, il n'y aurait plus de redevances à payer ; qu'il fallait brûler les châteaux et les terriers (cahiers de redevances), que le *Conseil du Peuple* venait de lancer un arrêt dans ce sens, etc.

— « Du pain ! Plus de redevances ni de taxes ! » voilà le mot d'ordre que l'on faisait courir dans les campagnes. Mot d'ordre compréhensibles pour tous, allant droit au cœur de la mère, dont les enfants n'avaient pas mangé depuis trois jours, allant droit au cerveau du paysan harcelé par la maréchaussée qui lui arrachait les arriérés des taxes. « À bas l'accapareur ! » — et ses magasins étaient forcés, ses convois de blé arrêtés, et l'émeute se déchaînait en province. — « À bas l'octroi ! » et les barrières étaient brûlées, les commis assommés, et les villes, manquant d'argent, se révoltaient à leur tour contre le pouvoir central qui leur en demandait. — « Au feu les registres d'impôts, les livres de comptes, les archives des municipalités ! » et la paperasse brûlait en juillet 1789, le pouvoir se désorganisait, les seigneurs émigraient, et la Révolution étendait toujours davantage son cercle de feu.

Tout ce qui se jouait sur la grande scène de Paris n'était qu'un reflet de ce qui se passait en province, de la Révolution qui, pendant quatre ans, gronda dans chaque ville, dans chaque hameau, et dans laquelle le peuple s'intéressa bien moins aux ennemis du pouvoir central qu'à ses ennemis les plus proches : aux exploiteurs, aux sangsues de l'endroit.

Résumons-nous. — La Révolution de 1788-1793, qui nous présente sur une grande échelle *la désorganisation de l'État par la révolution populaire*(éminemment économique, comme toute révolution vraiment populaire), — nous sert ainsi d'enseignement précieux.

Bien avant 1789, la France présentait déjà une situation révolutionnaire. Mais l'esprit de révolte n'avait pas encore suffisamment mûri pour que la Révolution éclatât. C'est donc sur le développement de cet esprit d'insubordination, d'audace, de haine contre l'ordre social, que se dirigèrent les efforts des révolutionnaires.

Tandis que les révolutionnaires de la bourgeoisie dirigeaient leurs attaques contre le gouvernement, les révolutionnaires populaires, — ceux dont l'histoire ne nous a même pas conservé les noms, — les hommes du peuple préparaient*leur* soulèvement, *leur* révolution, par des actes de révolte dirigés contre les seigneurs, les agents du fisc et les exploiteurs de tout acabit.

En 1788, lorsque l'approche de la révolution s'annonça par des émeutes sérieuses de la masse du peuple, la royauté et la bourgeoisie cherchèrent à la maîtriser par quelques concessions ; mais pouvait-on apaiser la vague populaire par les États Généraux, par les concessions jésuitiques du 4 août, ou par les actes misérables de la Législative ? — On apaise ainsi une émeute politique, mais avec si peu de choses on n'a pas raison d'une révolte populaire. Et la vague montait toujours. Mais en s'attaquant à la propriété, en même temps *elle désorganisait l'État.* Elle rendait tout gouvernement absolument impossible, et la révolte du peuple, dirigée contre les seigneurs et les riches en général, a fini, comme on le sait, au bout de quatre ans, par balayer la royauté et l'absolutisme.

Cette marche, c'est la marche de toutes les grandes révolutions. Ce sera le développement et la marche de la prochaine révolution, si elle doit être, — comme nous en sommes persuadés, — non un simple changement de gouvernement, mais une vraie révolution populaire, un cataclysme qui transformera de fond en comble le régime de la propriété.

THÉORIE ET PRATIQUE

Lorsque nous discutons l'ordre de choses qui, à notre avis, doit surgir de la prochaine révolution, on nous dit souvent : — « Tout cela, c'est de la théorie, dont nous n'avons pas à nous préoccuper. Laissons ça de côté et occupons-nous de choses pratiques (de questions électorales, par exemple). Préparons l'avènement de la classe ouvrière au pouvoir, et plus tard nous verrons ce qui pourra surgir de la révolution. »

Il y a cependant quelque chose de nature à nous faire douter de la justesse et même de la sincérité de ce raisonnement. C'est qu'en l'énonçant chacun a sa théorie toute faite sur le mode d'organisation de la société au lendemain, ou plutôt le jour même, de la révolution ;

Pierre Kropotkine

loin de faire peu de cas de ses théories, il y tient fermement, il les propage, et tout ce qu'il fait maintenant n'est qu'une conséquence logique de ses idées. Au fond, ces mots : — « Ne discutons pas ces questions théoriques », se réduisent à ceci : — « Ne mettez pas en discussion *notre* théorie, mais aidez-nous à la mettre à exécution. »

En effet, il n'y a pas d'article de journal, dans lequel l'auteur ne glisse ses idées sur l'organisation de la société, comme il l'entend. Les mots : « État ouvrier », « organisation de la production et de l'échange par l'État », « collectivisme » (limité à la propriété collective des instruments de travail et répudiant la mise en commun des produits), « discipline du parti », etc., tous ces mots se retrouvent constamment dans les articles des journaux et dans les brochures. Ceux qui font semblant de n'attacher aucune importance aux « théories », font tout pour propager les leurs. Et, pendant que nous évitons ce genre de discussions, d'autres propagent *leurs* conceptions et sèment *leurs*erreurs, contre lesquelles il faudra lutter un jour. Pour ne citer qu'un seul exemple, il suffira de nommer la *Quintessence du Socialisme* de Schaeffle, ce livre fait par un ex-ministre autrichien, qui, sous prétexte de défendre le socialisme, n'a d'autre but que celui de sauver l'ordre bourgeois dans la débâcle. Il est vrai que ce livre, qui laisse trop percer l'oreille de l'ex-ministre, n'a pas eu de succès auprès des ouvriers français et allemands ; mais tout de même ses idées, assaisonnées de quelques phrases révolutionnaires pour mieux faire avaler la couleuvre, sont propagées tous les jours.

D'ailleurs, cela est tout naturel. Il répugne à l'esprit humain de se lancer dans une œuvre de démolition sans se faire une idée — ne fût-ce que dans quelques traits essentiels, — de ce qui pourrait remplacer ce qu'on va démolir. — « On instituera une dictature révolutionnaire », disent les uns. — « On nommera un gouvernement, pris parmi les travailleurs, et on lui confiera l'organisation de la production », disent les autres. — « On mettra tout en commun dans les Communes insurgées », disent les troisièmes. Mais tous, sans exception, ont une conception quelconque de l'avenir, à laquelle ils tiennent plus ou moins ; et cette idée réagit, consciemment ou non, sur leur mode d'action dans la période préparatoire actuelle.

Nous ne gagnons donc rien à éviter ces « questions de théorie » ;

THÉORIE ET PRATIQUE

au contraire, si nous voulons être « pratiques », nous devons nécessairement, dès aujourd'hui même, exposer et discuter sous tous ses aspects notre idéal de communisme anarchiste.

D'ailleurs, si maintenant, pendant la période d'accalmie relative que nous traversons, nous ne devons pas exposer, discuter et propager cet idéal — quand est-ce que nous le ferons ?

Sera-ce le jour où, dans la fumée des barricades, sur les débris de l'édifice renversé, il faudra, sur le champ ouvrir les portes à un nouvel avenir ? où il faudra avoir déjà une résolution prise et une ferme volonté pour la mettre à exécution ? — Alors, ce ne sera plus le temps de discuter. Il faudra agir, à l'instant même, soit dans un sens, soit dans un autre.

Ce qui a fait que les révolutions précédentes n'ont pas donné au peuple français tout ce qu'il avait droit d'en espérer, ce n'est pas qu'il eût trop discuté sur le but de la révolution, dont il sentait l'approche. Le soin de déterminer ce but et de voir ce qu'il y aurait à faire, a toujours été abandonné aux meneurs qui ont invariablement trahi le peuple, comme de raison. Ce n'est pas que le peuple eût eu une théorie toute faite qui l'empêchât d'agir — il n'en avait aucune. La bourgeoisie, en 1848 et en 1870, savait fort bien ce qu'elle allait faire le jour où le peuple renverserait le gouvernement. Elle savait qu'elle s'emparerait du pouvoir, le ferait sanctionner par des élections, armerait le petit bourgeois contre le peuple et que, tenant en ses mains l'armée, les canons, les voies de communication et l'argent, elle lancerait ses mercenaires contre les travailleurs, le jour où ils oseraient revendiquer leurs droits. *Elle* savait ce qu'elle allait faire le jour de la Révolution.

Mais le peuple n'en savait rien. Dans la question politique, il répétait, après la bourgeoisie : République et suffrage universel en 1848 ; en mars 1871 il disait avec la petite bourgeoisie : « La Commune ! » Mais, ni en 1848, ni en 1871, il n'avait aucune idée précise de ce qu'il fallait entreprendre pour résoudre la question du pain et du travail. « L'organisation du travail », ce mot d'ordre de 1848 (fantôme ressuscité dernièrement sous une autre forme par les collectivistes allemands), était un terme si vague qu'il ne disait rien ; de même le collectivisme, tout aussi vague, de l'Internationale

Pierre Kropotkine

de 1869 en France. Si, en mars 1871, on eût questionné tous ceux qui travaillèrent à l'avènement de la Commune sur ce qu'il y avait à faire pour résoudre la question du pain et du travail, — quelle terrible cacophonie de réponses contradictoires eût-on reçu ! Fallait-il prendre possession des ateliers au nom de la Commune de Paris ? Pouvait-on toucher aux maisons et les proclamer propriété de la cité insurgée ? Fallait-il prendre possession de tous les vivres et organiser le rationnement ? Fallait-il proclamer toutes les richesses entassées dans Paris, propriété commune du peuple français, et appliquer ces moyens puissants à l'affranchissement de toute la nation ? — Sur aucune de ces questions il n'y avait d'opinion formée au sein du peuple. Préoccupée des besoins de la lutte immédiate, l'Internationale avait négligé de discuter à fond ces questions. — « C'est du roman, c'est de la théorie que vous nous faites » — criait-on à ceux qui les abordaient ; et lorsqu'on parlait de Révolution sociale, on se bornait à la définir par des mots tout aussi vagues, comme Liberté, Égalité, Solidarité.

Loin de nous l'idée d'élaborer un programme tout fait pour le cas d'une révolution. Un pareil programme ne ferait que gêner l'action ; beaucoup en profiteraient même pour se faire ce sophisme : — « Puisque nous ne pouvons pas réaliser notre programme, ne faisons rien, ménageons notre sang précieux pour une meilleure occasion. »

Nous savons fort bien que tout mouvement populaire est un acheminement vers la révolution sociale. Il réveille l'esprit de révolte, il habitue à considérer l'ordre établi (ou plutôt le désordre établi) comme éminemment instable ; et il faut la sotte arrogance d'un parlementarisme allemand pour demander : « À quoi a servi la Grande Révolution ou celle de la Commune ? » Si la France est l'avant-garde de la Révolution, si le peuple français est révolutionnaire d'esprit et de tempérament, c'est précisément parce qu'il a fait tant de ces révolutions désavouées par les doctrinaires et les nigauds.

Mais, ce qu'il nous importe de déterminer, c'est *le but* que nous nous proposons d'atteindre. Et non seulement le déterminer, mais le signaler, par la parole et par les actes, de manière à le rendre éminemment populaire, si populaire que le jour du mouvement il s'échappe de toutes les bouches. Tâche beaucoup plus immense et plus nécessaire qu'on ne se l'imagine généralement ; car si ce but est tout vivant devant les yeux du petit nombre, ce n'est nullement le cas pour la grande masse, travaillée dans tous les sens par la presse bourgeoise, libérale, communaliste, collectiviste, etc.

De ce but dépendra notre mode d'action, présent et futur. La différence entre le communiste-anarchiste, le collectiviste-autoritaire, le jacobin et le communaliste-autonomiste, n'est pas tout entière dans leurs conceptions d'un idéal plus ou moins éloigné. Elle se fait sentir non seulement le jour de la révolution, elle apparaît aujourd'hui même, sur chaque chose, dans chaque appréciation, si minimes soient-elles. Le jour de la révolution, le collectiviste-étatiste courra s'installer à l'Hôtel-de-Ville de Paris, d'où il lancera ses décrets sur le régime de la propriété ; il cherchera à se constituer un gouvernement formidable, fourrant son nez partout, jusqu'à statistiquer et décréter le nombre de poules élevées à Fouilly-les-Oies. Le communaliste-autonomiste courra de même à l'Hôtel-de-Ville et, s'instituant, lui aussi, gouvernement, il essayera de répéter l'histoire de la Commune de 1871, tout en défendant de toucher à la sainte propriété tant que le Conseil de la Commune n'aura pas jugé opportun de le faire. Tandis que le communiste-anarchiste ira prendre possession sur-le-champ, des ateliers, des maisons, des greniers à blé, bref de toute la richesse sociale, et cherchera à organiser dans chaque commune, dans chaque groupe, la production et la consommation en commun, afin de pourvoir à tous les besoins des communes et des groupes fédérés.

Cette même différence s'étend jusqu'aux plus petites manifestations de notre vie et de notre action journalière. Tout homme cherchant à établir un certain accord entre son but et ses moyens d'action, il s'ensuit que le communiste-anarchiste, le collectiviste-étatiste et le communaliste-autonomiste se trouvent en désaccord sur tous les points de leur action immédiate.

Cette différence existe ; ne cherchons donc pas à l'ignorer. Au contraire, exposons chacun franchement notre but, et la discussion

Pierre Kropotkine

qui se fait continuellement, chaque jour, à chaque instant dans les groupes — non pas comme dans les journaux, celle-ci est toujours trop personnelle, — élaborera au sein des masses populaires une idée commune, à laquelle le grand nombre pourra se rallier un jour.

Quant au présent immédiat, nous avons quelques terrains d'action communs, sur lesquels tous les groupes peuvent déjà agir d'accord. C'est le terrain de la lutte contre le capital, et celui de la lutte contre le souteneur du capital — le gouvernement. Quelles que soient nos idées sur l'organisation future de la société, il y a un point acquis pour tous les socialistes sincères : — l'expropriation du capital doit résulter de la prochaine révolution. Donc, toute lutte qui prépare cette expropriation doit être soutenue unanimement par tous les groupes socialistes, à quelque nuance qu'ils appartiennent. Et plus les divers groupes se rencontreront sur ce terrain commun et sur tous ceux que les circonstances mêmes nous indiqueront, mieux l'entente commune sur ce qu'il y a à faire pendant la Révolution, pourra s'établir.

Mais souvenons-nous ; pour qu'une idée plus ou moins générale puisse surgir des masses le jour de la conflagration, ne négligeons pas d'exposer toujours notre idéal de la société qui doit surgir de la révolution. Si nous voulons être pratiques, exposons ce que les réactionnaires de toute nuance ont toujours appelé « utopies, théories ». Théorie et pratique ne doivent faire qu'un, si nous voulons réussir.

L'EXPROPRIATION

I

Nous ne sommes plus seuls à dire que l'Europe se trouve à la veille d'une grande révolution. La bourgeoisie de son côté commence à s'en apercevoir et le constate par la voix de ses journaux.[1] Le *Times* le reconnaît dans un article d'autant plus remarquable qu'il émane d'un journal qui jamais ne s'alarme de rien. Se moquant de ceux qui prêchent les vertus spartiates d'épargne et d'abstention, l'organe

---

1 Écrit en novembre 1882.

de la Cité invite la bourgeoisie à réfléchir plutôt sur le sort qui est fait dans notre société aux travailleurs, et à voir quelles concessions il y aurait à leur faire, puisqu'ils ont tout le droit d'être mécontents. Le *Journal de Genève* — cette vieille pécheresse, — s'empresse aussi de reconnaître que décidément la république ne s'est pas assez occupée de la question sociale. D'autres encore, qu'il nous répugne même de nommer, mais qui n'en sont pas moins l'expression fidèle de la grosse bourgeoisie ou de la haute finance, s'apitoient déjà sur le sort réservé dans un avenir très prochain au pauvre patron qui sera forcé de travailler comme ses ouvriers, ou bien constatent avec effroi que le flot des colères populaires monte autour d'eux.

Les événements récents dans la capitale de l'Autriche, la sourde agitation qui règne dans le nord de la France, les événements d'Irlande et de Russie, les mouvements de l'Espagne et mille autres indices que nous connaissons tous ; le lien de solidarité qui unit les travailleurs de la France entre eux et avec ceux des autres pays — ce lien impalpable qui à un moment donné fait battre à l'unisson les cœurs des travailleurs et les unit en un seul faisceau, autrement formidable que lorsque l'union n'était représentée que par un comité quelconque, — tout cela ne peut que confirmer les prévisions.

Enfin, la situation en France qui entre de nouveau dans cette phase où tous les partis ambitionnant le pouvoir sont prêts à se donner la main pour tenter un coup ; l'activité redoublée des diplomates qui présage l'approche de la guerre européenne, tant de fois remise et d'autant plus sûre ; les conséquences inévitables de cette guerre qui seraient nécessairement l'insurrection populaire dans le pays envahi et vaincu ; — tous ces faits se produisant ensemble, à une époque grosse d'événements comme la nôtre, font prévoir que nous nous sommes rapprochés sensiblement du jour de la Révolution.

La bourgeoisie comprend cela et se prépare à résister — par la violence, car elle ne connaît pas, ne veut pas connaître d'autres moyens. Elle est décidée à résister à outrance et à faire massacrer cent mille ouvriers, deux cent mille, s'il le faut, plus une cinquantaine de mille femmes et enfants, pour maintenir sa domination. Ce n'est pas, en effet, devant l'horreur du massacre qu'elle reculera. Elle l'a

Pierre Kropotkine

assez prouvé au champ de Mars en 1790, à Lyon en 1831, à Paris en 48 et 71. Pour sauver le capital et le droit à l'oisiveté et au vice tous les moyens sont bons pour ces gens-là.

Leur programme d'action est arrêté. — Pouvons-nous en dire autant du nôtre ?

Pour la bourgeoisie, le massacre est déjà tout un programme, pourvu qu'il y ait des soldats — français, allemands, turcs, peu importe — à qui le confier. Puisqu'elle ne cherche qu'à maintenir ce qui existe déjà, à prolonger le *statu quo*, ne serait-ce que pour quinze ans de plus — toute la question se réduit pour elle à une simple lutte armée. Tout autre se pose la question devant les travailleurs, puisqu'ils veulent précisément modifier l'ordre des choses existant ; le problème, pour eux, n'est plus si odieusement simple. Il se pose, au contraire, vaste, immense. La lutte sanglante, à laquelle nous devons être préparés tout aussi bien que la bourgeoisie, n'est cependant pour nous qu'un incident de la bataille que nous avons à livrer au capital. Cela ne nous amènerait à rien de terroriser la bourgeoisie et puis de laisser tout dans le même état. Notre but est bien autrement large, nos visées sont plus hautes.

Il s'agit, pour nous, d'abolir l'exploitation de l'homme. Il s'agit de mettre fin aux iniquités, aux vices, aux crimes qui résultent de l'existence oisive des uns et de la servitude économique, intellectuelle et morale des autres. Le problème est immense. Mais, puisque les siècles passés ont légué ce problème à notre génération ; puisque c'est nous qui nous trouvons dans la nécessité historique de travailler à sa solution tout entière, nous devons accepter la tâche. D'ailleurs, nous n'avons plus à chercher à tâtons la solution. Elle nous a été imposée par l'histoire, en même temps que le problème ; elle a été dite, elle se dit hautement dans tous les pays de l'Europe, et elle résume le développement économique et intellectuel de notre siècle. C'est l'Expropriation ; c'est l'Anarchie.

Si la richesse sociale reste entre les mains de quelques-uns qui la possèdent aujourd'hui ; si l'usine, le chantier et la manufacture restent la propriété du patron ; si les chemins de fer, les moyens de transport continuent à être entre les mains des compagnies et des individus qui les ont accaparés ; si les maisons des villes ainsi que les villas des seigneurs restent en possession de leurs propriétaires actuels, au lieu d'être mises, dès la révolution, à la disposition gratuite de tous les travailleurs ; si tous les trésors accumulés, soit dans les banques, soit dans les maisons des richards, ne reviennent pas immédiatement à la collectivité — puisque *tous* ont contribué à les produire, — si le peuple insurgé ne prend pas possession de toutes les denrées et provisions amassées dans les grandes villes et ne s'organise pas pour les mettre à la portée de tous ceux qui en ont besoin ; si la terre, enfin, reste propriété des banquiers et usuriers, — auxquels elle appartient aujourd'hui, de fait, sinon de droit, — et si les grands immeubles ne sont pas enlevés aux grands propriétaires, pour être mis à la portée de tous ceux qui veulent travailler le sol ; s'il se constitue en outre une classe de gouvernants qui ordonnent aux gouvernés, l'insurrection ne sera pas une révolution, et tout sera à recommencer. L'ouvrier, après avoir secoué le joug pour un moment, devra remettre de nouveau sa tête sous le même joug et de nouveau subir le fouet et l'aiguillon de son patron, l'arrogance de ses chefs, le vice et les crimes des oisifs, — sans parler de la terreur blanche, des déportations, des exécutions, de la danse effrénée des égorgeurs sur les cadavres des travailleurs.

L'expropriation — voilà donc le mot d'ordre qui s'impose à la prochaine révolution, sous peine de manquer à sa mission historique. L'expropriation complète de tous ceux qui ont le moyen d'exploiter des êtres humains. Le retour à la communauté de la nation de tout ce qui peut servir entre les mains de n'importe qui à exploiter les autres.

Faire en sorte que chacun puisse vivre en travaillant librement, sans être forcé de vendre son travail et sa liberté à d'autres qui accumulent les richesses par le labeur de leurs serfs, — voilà ce que doit faire la prochaine révolution.

Il y a dix ans, ce programme (du moins, dans sa partie économique) était accepté par tous les socialistes. Celui qui se disait socialiste l'admettait, et l'admettait sans réticences. Depuis, tant de chevaliers d'industrie sont venus exploiter le socialisme dans leur intérêt personnel, et ils ont si bien travaillé à écourter ce programme, qu'aujourd'hui les seuls anarchistes se trouvent l'avoir

Pierre Kropotkine

maintenu dans son intégrité. On l'a mutilé, bourré de phrases creuses, pouvant être commentées à volonté selon le bon plaisir de chacun ; et on l'a réduit ainsi, non pas pour plaire aux ouvriers, — si l'ouvrier accepte le socialisme, il l'accepte généralement en entier, — mais tout bonnement pour plaire à la bourgeoisie, pour s'ouvrir une place dans ses rangs. C'est donc aux anarchistes seuls qu'incombe la tâche immense de propager, jusque dans les recoins les plus inaccessibles, cette idée de l'expropriation. Il n'ont pas à compter sur d'autres pour cette besogne.

Ce serait une erreur funeste de croire que l'idée d'expropriation ait déjà pénétré dans les esprits de tous les travailleurs et qu'elle soit devenue pour tous une de ces convictions pour lesquelles l'homme intègre est prêt à sacrifier sa vie. Loin de là. Il y a des millions qui n'en ont pas entendu parler, sinon par la bouche des adversaires. Parmi ceux-mêmes qui l'admettent, combien peu nombreux sont ceux qui l'aient examinée sous ses divers aspects, et dans tous ses détails ! Nous savons, il est vrai, que c'est surtout lors de la révolution même que l'idée de l'expropriation fera le plus d'adhérents, lorsque tout le monde s'intéressera à la chose publique, lira, discutera, agira, et lorsque les idées les plus concises et les plus nettes seront surtout capables d'entraîner les masses. Et nous savons aussi que s'il n'y avait, pendant la Révolution, que deux partis en présence : la bourgeoisie et le peuple, l'idée d'expropriation serait acceptée d'emblée par celui-ci, dès qu'elle serait lancée par le moindre petit groupe. Mais nous avons à compter avec d'autres ennemis de la révolution sociale que la bourgeoisie. Tous les partis bâtards qui ont surgi entre la bourgeoisie et les socialistes révolutionnaires ; tous ceux qui, quoique sincères, sont pénétrés néanmoins jusqu'à la moelle de cette timidité d'esprit qui est la conséquence nécessaire des siècles de respect pour l'autorité ; enfin tous les gens de la bourgeoisie qui chercheront à sauver dans le naufrage une partie de leurs privilèges et crieront d'autant plus fort contre les quelques privilèges qu'ils seront prêts à sacrifier pour le moment — quitte à les reconquérir après ; — tous ces intermédiaires déploieront leur activité pour engager le peuple à lâcher la proie pour l'ombre. Il se trouvera des milliers de gens qui viendront dire qu'il vaut mieux se contenter de peu pour ne pas perdre le tout ; des gens qui chercheront à faire perdre le temps et à épuiser l'élan révolutionnaire en vaines attaques contre des choses futiles et des hommes insignifiants, au lieu de s'attaquer résolument aux institutions ; qui voudront jouer au Saint-Just et au Robespierre, au lieu de faire comme faisait le paysan du siècle passé, c'est-à-dire, — *prendre* la richesse sociale, *l'utiliser* de suite et établir ses droits sur cette richesse en la faisant profiter au peuple entier.

Pour parer à ce danger, il n'y a à présent qu'un moyen : c'est de travailler incessamment, dès maintenant, à semer l'idée d'expropriation par *toutes* nos paroles et tous nos actes : que chacun de nos actes se rattache à cette idée-mère ; que le mot : Expropriation pénètre dans chaque commune du pays ; qu'il soit discuté dans chaque village et devienne pour chaque ouvrier, pour chaque paysan, une partie intégrante du mot Anarchie, et alors, — mais seulement alors, — nous serons sûrs que le jour de la Révolution il sera sur toutes les lèvres, qu'il s'élèvera formidable, poussé par le peuple entier, et que le sang du peuple n'aura pas coulé en vain.

Voilà l'idée qui se fait jour en ce moment au sein des anarchistes de tous pays sur la tâche qui leur incombe. Le temps presse ; mais cela même nous donnera des forces nouvelles et nous fera redoubler d'énergie pour atteindre ce résultat ; car sans cela, tous les efforts et tous les sacrifices du peuple seraient de nouveau perdus.

II

Avant d'exposer notre manière de voir sur l'expropriation, nous devons répondre à une objection, très faible en théorie, mais très répandue. L'économie politique — la pseudo-science par excellence de la bourgeoisie — ne cesse de vanter sur tous les tons les bienfaits de la propriété individuelle. — « Voyez, dit-elle, les prodiges qu'accomplit le paysan dès qu'il devient propriétaire du sol qu'il cultive ; voyez comment il pioche et remue son lopin, quelles récoltes il retire d'une terre très souvent ingrate ! Voyez enfin ce que l'industrie a su réaliser depuis qu'elle s'est libérée des entraves, des maîtrises et jurandes ! Tous ces prodiges sont dus à la propriété individuelle ! »

Il est vrai qu'après avoir fait ce tableau, les économistes n'en concluent pas : « La terre à qui la cultive ! » mais ils s'empressent d'en déduire : « La terre au seigneur qui la fera cultiver par des salariés ! » Tout de même il paraît qu'il y a nombre de bonnes gens qui se laissent prendre par ces raisonnements et les répètent sans y mettre plus de réflexion. Quant à nous, « utopistes », — précisément parce que nous sommes des « utopistes », — nous cherchons à approfondir, à analyser, et voici ce que nous trouvons.

Par rapport au sol, nous constatons aussi que la culture se fait beaucoup mieux dès que le paysan devient propriétaire du champ qu'il cultive. Mais à qui messieurs les économistes comparent-ils le petit propriétaire foncier ? — Est-ce au cultivateur communiste ? Est-ce, par exemple, à l'une de ces communautés de *doukhobortsi* (défenseurs de l'esprit) qui, arrivant sur les rives de l'Amour, mettent en commun leur bétail et le travail de leurs jeunes gens, font passer la charrue attelée de quatre, cinq paires de bœufs sur les broussailles de chêne, bâtissent tous ensemble leurs maisons et se trouvent, dès la première année, riches et prospères, tandis que l'émigrant individuel et isolé qui avait essayé de défricher un bas-fond marécageux, mendie à l'État quelques kilos de farine ? Est-ce à une de ces communautés américaines dont nous parle Nordhof, qui, après avoir donné à tous les communeux nourriture, vêtement et logement, allouent aujourd'hui une somme de cent dollars par tête, pour permettre à chacun et à chacune de ses membres d'acheter l'instrument de musique, l'objet d'art, le colifichet qui ne se trouvent pas dans les magasins de la commune ?

Non ! rechercher, accumuler soi-même les faits contradictoires afin de les expliquer, pour appuyer ou rejeter son hypothèse, c'est bon pour un Darwin ; la science officielle préfère les ignorer. Elle se contente de comparer le paysan propriétaire… au serf, au métayer, au tenancier !

Mais le serf, lorsqu'il travaillait la terre de son seigneur, ne savait-il pas d'avance que le seigneur lui prendrait tout ce qu'il récolterait, sauf une maigre ration de sarrazin et de seigle, — juste de quoi tenir ensemble la chair et les os, — ne savait-il pas qu'il aurait beau s'esquinter au travail, et que néanmoins, le printemps venu, il se verrait forcé de mêler des herbes à sa farine, comme le font encore les paysans russes, comme le faisaient encore les paysans français avant 1789 ! que s'il avait le malheur de s'enrichir un peu, il deviendrait le point de mire des persécutions intéressées du seigneur ? Il préférait donc travailler le moins possible, labourer le plus mal possible. Et on s'étonnerait que les petits-fils de ce paysan cultivent infiniment mieux dès qu'ils savent qu'ils pourront engranger leur récolte pour leur compte ?

Le métayer offre déjà un progrès sur le serf. Il sait que la moitié de la récolte lui sera prise par le propriétaire du sol, il est donc sûr que l'autre moitié, du moins, lui restera. Et malgré cette condition, — révoltante selon nous, très juste aux yeux des économistes, — il parvient à améliorer sa culture, autant que cela peut se faire par le seul travail de ses bras.

Le fermier, si son bail lui est assuré pour un certain nombre d'années et si les conditions du bail ne sont pas trop onéreuses, si elles lui permettent de mettre quelque chose de côté pour améliorer sa culture, ou s'il possède quelque capital roulant, fait encore un pas de plus dans la voie des améliorations. Et enfin le paysan propriétaire, s'il n'est pas criblé de dettes par l'achat de son lopin, s'il peut créer un fonds de réserve, cultive encore mieux que le serf, le métayer, le fermier parce qu'il sait qu'à part les impôts et la part de lion du créancier, ce qu'il retirera de la terre par un rude labeur lui appartiendra.

Mais que peut-on conclure de ces faits ? — Rien, sinon que personne n'aime travailler pour autrui et que jamais la terre ne sera bien cultivée si le cultivateur sait que d'une manière ou d'une autre le plus clair de sa moisson sera dévoré par un fainéant quelconque — qu'il soit seigneur, bourgeois, ou créancier — ou par les impôts de l'État. Quant à trouver dans ces faits le moindre terme de comparaison entre la propriété individuelle et la possession collective, il faut être très disposé à tirer des conclusions de faits qui n'en contiennent même pas les éléments.

Il y a cependant autre chose à déduire de ces faits.

Le travail du métayer, du fermier dont nous parlons, et surtout celui du petit propriétaire est plus intense que celui du serf ou de l'esclave. Et cependant, ni sous le système du métayage, ni sous celui du fermage, ni même sous celui de la petite propriété, l'agriculture ne prospère. On pouvait croire, il y a un demi-siècle, que la solution

Pierre Kropotkine

de la question agraire était trouvée dans la petite propriété foncière, car vraiment, à cette époque, le paysan-propriétaire commençait à jouir d'une certaine prospérité, d'autant plus frappante qu'elle succédait à la misère du siècle dernier. Mais cet âge d'or de la petite propriété foncière est vite passé. Aujourd'hui le paysan possesseur d'un petit lopin joint à peine les deux bouts. Il s'endette, il devient la proie du marchand de bétail, du marchand de terre, de l'usurier ; le billet à ordre et l'hypothèque ruinent des villages entiers, bien plus encore que les impôts formidables prélevés par l'État et la commune. La petite propriété se débat dans les angoisses, et si le paysan garde encore le nom de propriétaire, il n'est, au fond, que le tenancier des banquiers et des usuriers. Il croit s'acquitter un jour de ses dettes, et en réalité elles ne font qu'augmenter. Pour quelques centaines qui prospèrent, on compte déjà des millions qui ne sortiront des étreintes de l'usure que par la révolution.

D'où vient donc ce fait établi, prouvé par des volumes de statistiques, — qui renverse complètement les théories sur les bienfaits de la propriété ?

L'explication en est bien simple. Elle n'est pas dans la concurrence américaine — le fait lui étant antérieur ; elle n'est même pas seulement dans les impôts : réduisez ceux-ci, — le procès se ralentira, mais il ne sera pas arrêté dans sa marche. L'explication est dans cet autre fait, que l'agriculture en Europe, après être restée pendant quinze siècles stationnaire, commence depuis une cinquantaine d'années à faire quelques progrès. Elle est encore, jusqu'à un certain point, dans les besoins croissants de l'agriculteur lui-même, dans les facilités d'emprunt que lui offrent la banque, l'usine, les courtiers, les hobereaux de la ville, pour l'entortiller de leurs filets ; elle est enfin dans les prix si élevés de la terre, accaparée par les riches, soit comme propriété d'agrément, soit pour les besoins de l'industrie ou du trafic.

Analysons le premier de ces facteurs, le plus général à nos yeux. Pour tenir tête aux progrès de l'agriculture, pour pouvoir vendre au même prix que celui qui cultive à la vapeur et qui force les récoltes avec des engrais chimique le paysan doit avoir aujourd'hui un certain capital qui lui permette d'apporter quelques améliorations dans sa culture. Sans un fonds de réserve, point d'agriculture possible. La maison se délabre, le cheval vieillit, la vache cesse de donner du lait, la charrue s'use, le char se brise : il faut les remplacer, les réparer. Mais en outre, il faut encore augmenter le cheptel, se procurer quelques instruments perfectionnés, améliorer son champ. Pour cela il faut tout de suite débourser quelques billets de mille francs, et ce sont ces billets de mille francs que le paysan ne peut jamais trouver. — Que fait-il alors ? Il a beau pratiquer « le système de l'unique héritier », qui dépeuple la France, il ne parvient pas à se tirer d'affaire. Il finit donc par envoyer son enfant à la ville, — renforcer le prolétariat urbain, et lui-même il hypothèque, il s'endette, et il redevient serf, — serf du banquier, comme il l'était jadis du seigneur.

Voilà la petite propriété aujourd'hui. Ceux qui lui chante encore des cantiques se trouvent en retard d'un demi-siècle : ils raisonnent sur des faits observés il y a cinquante ans ; ils ignorent la réalité du présent.

Ce fait si simple qui se résume en deux mots : « Point d'agriculture sans fonds de réserve » contient tout un enseignement auquel les « nationalisateurs du sol » feraient bien de réfléchir.

Que demain les partisans de M. Henry George parviennent à déposséder tous les lords anglais de toutes leurs propriétés ; qu'ils distribuent ces terres, par petits lopins, à tous ceux qui voudront les cultiver ; que les prix de bail soient aussi réduits que l'on voudra, ou même nuls ; — il y aura un surcroît de bien-être pendant vingt à trente ans ; mais au bout de trente ans tout sera à recommencer.

La terre demande beaucoup de soins. Pour obtenir des vingt-neuf hectolitres de froment par hectare comme on le fait au Norfolk, et jusqu'à trente-six et quarante-deux hectolitres, — une pareille récolte n'est plus du roman, — il faut épierrer, drainer, approfondir le sol, il faut remplacer la pioche par le bissoc ; il faut acheter des engrais, entretenir les routes. Il faut enfin défricher, afin de tenir tête aux besoins croissants d'une population croissante.

Tout cela demande des dépenses et une quantité de travail que la famille ne peut pas donner seule, — et c'est pourquoi l'agriculture reste stationnaire. Pour obtenir les récoltes qu'on obtient déjà dans la culture intense, il faut dépenser quelquefois en drainage, en un mois ou deux, quatre à cinq mille journées de travail (vingt

Pierre Kropotkine

mille francs) sur un seul hectare. C'est ce que fait le capitaliste, et c'est ce que ne peut jamais faire le petit propriétaire avec le maigre magot qu'il réussit à mettre de côté en se privant de tout, de tout ce qui doit entrer dans la vie d'un être vraiment humain. La terre demande que l'homme vienne luiapporter son travail vivifiant pour déverser sur lui sa pluie d'épis dorés — et l'homme fait défaut. Enfermé toute sa vie dans les casernes industrielles, il fabrique des tissus merveilleux pour les rajahs de l'Inde, pour les possesseurs d'esclaves en Afrique, pour les femmes des banquiers ; il tisse pour habiller les Égyptiens, les Tartares du Turkestan, s'il ne se promène pas les bras croisés autour des usines silencieuses, — et la terre ne reçoit pas la culture qui donnerait le nécessaire et le confort aux millions. La viande est encore un objet de luxe pour vingt millions de Français.

Outre ceux qui s'appliquent au jour le jour au travail de la terre, celle-ci demande encore *des millions de bras en plus à certaines époques*, pour améliorer les champs, pour épierrer les prairies, pour créer avec l'aide des forces de la nature un sol enrichi, pour engranger à temps les riches moissons. Elle demande que la ville lui envoie ses bras, ses machines, ses moteurs, et ces moteurs, ces machines, ces bras restent à la ville, les uns inoccupés, les autres employés à satisfaire la vanité des riches du monde entier.

Loin d'être une source de richesse pour le pays, la propriété individuelle est devenue une source d'arrêt dans le développement de l'agriculture. Pendant que quelques chercheurs ouvrent des voies nouvelles à la culture de la terre, celle-ci reste stationnaire sur presque toute la vaste surface de l'Europe — grâce à la propriété individuelle.

S'en suit-il que la Révolution Sociale doive renverser toutes les bornes et les haies de la petite propriété, démolir jardins et vergers et faire passer dessus la laboureuse à vapeur, afin d'introduire les bienfaits problématiques de la grande culture, ainsi que le rêvent certains réformateurs autoritaires ?

Certes, pour notre part, nous nous garderons bien de le faire. Nous prendrons garde de toucher au lopin du paysan tant qu'il cultive lui-même avec ses enfants, sans recourir au travail salarié.

Mais nous exproprierons tout ce qui n'est pas cultivé par les bras de ceux qui détiennent la terre en ce moment. Et lorsque la Révolution Sociale sera un fait accompli, lorsque l'ouvrier des villes ne travaillera plus pour un patron, mais pour le besoins de tous, — les bandes ouvrières, gaies et joyeuses, se rendront à la campagne donner aux champs expropriés la culture qui leur manque et transformer en quelques jours les bruyères incultes en plaines fertiles, apportant la richesse dans le pays, fournissant à tous — « prends-en, il en reste. » — les produits riches et variés que la terre, la lumière, la chaleur, ne demandent qu'à leur donner. Quant au petit propriétaire, croyez-vous qu'il ne comprendra pas les avantages de la culture commune s'il les voit sous ses yeux ? qu'il ne demandera pas lui-même à faire partie de la grande famille ?

Le coup de main que les bataillons des désœuvrés en guenilles de Londres, les *hop-pickers*, donnent aujourd'hui au cultivateur du Kent, que la ville donne quelquefois au village à l'époque des vendanges, sera donné pour la *culture*, comme il est donné aujourd'hui pour la *récolte*. Industrie éminemment périodique, (les spéculateurs du Far West l'ont admirablement compris) qui demande à certaines époques un surcroît de bras, pour l'amélioration du sol, bien plus encore que pour la récolte, l'agriculture, devenue la culture en commun, sera le trait d'union entre la ville et le village : elle les fondra en un seul jardin, cultivé par une seule famille. Les Mammouth-Farms et autres des États-Unis, où la culture se fait aujourd'hui sur une immense échelle par des milliers de va-nu-pieds, loués pour quelques mois et renvoyés aussitôt le labour et la récolte terminés,[1] deviendront les parcs de délassement des travailleurs industriels.

L'avenir n'est pas à la propriété individuelle, au paysan parqué sur un lopin qui le nourrit à peine : il est à la culture communiste. Elle seule, — oui, elle seule — peut faire rendre à la terre ce que nous avons droit de lui demander.

Est-ce peut-être dans l'industrie que nous trouverons les bienfaits de la propriété individuelle ?

Ne nous étendons pas sur les maux qu'engendrent dans l'industrie

---

1 Voyez la brochure à un sou : *Ouvrier, prends la machine ! prends la terre, paysan !* publiée par *le Révolté*.

Pierre Kropotkine

la propriété privée, le Capital. Les socialistes les connaissent assez. Misère du travailleur, insécurité du lendemain, là même où la faim ne frappe pas à la porte ; crises, chômage, exploitation de la femme et de l'enfant, dépérissement de la race. Luxe malsain des oisifs et réduction du travailleur à l'état de bête de somme, privé des moyens de prendre part aux jouissances du savoir, de l'art, de la science, — tout cela a déjà été dit tant de fois et si bien qu'il est inutile de le répéter ici. Guerres pour l'exportation et la domination sur les marchés ; guerres intérieures ; armées colossales, budgets monstrueux, extermination de générations entières. Dépravation morale des oisifs, fausse direction qu'ils donnent à la science, aux arts, aux principes éthiques. Gouvernements rendus nécessaires pour empêcher la révolte des opprimés ; la loi et ses crimes, ses bourreaux et ses juges ; l'oppression, la sujétion, le servilisme qui en résultent, la dépravation qu'elle déverse sur la société, — voilà le bilan de la propriété personnelle et du pouvoir personnel qu'elle engendre.

Mais peut-être, malgré tous ces vices, malgré tous ces maux, la propriété privée nous rend-elle encore quelques services qui contre-balancent ses mauvais côtés ? Peut-être, étant donnée la bêtise humaine dont nous parlent nos dirigeants, est-elle encore le seul moyen de faire marcher la société ? Peut-être lui devons-nous le progrès industriel et scientifique de notre siècle ? Des « savants » nous le disent, du moins. Mais, alors, voyons sur quoi se basent leurs affirmations, quels sont leurs arguments ?

Leurs arguments ? — Le seul, l'unique, qu'ils aient avancé, le voici : « Regardez, disent-ils, les progrès de l'industrie depuis cent ans, depuis qu'elle s'est affranchie des entraves corporatives et gouvernementales ! Voyez ces chemins de fer, ces télégraphes, ces machines qui remplacent chacune le travail de cent, de deux cents personnes, qui fabriquent tout, depuis le volant qui pèse des centaines de tonnes jusqu'aux dentelles les plus fines ! Tout cela est dû à l'initiative privée, au désir de l'homme de s'enrichir ! »

Certainement, les progrès accomplis dans la production des richesses depuis cent ans sont gigantesques, et c'est pour cela même — notons-le en passant — qu'une transformation correspondante dans la répartition des produits s'impose aujourd'hui. Mais, est-ce bien à l'intérêt personnel, à l'avidité intelligente des patrons que nous devons ces progrès ? N'y a-t-il pas eu quelques autres facteurs beaucoup plus importants qui ont pu produire les mêmes résultats et qui ont pu même contrebalancer jusqu'aux effets nuisibles de la rapacité des industriels ?

Ces facteurs, nous les connaissons tous. Il suffit de les nommer pour faire ressortir leur importance. C'est d'abord le moteur à vapeur, — commode, maniable, toujours prêt à travailler, qui a révolutionné l'industrie. C'est la création des industries chimiques devenues si importantes que leur développement, au dire des technologistes, donne la vraie mesure du développement industriel de chaque nation. Elles sont entièrement un produit de notre siècle : souvenez-vous de ce qu'était la chimie au siècle passé ! C'est enfin tout ce mouvement d'idées qui s'est produit depuis la fin du dix-huitième siècle et qui, dégageant l'homme des étreintes métaphysiques, lui a permis de faire ces découvertes physiques et mécaniques qui ont bouleversé l'industrie. Qui oserait dire, en présence de ces facteurs puissants, que l'abolition des maîtrises et jurandes fût plus importante pour l'industrie que les grandes découvertes de notre siècle ? Et ces découvertes étant données, qui oserait affirmer d'autre part, qu'un mode quelconque de production collective, quel qu'il soit, n'aurait pas su en bénéficier au même titre, ou plus encore, que l'industrie privée ?

Quant aux découvertes elles-mêmes, il faudrait n'avoir jamais lu les biographies des inventeurs, ni connu un seul d'entre eux, pour supposer qu'ils sont poussés par la soif du gain ! La plupart sont morts sur la paille, et on sait comment le capital, la propriété privée, ont retardé la mise en pratique, l'amélioration des grandes innovations.

D'autre part, pour soutenir sur ce terrain les avantages de la propriété individuelle contre la possession collective, il faudrait encore prouver que celle-ci s'oppose aux progrès de l'industrie. Sans cette preuve, l'induction n'a aucune valeur. Or, cette thèse précisément est insoutenable, par cette seule et bonne raison que nous n'avons jamais vu un groupement communiste, possédant le capital nécessaire pour faire marcher une grande industrie, s'opposer à l'introduction, dans cette industrie, des nouvelles

Pierre Kropotkine

inventions. Au contraire, quelqu'imparfaites que soient les associations, coopérations, etc., que nous avons vues surgir, quels que soient leurs défauts, elle n'ont jamais pêché par celui d'être sourdes au progrès industriel.

Nous aurions beaucoup à reprendre aux diverses institutions ayant un caractère collectif qui ont été essayées depuis un siècle. Mais, — chose remarquable — le plus grand reproche que nous puissions leur faire, c'est précisément celui *de ne pas avoir été assez collectives.* Aux grandes sociétés d'actionnaires qui ont percé les isthmes et les chaînes de montagnes, nous reprochons surtout d'avoir constitué un nouveau mode de patronat anonyme et d'avoir blanchi d'ossements humains chaque mètre de leurs canaux et de leurs tunnels ; aux corporations ouvrières nous reprochons la constitution d'une aristocratie de privilégiés, qui ne demandent qu'à exploiter leurs frères. Mais ni les unes ni les autres ne peuvent être accusées d'un esprit d'inertie, hostile aux améliorations de l'industrie. L'unique enseignement que nous puissions tirer des entreprises collectives faites jusqu'à ce jour, c'est que — moins l'intérêt personnel, moins l'égoïsme de l'individu ont de chances à se substituer dans ces entreprises à l'intérêt collectif, plus elles ont de chances pour réussir.

Il résulte donc de cette rapide analyse, forcément trop brève, que lorsqu'on nous vante les bienfaits de la propriété personnelle, ces affirmations sont d'un superficiel vraiment désespérant. Ne nous en préoccupons donc pas outre mesure. Cherchons plutôt à déterminer sous quelle forme doit se présenter l'appropriation par tous de la richesse sociale ; essayons de préciser la tendance de la société moderne et, en nous appuyant sur cette base, essayons de découvrir quelle forme peut prendre l'expropriation lors de la prochaine révolution.

III

Nul problème n'a plus d'importance, et nous convions tous nos camarades à l'étudier sous toutes ses faces et à le discuter sans cesse en vue de la réalisation qui, tôt ou tard, viendra s'imposer à nous.

L'EXPROPRIATION

De cette expropriation, bien ou mal appliquée, dépendra la réussite définitive ou l'insuccès temporaire de la révolution.

En effet, nul parmi nous ne peut ignorer que toute tentative de Révolution est condamnée d'avance si elle ne répond aux intérêts de la grande majorité et ne trouve moyen de les satisfaire. Il ne suffit pas d'avoir un noble idéal. L'homme ne vit pas seulement de hautes pensées ou de superbes discours, il lui faut aussi du pain : le ventre a plus de droits encore que le cerveau, car c'est lui qui nourrit tout l'organisme. Eh bien ! si le lendemain de la Révolution les masses populaires n'ont que des phrases à leur service, si elles ne reconnaissent pas, par des faits d'une évidence solaire, aveuglante, que la situation s'est transformée à leur avantage, si le renversement n'aboutit qu'à un changement de personnes et de formules, rien ne sera fait. Il ne restera qu'une désillusion de plus. Et de nouveau nous nous mettrons à l'œuvre ingrate de Sisyphe, roulant son éternel rocher !

Pour que la révolution soit autre chose qu'un mot, pour que la réaction ne nous ramène pas dès le lendemain à la situation de la veille, il faut que la conquête du jour vaille la peine d'être défendue ; il faut que le misérable d'hier ne soit plus misérable aujourd'hui. Vous vous rappelez les naïfs républicains de 1848 venant mettre « trois mois de misère au service du gouvernement provisoire ». C'est avec enthousiasme que les trois mois de misère furent acceptés, et l'on ne manqua pas de les payer au temps révolu, mais par les mitraillades et les transportations en masse. Les malheureux avaient espéré que les pénibles mois d'attente suffiraient pour la rédaction de ces lois de salut qui devaient les transformer en hommes libres et leur assurer avec le travail, le pain de chaque jour. Au lieu de demander, n'eût-il pas été plus sûr de prendre ? Au lieu de faire parade de sa misère, n'était-il pas préférable d'y mettre un terme ? Ce n'est pas que le dévouement ne soit une grande et belle chose, mais ce n'est pas se dévouer, c'est trahir, que d'abandonner à leur malheureux sort tous ceux qui marchent avec nous. Que les combattants meurent, c'est bien, mais que leur mort soit utile ! Que les hommes de dévouement se sacrifient, rien de plus juste, mais que la foule profite du sacrifice de ces vaillants !

Pierre Kropotkine

Seule, l'expropriation générale peut satisfaire la multitudes des souffrants et des opprimés. Du domaine de la théorie il faudra la faire entrer dans celui de la pratique. Mais pour que l'expropriation réponde au principe, qui est de supprimer la propriété privée et de rendre tout à tous, il faut qu'elle s'accomplisse en de vastes proportions. En petit, on n'y verrait qu'un vulgaire pillage ; en grand, c'est le commencement de la réorganisation sociale. Sans doute, nous serions tout à fait ignorants des lois de l'histoire si nous nous imaginions que, tout à coup, tout un vaste pays puisse devenir notre champ d'expérience. La France, l'Europe, le monde, ne se feront pas anarchistes par une transformation soudaine ; mais nous savons aussi que d'une part l'insanité des gouvernants, leurs ambitions, leurs guerres, leurs banqueroutes, et d'autre part la propagande incessante des idées auront pour conséquences de grandes ruptures d'équilibre, c'est-à-dire des révolutions. Ces jours-là nous pourrons agir. Que de fois déjà, les révolutionnaires ont été surpris, laissant passer les événements sans les utiliser pour leur cause, voyant s'enfuir la fortune propice sans la saisir !

Eh bien, quand ces jours viendront, — et c'est à vous d'en hâter la venue, — quand toute une région, quand de grandes villes avec leurs banlieues se seront débarrassées de leurs gouvernants, notre œuvre est toute tracée, il faut que l'outillage entier revienne à la communauté, que l'avoir social détenu par les particuliers fasse retour à son véritable maître, tout le monde, afin que chacun puisse avoir sa large part à la consommation, que la production puisse continuer dans tout ce qu'elle a de nécessaire et d'utile, et que la vie sociale, loin d'être interrompue, puisse reprendre avec la plus grande énergie. Sans les jardins et les champs qui nous donnent des denrées indispensables à la vie, sans les greniers, les entrepôts, les magasins qui renferment les produits accumulés du travail, sans les usines et les ateliers qui fournissent les étoffes, les métaux ouvrés, les mille objets de l'industrie et de l'art, ainsi que les moyens de défense, sans les chemins de fer et autres voies de communication qui nous permettent d'échanger nos produits avec les communes libres des alentours et de combiner nos efforts pour la résistance et pour l'attaque, nous sommes condamnés d'avance à périr, nous étouffons comme le poisson hors de l'eau, qui ne peut plus respirer, quoique baignant en entier dans l'immense océan de l'air.

Rappelons-nous la grande grève des mécaniciens de chemins de fer qui eut lieu en Amérique, il y a quelques années. La grande masse du public reconnaissait que leur cause était juste ; tout le monde était las de l'insolence des compagnies, et l'on se félicitait de les voir réduites à la merci de leurs équipes. Mais quand celles-ci, maîtresses des voies et des locomotives, eurent négligé de s'en servir, quant tout le mouvement des échanges se trouva interrompu, quand les vivres et les marchandises de toute espèce eurent doublé de prix, l'opinion publique changea de bord. « Plutôt les compagnies qui nous volent et qui nous cassent bras et jambes que ces jobards de grévistes qui nous laissent mourir de faim ! » Ne l'oublions pas ! Il faut que tous les intérêts de la foule soient sauvegardés et que ses besoins en même temps que ses instincts de justice soient pleinement satisfaits.

Toutefois, il ne suffit pas de reconnaître le principe, il faut l'appliquer.

On nous répète souvent : « Essayez donc de toucher au lopin de terre du paysan, à la bicoque du manouvrier, et vous verrez comment ils vous recevront : à coup de fourche et à coup de pied ! » Fort bien ! Mais, nous l'avons déjà dit, nous ne toucherons pas au lopin de terre ni à la bicoque. Nous nous garderons bien de nous attaquer à nos meilleurs amis, à ceux qui, sans le savoir aujourd'hui seront certainement nos alliés de demain. C'est à leur profit que se fera l'expropriation. Nous savons qu'il existe une moyenne de revenus au-dessous de laquelle on souffre de la disette, au-dessus de laquelle on jouit de superflu. Dans chaque ville, dans chaque pays, cette moyenne diffère ; mais l'instinct populaire ne s'y trompera point, et, sans qu'il soit nécessaire de dresser des statistiques sur beau papier, et de remplir de chiffres toute une série de volumes, le peuple saura retrouver son bien. Dans notre belle société, c'est une faible minorité qui s'est adjugé le plus clair du revenu national, qui s'est fait bâtir les palais de ville et de campagne, qui accumule dans les banques et sous son nom les pièces de monnaie, les billets et les paperasses de toute sorte qui représentent l'épargne du travail public. C'est là ce qu'il faut saisir,

Pierre Kropotkine

et, du même coup, on libère le malheureux paysan dont chaque motte de terre est grevée par une hypothèque, le petit boutiquier qui vit constamment dans les transes en prévision des traites, des contraintes, de l'inévitable faillite, et toute cette foule lamentable qui n'a pas le pain du lendemain. Eût-elle été indifférente la veille, toute cette multitude peut-elle ignorer au jour de l'expropriation qu'il dépend d'elle de rester libre ou de retomber dans la misère et dans l'éternelle anxiété ? Ou bien aura-t-elle encore la naïveté, au lieu de s'affranchir elle-même, de nommer un gouvernement provisoire de gens à mains souples et à langues bien pendues ? N'aura-t-elle point de répit qu'elle n'ait remplacé les anciens maîtres par de nouveaux ? Qu'elle fasse son œuvre si elle doit être faite ; qu'elle la confie à des délégués, s'il lui plaît d'être trahie !

La raison n'est pas tout, nous le savons. Il ne suffit pas que les intéressés arrivent à reconnaître leur intérêt, qui est celui de vivre sans continuelles préoccupations de l'avenir et sans l'humiliation d'obéir à des maîtres ; il faut aussi que les idées aient changé relativement à la propriété et que la morale correspondante se soit modifiée en conséquence. Il faut comprendre sans hésitation ni réticence morale, que tous les produits, l'ensemble de l'épargne et de l'outillage humain, sont dus au travail solidaire de tous et n'ont qu'un seul propriétaire, l'humanité. Il faut voir clairement dans la propriété privée ce qu'elle est en réalité, un vol conscient ou inconscient à l'avoir de tous et s'en saisir joyeusement au profit commun quand sonnera l'heure de la revendication. Lors des révolutions antérieures, lorsqu'il s'agissait de remplacer un roi de la branche aînée par un roi de la branche cadette, ou de substituer des avocats à la « meilleure des républiques », les propriétaires succédaient aux propriétaires et le régime social ne devait point changer. Aussi les affiches : « Mort aux voleurs ! » que l'on plaçait à l'entrée de tous les palais étaient-elles en parfaite harmonie avec la morale courante, et maint pauvre diable touchant à un écu du roi, ou peut-être même au pain du boulanger, fut-il fusillé, en exemple de la justice du peuple.

Le digne garde national, incarnant en lui toute l'infâme solennité des lois que les accapareurs ont rédigées pour la défense de leurs propriétés, montrait avec orgueil le cadavre étendu sur les marches du palais, et ses camarades l'acclamaient comme un vengeur du droit. Ces affiches de 1830 et de 1848 ne se reverront plus sur les murailles des cités insurgées. Il n'y a point de vol possible là où tout appartient à tous. « Prenez et ne gaspillez point, car tout cela est àvous, et vous en aurez besoin ». Mais, détruisez sans retard tout ce qui doit être renversé, les bastilles et les prisons, les forts tournés contre les villes et les quartiers insalubres où vous avez si longtemps respiré un air chargé de poison. Installez-vous dans les palais et les hôtels, et faites un feu de joie des amas de briques et de bois vermoulu qui furent vos sentines. L'instinct de destruction, si naturel et si juste parce qu'il est en même temps l'instinct du renouvellement, trouvera largement à se satisfaire. Que de vieilleries à remplacer ! Tout n'est-il pas à refaire, les maisons, les villes, l'outillage agricole et industriel, enfin le matériel de la société tout entière ?

À chaque grand événement de l'histoire correspond une certaine évolution dans la morale humaine. Certes la morale des égaux n'est pas la même que celle du riche charitable et du pauvre reconnaissant. À un nouveau monde il faut une nouvelle loi, et c'est bien un monde nouveau qui s'annonce. Nos adversaires eux-mêmes ne le répètent-ils pas sans cesse ? « Les dieux s'en vont ! Les rois s'en vont ! Le prestige de l'autorité disparaît. » Et qui remplacera les dieux, les rois, les prêtres, si ce n'est l'individu libre, confiant dans sa force ? La foi naïve s'en va. Place à la science ! Le bon plaisir et la charité disparaissent. Place à la justice !

ISBN : 978-1522730781

Pierre Kropotkine